第三、四合辑

量化历史研究

陈志武　龙登高　马德斌　主编

科学出版社
北京

内 容 简 介

本书是量化历史研究的专业性辑刊。本辑内容涉及民国时期农村借贷的利率问题，传统中国激励制度和信息制度以及大分流的缘由研究，李约瑟之谜与东西方分途，中东世界为何衰落，全球不平等的过去和未来，打开金融稳定的钥匙，新历史计量与历史自然实验，群体、地理与中国历史等。这些论文从不同角度反映了量化历史研究的最新成果，论述规范，颇具学术价值。

本书适合对量化历史研究方法感兴趣的读者阅读。

审图号：GS（2018）1922 号

图书在版编目（CIP）数据

量化历史研究. 第三、四合辑 / 陈志武，龙登高，马德斌主编. —北京：科学出版社，2018.4

ISBN 978-7-03-056237-1

Ⅰ. ①量…　Ⅱ. ①陈…　②龙…　③马…　Ⅲ. ①历史-研究方法-文集　Ⅳ. ①K061-53

中国版本图书馆 CIP 数据核字（2017）第 323800 号

责任编辑：李春伶 / 责任校对：韩　杨
责任印制：张　伟 / 封面设计：黄华斌
联系电话：010-64005207
电子邮箱：lichunling@mail.sciencep.com

科学出版社出版
北京东黄城根北街 16 号
邮政编码：100717
http://www.sciencep.com

北京厚诚则铭印刷科技有限公司 印刷

科学出版社发行　各地新华书店经销

*

2018 年 4 月第　一　版　开本：720×1000　1/16
2020 年 5 月第二次印刷　印张：18 3/4
字数：251 000

定价：78.00 元

（如有印装质量问题，我社负责调换）

《量化历史研究》编委会

主编：陈志武　龙登高　马德斌

编委会成员（按姓氏拼音排序）：

白重恩　蔡洪滨　陈　强　陈争平　龚启圣　黄少安
黄兴涛　李　楠　李伯重　林　展　马德斌　彭凯翔
韦　森　颜　色　周黎安

编委会秘书：彭雪梅

目　录

高利贷与贫困陷阱：孰因孰果[①]

——反思民国时期农村借贷的利率问题

陈志武　彭凯翔　袁为鹏[②]

摘要：对于传统农村的高利贷，文献中有不同的解释。其中，“垄断剥削”说认为高利贷是对穷人的垄断放贷所致，造成了贫困陷阱和两极分化。但也有文献认为高利贷是因为与借贷契约执行有关的制度失效、普遍的贫穷等因素所致。基于卜凯农村调查提供的20世纪30年代的县级数据，本文对不同的假说进行了检验。对于制度的效率，本文用租佃率（或自耕农比例）来衡量，因为租佃合约的执行同样需要以契约执行方面的制度为基础。结果表明，“垄断剥削”说不具有显著的解释能力，制度的效率、收入水平等对农村借贷利率的高低却有显著的影响。这时，高利贷并不是贫困的原因，相反，贫困以及市场制度方面的缺陷加剧了高利贷。

关键词：高利贷；农村借贷；垄断势力；贫困陷阱；租佃制度

---

① 本文初稿曾提交2010年清华大学承办的亚洲历史经济学年会（AHEC），感谢与会人员的讨论。此后，又经过了多次较大修改，其中部分内容的英文稿将刊于 *Frontiers of Economics in China*（2018年第3期）。感谢张国伟、林展、朱礼军、闻鸣、严帅等前期的数据收集和整理工作。

② 陈志武，香港大学商学院；zhiwu.chen@hku.hk。彭凯翔，河南大学经济学院；kaixiangp@qq.com。袁为鹏，中国社会科学院经济研究所；bjyuanwp@163.com。

随着对贫困人口关注的增加，民间借贷或非正规金融也得到越来越多的关注。尤其是在国际组织的扶贫努力中，发展非正规金融成为一个重要的方面。尽管它的利率往往高出正规金融甚多，却被逐渐证明具有其合理性。但在大多数关于传统中国农村的研究看来，各种非正规金融因其高利贷特征而被视为对农民的剥削，它不仅无助于减少贫困，反而加剧两极分化，造成贫困陷阱，甚而导致农村破产的惨况。这一认识在20世纪30年代的农村借贷研究中得以系统化，及至今日，该观点仍然是对民间金融采取抑制政策的一个重要出发点。

那么，为什么对待“高利贷”会有两种截然不同的态度？是否仅仅因为新古典经济学的理论偏见，所以当今的不少研究理所当然地将借贷视为扶贫工具？还是因为传统中国的社会性质特殊，所以民间借贷的功能也不一样？下面首先对各种观点或假说的源流略为梳理，其次，本文试图将它们置于可检验的框架，并运用20世纪30年代的县级农村调查数据来检验各种假说的解释力，由此澄清民间借贷与贫困陷阱间的关系。此外，20世纪的经典讨论中往往以地权制度为基础论证高利贷剥削，这一假说也在本文的检验之列。它不仅关系到对高利贷成因的探讨，也将有助于我们理解传统农村的地权制度，而后者无疑又是理解传统农村社会经济形态的一大关键。

一、文献综述

关于高利贷的争论可能与高利贷的历史一样古老。事实上，在经济学理论的现代发展之前，利率的价值来源一直是个令人困惑的问题。不少严肃的思想家对利率本身的合理性都有过质疑或批判，在从亚里士多德到马克思甚至亚当·斯密等学者的著述中以及在中国古代的不少政论中，都可以找到相关论述。但是，真正引起大规模反对的，不是利率本身，而是过高的利率或“高利贷”。例如，Divine（1959）的细心考证显示，西方历史上的各种反高利贷思想尽管包含对利率本身的批判，但批判之所以成立却是因为伦理前提：对于穷人收取利率是不道德的，违背了对陷入困境之人应有的同情，并与不劳而获和贫富分化联系在一起。用金德尔伯格（1991，第 59 页）的话来概括则是，“禁止收取利息的理论根据是接近仅能维持生计水平的原始社会的伦理说教，这种说教反对利用别人的不幸”。

对传统中国农村高利贷的批判，某种程度上是类似思想的延续。只是到了民国时期，尤其是 20 世纪 30 年代以后，面对农村经济的困难以及反封建的形势，高利贷被与新式金融区别对待：后者虽收取利率但能促进生产，前者却纯粹是保守的、破坏的或者剥削的。之所以如此，一是因为高利贷针对小生产者，主要是消费借贷，极少用来改进生产；二是因为高利贷不遵循等价交换，这使得不堪重负的负债者更加只能借贷度日，造成对生产的统制（王寅生，1937）。这两方面相互作用，形成了“高利贷-贫困”的枷锁。然而，多高的利率才会使借贷变成破坏性的呢？如陈志武等（2016）所论，各种类型的利率其水平相差甚远，缺乏可比性，很难用一个绝对水平来衡量利率高低。正因此，各派实际上对此很难达成一致。国民党政权的法定标准以年利 20%为限，共产党政权理论上根本否定利率，所以标准也是权宜的，但基本较低，如年利 10%、15%等（李金铮，2004，第 633—636 页）。而 20 世纪 30 年代的调查表明，所有受调查的 22 个省，农村现金借贷的平均年利率都超过了 20%，粮食借贷的利率更甚，只有三个省稍低于 50%（实业部中央农业实验所，1933）。因此，无论按当时的哪种标准，中国各地的农村借贷看起来都以所谓高利贷为主，只是程度不一。

那么，“高利贷”为何能如此横行？卜凯（1941，第 660—662 页）认为，由于农民的贫穷，借贷大多用来消费度日，无法进行生产投资，这样，偿还风险极高，需收取的利率自然就高。同时，贷款组织和资金市场不发达、物价上涨等因素都可能导致较高的利率。应该说，卜凯的解释主要是经济学的，只是从今天的经济学范式来看，他基于借贷用途的解释并不够清晰，也难以解释他的数据中生产借贷类似的高利率，这些在后文将进行探讨。不过，在当时国内的批评者看来，卜凯的问题却是过多地强调了经济因素。对于接受半殖民地半封建社会定性的学者，包括高利贷在内的一切痼疾的根本原因只能是此一社会性质下小生产者不可避免的悲惨境地。[①] 他们的观点是，农民因缺乏土地等生产资料而受剥削，又因受剥削导致的贫穷而不得不接受高利贷。超高的利率也并不是对借贷风险的补偿，而是放贷人的乘机勒索，以便使农民失去生产资料甚至人身自由，从而受进一步的剥削。为了行文方便，不妨将这一“饮鸩解渴”式的借贷称为维生借贷，它暗含的关键假设是供给垄断，这使得利率由维生者的需求上限来决定。倘若再假设放贷方拥有超经济强制执行能力（罗涵先，1955），这一利率更可以超过一般的偿还能力制约，转化为超经济的剥削，放贷方从高利贷中获得的收益也不会因偿还风险而受损。上述“垄断-剥削”假说意味着农民在生存中一旦遭遇风险事件冲击[②]，就不得不转向高利贷，从而陷入难以逆转的“贫困陷阱”[③]，并发生同样难以逆转的贫富两极分化。

然而，这种注定要以违约、接受各种恐怖惩罚为代价的借贷是否能代表大多数情形呢？李金铮（2004，第 453 页）发现，农民为了保全借贷信用，总是尽力偿还，江苏、湖南等地的调查还表明，违约并

---

① 参见孙晓村（1937，第 242 页）对租、税、价等剥削与高利贷关系的说明。

② 当然，借债人也可能因为非理性或者偏爱风险而转向高利贷。可是，很难假设农民或低收入者会更不理性或更偏好风险，相反，在对树立高利贷卑劣形象功不可没的文学作品里，它恰恰更多与诱骗富家子弟联系在一起。所以，偏好的假设尽管能为高利贷提供一定解释，也能解释自愿性贫困，却难以用来说明“高利贷-贫困”的锁链，本文因而不作多论。

③ 所谓贫困陷阱是指一部分人陷入持续的、结构性的贫困，参见 Carter 和 Barrett（2006）。

不多见。现存最好的偿还率数据或许是 20 世纪 30 年代初孙文郁等（1936，第 80—82 页）从账本中查得的四省典当与代当死票率，它们分别平均为 11%和 7%，意味着偿还率分别为 89%和 93%！[①] 虽然其中不乏通过到期转票（相当于借新还旧）来维持的，但分别只有 7%和 8%。这些事实足以证明等待负债者的并不注定是破产，也就说明将当时的民间借贷简单归结为维生借贷的认识并不准确。此外，借贷中的超经济强制能力假设也受到了一些挑战。陈志武等（2014）对清代债务命案的研究表明，原本用来展示放贷方强制能力的样本，实际上并不足以为此提供支持。20 世纪 30 年代的一些调查则显示，高利贷者中包括了妇女、鳏寡等群体（李金铮，2004，第 395 页），他们自然也不具备强制能力上的优势。

不仅如此，传统社会中利率水平的高低也可以由其他对立的假说来解释。在一个竞争性的借贷市场，成本、风险等方面的因素都可能影响到利率水平。例如，温锐（2004）对民国时期赣南民间借贷利率的分析表明，不同类型借贷利率的高低其实与资金的机会成本相当。彭凯翔等（2008）则引入交易成本来解释 18—19 世纪徽州等地民间借贷的利率分布形态，并表明交易成本的存在使小额借贷出现较强的规模效应，传统农村高利贷的流行因此可能与借贷规模普遍偏小有关。Rosenberg 等（2009）对发展中国家小微金融组织的成本收益调查也印证了这一点。至于前述卜凯所提及的风险因素，在当代文献中有更充分的论述。尤其是 Hoff 和 Stiglitz（1990）提出的契约执行程度等制度因素，深化了对偿还风险的理解，构成了解释发展中国家民间借贷的经典假说。虽然传统农村的契约执行状况要优于“垄断-剥削”假说中极端的描述，但各地之间仍存在较大的差异，制度的作用并不可忽视。

与此同时，还有些文献试图解释传统农村借贷中的低利或无利现

① 如此高的偿还率或许与当物作价低有关，一般的信用借贷与抵押借贷未必能达到类似的偿还率。但无论如何，它也表明，备受谴责的典押高利贷，其利率并未超过大多数负债人的偿还能力。

象。这类现象的存在本身是对“垄断-剥削”假说的挑战，但其具体含义因解释不同而有别。其中，Scott（1976）提出的道义经济与互惠原则意味着社区内互惠借贷的利率将会较低，黄宗智（1992）对近代江南农村的研究继承了这一观点。然而，正如彭凯翔等（2008）与 Brandt 和 Hosios（2010）的研究所表明的，道义经济的论证无法解释同一农村社区内利率的巨大差异。互联合约假说提供了更为一致的解释。在该假说中，地主与佃农间或亲友之间的借贷只是更为复杂的社会关系的一个组成部分，因此，社会关系中的其他维度能够解释在普通利率并不低的情形下，低息或无息贷款的出现（Otsuka et al.，1992；Kinnan and Townsend，2012）。Braverman 和 Stiglitz（1982）更表明，由于主佃之间存在互联合约，即使地主在借贷市场中居于垄断地位，也未必会提高其对所属佃农的贷款利率。林展（2009）和李楠（2015）提供了20世纪30年代中国东北地区存在这种现象的经验证据。同时，Brandt 和 Hosios（2010）从不同的角度解释了零利率。他们表明，零利率的贷款并不意味着这笔贷款对放贷人来说确无成本或利益，而只是当市场发育不充分或交易成本较高时，放贷人将视方便选择以实物等其他偿付形式来代替利息。

可见，低利或无利主要是社区内微观层面的个体现象，不代表一个地区通行的利率水平或借贷的边际价格。但是，二者之间也存在联系。例如，Ramseyer（2012）对第二次世界大战前日本的研究表明，在民间传统社会中，土地租佃等互联合约的执行依赖于社会资本等和契约执行有关的制度。因此，和“垄断-剥削”假说将土地的地主所有制及主佃关系视为超经济强制的一种制度基础相反，一地区的租佃制越发达，意味着该地区的契约制度效率越高。这正与龙登高（2008）对清代地权市场、曹树基（2012）对近代土地制度的考察相一致。果如此的话，租佃制的发达程度可以充当契约执行效率的代理变量，它与地区的通行利率水平间应存在负向的关系。这样，通过检验租佃制对利率的影响，我们既可以说明契约执行制度对高利贷的解释能力，也有助于明确传统土地制度的属性。

此外，与“高利贷-贫困”论相反，在关于贫困陷阱的现代经济学讨论里，借贷扮演了完全不同的角色。该类讨论主要运用新古典的增长模型，其中，贫富分化以及持续贫困的均衡解需要借助于生产函数局部非凹性和借贷不可获得性（Carter and Barrett，2006）。生产函数非凹是为了产生投资的阈值，超过阈值的投资将能获得更高的报酬率。这样，初始资产如果低于阈值者不能获得借贷的话，将因生产率低而锁定到低水平均衡。相反，如果能获得足够借贷的话，即使初始资产较少者也可通过借贷来跨越投资阈值，并且，由于该跨越的回报率之高，他显然愿意为此承担较高的利率。于是，在新的贫困陷阱模型里，高利贷不复是造成陷阱的原因，反而会是摆脱陷阱的工具。[①] 这不仅对生产借贷如此，甚至对于遭灾后的高利消费借贷也是如此，Morse（2011）基于当代美国发薪日贷款的研究也发现它增加了穷人的福利。此时，正如 Bentham（1787）的辩护所论，利率不过和普通商品价格一样由供求决定，无论高低，借贷双方都能从交易中获益。

通过对各种假说的梳理可以发现，理解高利贷与贫困陷阱的关系，关键在于如何解释民间借贷的高利率。如果它主要是供给垄断甚至剥削的结果，而且其程度与贫富分化成正比，那么，利率越高，不仅使已经陷入贫困的人越难脱贫，还可能使更多的人落入陷阱；反之，如果它主要是借贷市场供求情形的正常反映，那高利率就不是贫困的原因而是结果，放松利率管制反而还可能有助于脱贫。本文将主要利用卜凯在 20 世纪 30 年代主持的“中国土地利用调查”所获数据，来检

① 当然，在讨论贫富分化的新古典文献里，并没有对均衡的稳定性给予足够的注意。在标准的假设里，它们只是鞍点稳定的，所以，仅仅对均衡的偏离也有可能导致持续的贫困。这时，即使借贷市场是完备的，它的引入也很可能会通过增强系统的不稳定性而导致持续贫困相对稳定均衡更容易出现。在并无利息禁令的传统中国，对借贷的反感不少都可以从此得到解释，这或许就是岸本美绪（2010，第 71—72 页）所表达的“充满竞争和不稳定的中国经济图像”。不过借贷引起的不稳定性与本文关系不大，因为它既可能意味着向贫困的偏离，也可能意味着向富有的偏离，并没有确定的倾向性。所以，后文暂且忽略这方面的关系，尽管它对福利分析会有重要意义。

验解释当时利率水平的各种假说。这一数据涵盖了中国大部分地区，它们之间存在足够大的利率差异，在经济水平、制度形态等方面也都存在长期且巨大的差别，为我们解读高利贷与贫困陷阱的关系提供了极有意义的样本。又由于以往关于维生借贷的文献对于变量间的关系缺乏严格的讨论，为了便于计量模型的设定，接下来先从基本的利率模型出发，作若干理论上的探讨。

二、理论讨论

本文可以从一个标准的 Ramsey 模型出发，来考虑个体的借贷决策问题：

$$\begin{aligned} &\max_{c_t, k_{t+1}, d_{t+1}} E_t \sum_{i=0}^{\infty} \beta^i u(c_{t+i}) \\ &\text{s.t.} \quad c_t + k_{t+1} \leqslant f(k_t) + d_{t+1} - R_t d_t - \tau(d_{t+1}) + \varepsilon_t \end{aligned} \tag{1}$$

其中，c、k 分别为消费和投资；d 为借贷额，为正代表借款，为负代表放款；R 为利率；$\tau(d)$ 为借贷交易成本，按一般情形可设为固定成本；ε 为随机扰动，不妨设它存在一些独立的来源，且其一是偿债风险，所以它的方差（令为 Ω）与同期的 d 存在相关性。上述问题可以由标准方法求解。对于完全竞争市场，假设值函数形如 $V(k, d)$，并将其精确到泰勒展开的二阶项，则可得到与常见形式接近的实际利率表达式：

$$R = f_k - \frac{V_{dd}}{V_d} \cdot \Omega_d + \lambda \cdot V_d = \frac{1}{\beta} \cdot \frac{u_{c,-1}}{u_c} - \frac{V_{dd}}{V_d} \cdot \Omega_d + \lambda \cdot V_d \tag{2}$$

式中仅有字母下标的代表本期偏导，含-1（+1）代表上期（下期）偏导。该式提供了利率的两种等价表达，它们的第一、二项均分别代表无风险回报率与风险溢价，这与通常的利率表达式无异。当然，这里的风险既可能是金融市场文献中所关心的投资失败等技术性风险，更可能是借贷契约执行困难、抵押品产权归属存在争议等引起的制度性风险。后者对于民间借贷——尤其是传统社会的民间借贷，具有更加重要的意义。第三项是由固定交易成本引起的，λ 为借贷参与约束的拉格朗日乘子。①

接下来考虑市场结构的影响。式（2）的三个部分均是由效用和成本因素构成的，与市场结构无关，不妨合并用 μ 表示，称为补偿利率。它表明的是每个个体愿意接受的利率，在此基础上将通过市场均衡条件形成市场利率。完全竞争情形下采取的市场均衡条件是 $\sum_i d_i = 0$，单个个体对它的影响可以忽略不计。但非完全竞争时，个体将考虑自身选择对市场均衡以及均衡利率的影响。一般地，对于任一个体 i，均衡条件形如式（3），且进入其约束条件：

$$d_i = -\sum_{j \neq i} d_j(R) \tag{3}$$

这样，利率表达式也将比式（2）添加一项，如式（4）所示：

$$R = \mu - d \cdot R_d \tag{4}$$

式（4）中的 R_d 系由式（3）反函数所得，代表在其他个体需求或供给函数给定的条件下，个体 i 的决策对均衡利率的影响。② 又将式（4）代入市场均衡条件式（3），易得

$$R = \frac{\sum \theta_i \mu_i}{\sum \theta_i}, \theta_i = 1 \Big/ \left| R_{d_i} \right| \tag{5}$$

式（5）意味着，均衡利率可以视为个体补偿利率的加权平均，而对市场均衡影响力越弱或者说市场势力越弱的个体，所占权数越大。极端地，假设借债人完全没有市场势力，而放债人却有一定的市场势力，那么，借债人就不得不以和补偿利率相当的水平借债，他从交易

① 此处是以借款人为例表达的，所以交易成本倾向于使其愿意负担的利率下降；但对放款人则反之，其需要补偿的利率将上升。另外，如上注所述，只有当参与约束 $V(k, d) \geq V'(k)$ 取等时，拉格朗日乘子才非零，也才需要对交易成本进行弥补。显然，当无参与约束的最优借贷规模较大时，交易成本对值函数的影响就相对较小，参与约束也更有可能取大于号，从而与彭凯翔等（2008）的研究结论类似，利率将较不受交易成本的影响。

② 反函数的存在取决于这一非完全竞争均衡的存在性，关于这一点的证明，参见彭凯翔（2015）相关文献附录 4.2。

中获得的改进将极其微弱，剩余主要由放债人囊获。

那么，如何衡量市场势力呢？由式（3）可见，它取决于个体的供求函数。理论上，通过式（3）、式（4）联立，解微分方程组，就可以得到个体供求函数的解析形式，并解出均衡价格和供求。尽管一般的解析形式并不容易得到，但若设 $\rho_i = \partial d_i(R)/\partial R$ ，可得

$$\rho_i = \frac{\dfrac{1+d_i\cdot\sum\limits_{j\neq 1}\rho_{jR}}{\left(\sum\limits_{j\neq 1}\rho_j\right)^2}}{\dfrac{\mu_{id_i}+1}{\sum\limits_{j\neq 1}\rho_j}}$$

且有 $R_{d_i} = \dfrac{1}{\sum\limits_{j\neq i}\rho_j}$，$\theta_i = \left|\sum\limits_{j\neq i}\rho_j\right|$。

从中可见，某一个体的补偿利率曲线较陡，将会加强他人的市场势力，反过来使自身在均衡利率中的权数越大。而且，这类个体数目的添加也将起到类似的效果。当然，如果所有个体的市场势力相当，个体数目又足够多，那每一个体的市场势力都将趋于零，也就退化为完全竞争市场。

这时，我们可以来考虑贫富分化或基尼系数提高的可能影响。倘若维生借贷论中的垄断假设成立，在效用函数和生产函数为凹的假设下，贫富分化首先会增加需要借款的穷人数目，其次会在富人的补偿利率曲线变平的同时让穷人的曲线变陡，这两方面都会增加原有富人的市场势力。同时，借款人越穷，补偿利率也越高。总之，贫富分化既意味着 μ_i 增加，也意味着 μ_i 较高的穷人其 θ_i 增加或富人的垄断势力提高，二者将交织在一起共同抬高利率水平，而不仅仅是以线性方式作用于利率。不过，如果市场上以受交易成本影响较大的小额借贷为主的话，贫富分化又可能带来规模效应。这时，每个借款人的借款需

求可能会增加，每个放款人则面对更多的借款人，两者都能起到扩大规模、降低利率的作用。尽管文献中通常强调的是抬高利率的方面，但后一影响亦不可忽视。

此外，为了完整检验维生借贷的“垄断-剥削”假说，还需考虑放债人的超经济手段如何影响上述模型。一般意义上的超经济手段太宽泛，很难完全刻画，但我们可以仅就农村借贷中的超经济手段而论。在文献中基本形成共识的是，借贷本身是自由的，超经济手段主要体现在偿还阶段。比较常见的如放债人在度量衡和货币成色上采用比出借时更苛刻的标准、在不能如约偿还时通过暴力等手段强制执行。对于前者，由于这些标准实际上都是人所能详的规例，事前即可预期，已经反映在完整的利率中，所以对模型并无实质影响。至于超经济的强制执行，既可能使高利贷得以突破常规的偿还能力约束，也可能因减少放款人的风险而降低其补偿利率，并由此拉低均衡利率。但在“垄断-剥削”假说下，后一效应应该较弱，因为利率水平主要取决于借款方的补偿利率。

在讨论超经济手段时，现有文献的一大缺陷是忽视了它所受的经济约束。在将中国的传统经济界定为封建经济的同时，拥有封建土地所有权的地主即被划为统治阶级，农民和地主间的经济往来因此只能是被统治阶级剥削的一种表现。但是，即便接受封建经济的界定，也如 Epstein（2000，第 49 页）在对西欧封建经济的讨论中所指出的那样，仅仅用劳动关系和土地所有制来定义封建模式而忽视市场结构，将会使得这个概念失去分析价值，因为它对封建经济为何形成、如何变迁都无法提出解释。一旦考虑到市场结构带来的经济约束，那么，在竞争越充分的市场里，使用超经济手段的成本会越高，收益会越低。如前所述，当贫富分化比较严重时，借贷市场的垄断性可能越强，具有垄断势力的地主从而会有更大空间来使用超经济手段。事实上，封建论者关于中国农户的分类不得不放弃地主与佃农的两分法，而是“基于富力而同时参照雇佣关系”，改用地主、富农、中农、贫农、雇农的划分，实际上已经承认了这点（孙冶方，1983，第 52—74 页）。[①] 所以，所谓的封建关系很可能只是在贫富分化已经很严重时对高利贷有一个附加的贡献。

根据上述讨论，可以设置如下回归方程来检验"垄断-剥削"假说：

$$R = X\beta + \alpha_1 \cdot \text{gini} + \alpha_2 \cdot \text{gini}^2 + \alpha_3 \cdot \text{class} + \alpha_4 \cdot (\text{gini} \cdot \text{class}) + \varepsilon \quad (6)$$

其中，X 为控制变量，包括收入、借贷规模、影响契约执行的制度环境等影响补偿利率的常规因素；gini 为基尼系数，是对贫富分化的衡量。如前所述，在控制了借贷规模的条件下，它的作用主要体现在提高借款穷人的补偿利率和增强放款富人的市场势力上，所以应该会对利率有正向影响。需要注意的是，由于贫富分化对补偿利率的边际影响不太可能是递减的，它与市场势力形如式（5）的交织将导致正的平方项。这时，倘若 α_2 不显著，那么，或是垄断势力不显著，或是双方从规模效应中的收益抵消了垄断的影响。无论如何，这都意味着高利贷与贫富分化的正反馈或恶性循环被打破，高利贷也就不再是贫困陷阱的"罪魁祸首"。考虑到在市场势力之外，"剥削阶级"还可能运用超经济手段，为了对此进行检验，回归式中用 class 代表向"剥削阶级"借款的比重，引入了放款人的阶级成分。由于超经济手段的运用受制于经济条件，故同时引入 gini 和 class 的交叉项。最后一项为随机扰动，诸如偏好差异、对均衡的偏离等因素都可以归入其中。

维生借贷论强调的另一点是具有维生性质的消费借贷其利率高于生产借贷，从而与 Scott（1976）的道义经济论或 Braverman 和 Stiglitz（1982）的关联合约论相对立，也与式（2）相悖。后者表明，借款最终是用于消费还是生产并不重要，因为消费支出和生产投资都在同一个预算约束里，借款人的最优选择是使得不同用途的边际回报相

① 赵梅僧（1937，第 7 页）的一个表述或许更加精炼："地主对土地的垄断，首先是造成地主对农民剥削的条件"。即，剥削的基础须是土地占有数量的集中，而不是土地占有本身就意味着超经济的剥削。

等。[①] 事实上，如后文的数据所示，一定地区内消费借贷与生产借贷的利率所差的确甚微，只是消费借贷比例高的地区其利率总体水平倾向于较高。维生借贷论看来误读了这一经验证据，那么，如何解释消费借贷比例与地区间利率差异的关系呢？卜凯（1941，第 660—662 页）的解释是消费借贷偿还风险更高，这似乎不够确切，也难以解释给定地区内消费借贷与生产借贷在利率上的接近。为了清晰化他的思路，不妨假设借款人面临和契约执行挂钩的借贷可获性约束，具体为

$$g\left(R_t d_t\right) = \min\left\{R_t d_t, f(k_t) - \underline{c} + \varepsilon_t^f\right\}, \varepsilon_t^f\text{：生产性扰动}$$

$$d_{t+1} \leqslant h\left(g\left(R_t d_t\right) - R_t d_t\right), h(\cdot)\text{ 单调递增}$$

$$c_t + k_{t+1} \leqslant f(k_t) + d_{t+1} - g\left(R_t d_t\right) - \tau(d_{t+1}) + \varepsilon_t$$

也即，借款人在偿还旧债时并不能马上获得新债，所以他至多只能用生产收入扣除最低消费的余额来还债。由于这意味着他的信用受损，因此，他接着能借的新债额度随之减少。这时，其利率表达式则由式（2）变为

$$\begin{aligned} R &= f_k \cdot \frac{u_{c,-1} - \varphi}{u_{c,-1}} - \frac{V_{dd}}{V_d} \cdot \Omega_d + \lambda \cdot V_d \\ &= \frac{1}{\beta} \cdot \frac{u_{c,-1}}{\phi \cdot u_c + (1-\phi) \cdot \varphi \cdot h_g} - \frac{V_{dd}}{V_d} \cdot \Omega_d + \lambda \cdot V_d \end{aligned} \tag{7}$$

其中，φ 为新债受限的拉格朗日乘子；ϕ 为旧债清偿的概率。先看第二种表达，当失信对信用额度的影响不够大或未来借债需求不大时，借款人愿意负担的利率会高于式（2），因为它未必需要足额偿还。如果贷款人并不能确定借款对象受可获性影响，那么，他的利率表达式仍形如式（2），但代表风险的 Ω_d 将增加，从而，他愿意接受的利率也会增加。显然，借贷可获性约束对资产少者更容易发挥影响，正如卜凯所论，他的偿还风险也更高，这抬高了利率。此时，对于第一种表达

① 与贝克尔（1995，第 323—326 页）类似，即使借款的用途是个必须执行的约束，对借款人的最终决策影响也有限，因为他可以调节自有资源的配置来尽量接近最优情形。当然，对于传统中国的农村借贷，用途一般不是实质性的条款，所以，对预算约束的形式可以认为没有影响。

则意味着，借款人意愿的投资报酬率要高于式（2），换言之，他可能更不愿意进行生产投资，因为增加投资的回报很可能只是用来还债了，倘若失信的危害不够大，还不如当期就消费掉。除非追加的投资能带来生产率的较大提高，情况将可改观，可是此类投资一般规模较大，在新债额度的限制下又难以实现。最终，现实可能呈现很悲惨的情形，失信的负债人不得不以维持最低消费这样的人道主义同情来借债苟活。上述情形越严重，消费借贷的比例就越高，同时，总体利率水平也越高。即便如此，与其说是消费借贷，不如说是市场不完备（契约执行效率较低及借贷可获性约束较强）与贫穷（资产匮乏）导致了高利贷。

于是，上述讨论意味着：契约执行及借贷可获性等制度问题越严重以及越贫穷的地区，利率将越高，而且，在制度越无效的地区，利率和消费借贷的比例间的正向关系越强；在一定地区或样本内，借贷约束越强及越贫穷的个体，仅以高利率进行消费借贷的倾向越强，这些个体的问题越严重，越可能拉大消费借贷与生产借贷的平均利率差。由于各地通常会形成一定的利率惯例，相当于式（5）所示的市场均衡利率，起到削弱个体间价格歧视的作用，后一种效应从而较弱，但我们仍可以地区间的关系为主来检验制度及收入水平的作用。

三、数据与变量

关于民国时期农村借贷的调查材料颇多，可以参见陶诚（1990）、彭凯翔等（2008）的介绍和评论。其中大多数偏重典型调查，不太适用于对不同假说的计量检验，相比之下，应数南京国民政府实业部中央农业实验所和卜凯主持的金陵大学农业经济系的调查较为系统、全面。前者由分布在各省的六千名义务农情报告员通讯调查，再进行统计汇编，其分省统计数据发表在《农情报告》系列中，下文简称中农数据（实业部中央农业实验所，1936）。以 1934 年为例，当年的农村金融调查共涵盖了 22 省 871 县（实业部中央农业实验所，1934）。后者由卜凯在 1929—1933 年主持，请金陵大学农业经济系毕业生指导、培训地方人士，按照设计好的方案，以抽样调查方法为主进行（卜凯，1937）。它覆盖了 22 省 168 县的 16 786 个农场，其分县统计数据结集出版于《中国土地利用资料》，下文简称卜凯数据。就覆盖面言，以实业部中央农业实验所的为广，但从调查的规范性、指标的系统性、发表的详细程度来衡量，或以卜凯数据为佳。不过，钱俊瑞（1934）、梁方仲（1947）等也曾对卜凯的调查和研究提出过批评，除去理论立场的差异，选取县数与户数未必合理或典型、调查员家境相对较好导致样本会有选择性、平均数计算方法不合理等批评是关于调查数据本身的。为了考察这些问题是否严重，图 1 比较了中农数据与卜凯数据的利率。边远地区的甘肃、绥远和宁夏因采样少且省内差别大，所以有些异常，除此之外，两个独立的调查结果是高度一致的，并不太支持对抽样的质疑。况且，本文的旨趣在于检验变量间的关系，而非作统计描述，地区覆盖上的不平衡并不是关键所在。所以，下文将主要采用卜凯数据。

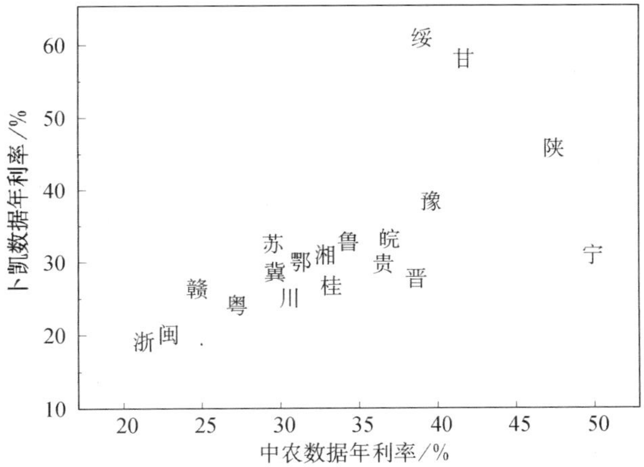

图 1　中农数据和卜凯数据的年利率比较

具体的变量选取可以依据式（6）。首先是利率。卜凯数据分别提供了消费（非生产）、生产和总计利率三项（回归中分别缩写为 *rc*、*rp*、*r*），总计利率为前二者的平均。[①] 如图 2 所示，虽然存在个别县的消费借贷利率远高于生产借贷，但总体上，二者并不像当时的文献所描述的那样悬殊，而且，它们在地区间的变化趋势是极其一致的，地区间的利率差异总体上又远远大于地区内消费借贷和生产借贷的利率差异。所以，如上一部分所讨论的，本文的重点将放在利率的地区差异，主要的被解释变量则为总计或平均利率，同时引入生产借贷的比例（prodp）来控制消费借贷和生产借贷的利率差异。

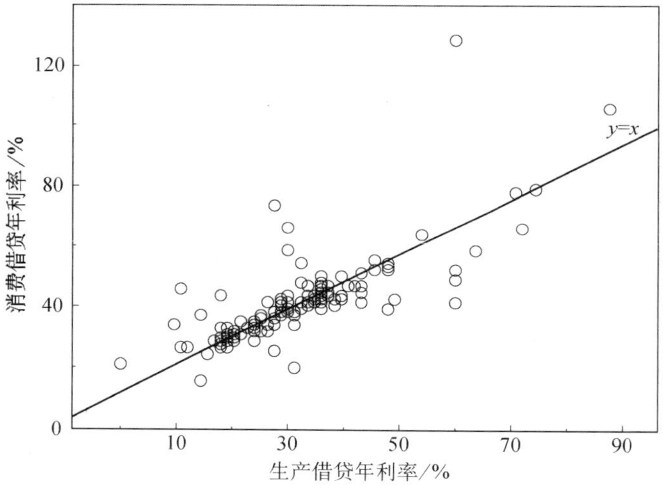

图 2　消费借贷和生产借贷的利率比较

① 需要说明的是，这些利率显然都是名义利率，而式（6）其实是实际利率的表达式。由于缺乏各地通货膨胀率的全面数据，要转换成实际利率很困难。但这个问题有多严重呢？卜凯（1941，第 662 页）的评论表明，影响利率的应该是多年的平均通货膨胀率，而且调查的借贷似均以银元为主要货币，所以，即使因地方货币的放任自流可能导致当时各地短期通货膨胀率差异较大，但利率差异中应由通货膨胀来解释的部分也要远小于它。另外，根据彭凯翔等（2008）对清代利率的研究，在传统经济中，由于缺乏物价统计、名义利率黏性等原因，对名义利率有影响的是物价长期趋势而非通货膨胀率。图 1 也能说明通货膨胀率对利率差异的影响有限，因为中农的调查比卜凯稍晚两三年，而这几年本是通货膨胀率变化急剧的时期。因此，综合权衡，忽略通货膨胀的影响仍是可以容许的。

对于贫富差距这一关键的解释变量，当时并未估算基尼系数之类指标，也未提供可直接用于计算相关指标的收入分配数据，但报告了田场面积的组别分布。若设农户的劳动收入相对较平均，收入差距主要来源于土地经营，则可估算田场面积的基尼系数（gini）来近似地替代收入差距。[①] 至于放贷人的阶级属性，可觇于借贷来源一项，其分类为：同村人、亲友、富户、商人、农人、典买、店铺、城市或附近城市、地主、邻人、邻村、其他、未详。而在实业部中央农业实验所（1936）以《农情报告》系列发布的另一重要调查里，所取类别则为：银行、合作社、典当、钱庄、商店、地主、富农、商人。相比之下，前者可能更接近农村的实际，但是也更加模糊。因为，同村人、亲友、富户、地主等身份极可能是重合的，而从报告的数据来看，在发生重合时，调查人很可能只是权宜填取一种。例如，江苏武进在第二次调查时，借贷来源 59%为亲友，38%为地主，第三次却骤变为亲友占 80%，地主为 0。这里假设填报中的权宜是随机的，则该项数据仍可用于回归，只是对估计结果的有效性应保持谨慎。又，按照传统的观点，富户、地主、商人的高利贷都可能具有剥削性，兹以它们的总和（class）来衡量放款人中“剥削阶级”的比重。此外，《农情报告》的前四项为非个人放贷，它的比例越高，意味着农村获得资金的渠道越多，也意味着传统的“剥削阶级”市场势力越受到限制。所以，为了弥补卜凯分类的不足，回归中亦参用《农情报告》的数据，将非个人放贷比例（finst）作为省级属性引入。

在制度方面，我们选择各县的自耕农平均比例（ownerp）作为代理变量。对于经典的维生借贷论，自耕农的比例越高，意味着作为“剥削阶级”的高利贷放款人具备的势力越弱。然而，如 Ramseyer（2012）等所论，租佃制作为一种更复杂的合约，它的发达可能反映了当地在

① 土地委员会 1937 年曾报告了普查所得的各省农家收入多寡组别分布（中国第二历史档案馆，1998，第 34—35 页），但基于对采样口径及数据质量的考虑，这里仍用卜凯的田场面积数据进行估算。

产权界定、契约执行等方面的制度更加完善，从而有助于改进借贷市场的效率和农户的借贷可获性。所以，在当时的社会经济背景下，自耕农比例又可能是制度有效性的反向指标。通过检验自耕农比例与利率间的关系，我们能对两种假说予以区分。如果二者负相关，自耕农比例的作用主要反映了阶级势力的影响，反之则体现了契约执行等制度的重要性。需要注意的是，自耕农比例低或佃农比例高的地区借贷利率较低，也可能是因为后者有更多的样本来自主佃之间的借贷，而互联合约可能导致这种借贷的利率较低，并拉低平均利率。为区分地区层面的制度与个体层面的互联合约的影响，我们利用每个省各县的自耕农平均比例，计算了它的省级平均（ownerpm）。由于契约等基本制度在各省内应当较为相似，且每个县的样本数量又并不太多，ownerpm 将能比 ownerp 更有效地衡量制度的形态，ownerp 则较易受采样的影响而波动，使得县级平均利率中过多或过少地纳入了涉及互联合约的样本。因此，可以用 ownerpm 与 ownerp-ownerpm 分别去捕捉制度与互联合约的影响。

我们还控制了人均收入、借贷规模、市场化等方面的变量。卜凯（1941）讨论了普遍的贫穷，但他的数据并未包含关于农民人均收入的信息，而是提供了人均谷物产量（GrainPC）作为农民人均毛收入的近似。另一变量是日工资（wage），它能反映无产者的影子收入，与借贷需求和偿还能力均有密切关系。此外，户均田场面积（land）也和生活水平有一定关系。因为在其他条件相同的情况下，较少的平均耕地，意味着更高的人口密度与城市化水平，从而意味着更高的生活水平。数据亦表明，同一个地区，所采样本距市场的距离越远，平均农场面积也越大。[①] 因此，可在回归中将它们同时引入，以控制收入的影响。

至于借贷规模，卜凯（1937）并未提供每笔借贷的平均规模，但

① 如，皋兰、桐庐分别作过两次调查，两次中采样离县市场越远的那次，算得的平均农场面积也越大。

报告了借债农户年均用于消费与生产的借贷金额及其直接相加得到的合计额（amount）。[①] 由于并不是所有借债的农户都同时发生消费与生产借贷，这一合计额并不准确，不过，它与分类借贷额高度相关，不至于带来严重扭曲，故仍以其作为衡量规模的指标。与彭凯翔等（2008）不同的是，由于它们统计的都是借入方的年规模，故其规模效应不是来自于每笔借贷的交易成本，而是来自于信息收集、抵押品产权界定、契约执行等针对债务人的户别活动。此外，各地在市场化及货币化方面亦存在差别。它们的发达程度对资金调剂、信息沟通、观念和制度创新等均有影响，从而也会影响到利率。我们用各地农产贸易中是否通水运（waterage）以及货币地租的比例（mrent）来捕捉这些方面的影响。

此外，在待检验的假说下，上述变量中有的存在内生性问题。例如，自耕农比例在维生借贷假说下就是内生的，因为高利贷是土地兼并的重要工具。对它可以选择降雨量（rainm）作为工具变量。原因是，根据中国的地理条件，降雨丰富的地区大致上较宜于精耕细作，事实上也使得租佃更为流行，所以降雨量会是较好的工具变量。但是降雨量年度之间可能有较大波动，而民国年间的数据不是很系统，所以本文代以 1971—2000 年的月均降雨量。[②] 如果高利贷对土地兼并有作用的话，基尼系数显然也是内生的。同时，基尼系数还受田场生产率的规模效应影响，规模效应越强，土地兼并越有利。利用不同面积田场的单产数据，我们可以计算亩产量的组别方差（VarYield），作为生产率规模效应的指标。由于它主要是受地理条件、生产工具、作物品种等技术约束影响，外生性较强，故而可以充当基尼系数的工具变量。类似地，农区类型（area）等会有一定影响，亦可纳入工具变量中。下

① 这里的借贷额是以银元计算的，由于各地物价不一，严格来说应该转化为某种折实量。但是，有完整物价的地区不多，折实会导致样本量极度缩小。所幸的是，与使用名义利率的理由类似，用银元表示的物价比起用地方货币表示的已经要整齐很多了，所以，采用银元表示的原数据仍是最可行的选择。基于同样的原因，下文对银元表示的收入与工资也未作处理。

② 据“中国气象科学数据共享服务网”提供的月降水量数据计算，每省选取一个主要观测站为代表。

凯调查将农区分为春麦区、冬产小米区、冬麦高粱区、扬子水稻小麦区、水稻茶区、四川水稻区、水稻两获区、西南水稻区共八大区，据此设定虚拟变量。此外，非个人借贷比例（finst）与金融市场发育程度有关，而利率的高低可能制约金融市场发育。所以，该指标也可能具有内生性。本文选择《农情报告》的每县报告数（creport）作为它的工具变量。其理由是，调查员越多的地区，报告数越多，而调查员的多少又与该地与中央政府的关系是否密切有关，当时银行等正规金融机构的设立恰是在政府主导下进行的。正因此，每县报告数（creport）不仅有较强外生性，而且与非个人借贷比例（finst）有一定相关性——相关系数达到 0.59。

表 1 报告了对以上变量的描述统计。

表 1　变量的描述统计

变量	单位	数据层级	均值	中位数	最大值	最小值	标准差	样本容量
r	年，%	县级	31.92	30.00	129.60	8.40	15.12	150
rc	年，%	县级	32.18	30.00	130.80	4.80	15.53	150
ry	年，%	县级	31.27	30.00	87.60	0.00	13.32	142
gini	比率	县级	0.34	0.34	0.63	0.17	0.08	152
class	%	县级	10.66	0.00	100.00	0.00	22.35	152
ownerp	%	县级	54.43	57.85	100.00	0.00	29.84	152
ownerpm	%	省级	54.43	53.89	98.00	19.41	20.67	152
finst	%	省级	37.66	40.60	49.60	17.80	9.46	141
wage	银元	县级	0.46	0.44	1.00	0.08	0.17	133
GrainPC	100 千克	县级	14.00	12.08	47.71	0.84	7.72	150
land	公顷	县级	1.67	1.34	5.90	0.37	1.16	152
amount	银元	县级	80.82	63.00	373.00	7.00	63.76	150
amountc	银元	县级	61.47	49.00	329.00	2.00	49.65	150
amounty	银元	县级	19.35	13.00	131.00	0.00	22.33	150
prodp	%	县级	15.49	8.25	93.22	0.00	20.20	149
waterage	虚拟变量	县级	0.20	0.00	1.00	0.00	0.40	152
mrent	%	县级	25.55	12.00	100.00	0.00	29.92	150
rainm	0.1 毫米/月	省级	815.81	863.96	1 446.75	155.25	363.04	152
VarYield	千克	县级	568.44	431.38	4 742.31	68.29	541.64	150
creport	起数	省级	7.58	6.22	13.78	3.09	3.29	141

四、回归分析

由于内生性问题的存在，这里采用 2SLS 回归。表 2 报告了 2SLS 中第一阶段回归的主要结果，这有助于我们判断工具变量的有效性。由于解释变量中含有基尼系数的平方项与交叉项，在回归中亦引入了亩产量组别方差的相关组合。结果表明，在不控制农区类型的情形下，降雨量对自耕农比例、亩产量组别方差对基尼系数、每县报告数对非个人放贷比例均有显著影响。所以，它们均是有效的工具变量。同时，由于气象、行政控制等因素具有明显的区域性，它们和农区类型存在共线性，故在控制农区类型后，只有亩产量组别方差对基尼系数的影响仍保持显著。这意味着引入农区类型对自耕农比例和非个人放贷比例的系数估计会因过度识别而降低有效性。但是，考虑到文中最关心的解释变量是基尼系数，且引入农区类型后回归的拟合系数明显提高，说明整个估计的有效性能得到改进，所以，在 2SLS 估计里仍将农区类型纳入工具变量中。

表 2　第一阶段回归结果

变量	不控制农区类型			控制农区类型		
	ownerp	gini	finst	ownerp	gini	finst
rainm	−0.051*** （0.006）	0.000*** （0.000）	−0.002 （0.003）	−0.024 （0.020）	0.000 （0.000）	−0.004 （0.005）
VarYld	161.190 （126.860）	1.760*** （0.383）	−33.530 （51.400）	107.890 （131.620）	1.580*** （0.484）	−5.320 （55.680）
$VarYld^2$	−238.000 （249.000）	−3.290*** （0.753）	93.600 （102.000）	−104.000 （262.000）	−2.780*** （0.949）	28.200 （112.000）
VarYld×exclass	−5.540* （2.880）	−0.012+ （0.009）	−1.080 （1.510）	−4.910+ （3.350）	−0.014* （0.008）	−1.230 （1.360）
creport	0.166 （0.698）	0.004+ （0.002）	0.683** （0.322）	−1.061 （0.966）	0.004 （0.003）	0.428 （0.436）

续表

变量	不控制农区类型			控制农区类型		
	ownerp	gini	finst	ownerp	gini	finst
amount	−0.082^{+} (0.051)	0.000 (0.000)	0.029^{+} (0.018)	−0.046 (0.043)	0.000 (0.000)	0.024^{+} (0.018)
prodp	−0.101 (0.121)	−0.001** (0.000)	0.043 (0.034)	−0.089 (0.102)	−0.001*** (0.000)	0.033 (0.036)
class	0.409** (0.194)	0.000 (0.000)	0.039 (0.091)	0.329^{+} (0.222)	0.000 (0.001)	0.069 (0.075)
GrainPC×land	0.030 (0.170)	−0.001** (0.001)	0.049 (0.060)	−0.034 (0.172)	−0.001^{+} (0.001)	0.013 (0.068)
land	3.344^{+} (2.238)	0.029*** (0.011)	0.706 (0.813)	3.070^{+} (2.251)	0.013 (0.012)	1.145 (1.092)
wage	−6.773 (15.111)	0.024 (0.039)	4.190 (5.429)	−5.316 (12.649)	0.051^{+} (0.039)	4.835 (6.310)
mrent	0.082 (0.075)	0.000^{+} (0.000)	0.064*** (0.022)	0.080 (0.064)	0.000* (0.000)	0.054** (0.022)
C	85.217*** (11.613)	0.285*** (0.042)	26.435*** (5.747)	57.853* (31.205)	0.153** (0.070)	31.200*** (10.531)
adj. R^2	0.492	0.279	0.213	0.598	0.391	0.275
Obs.	117	117	117	117	117	117

***、**、*、+分别表示在 1%、5%、10%和 20%水平上显著

注：甘肃武威、陕西盩厔（今周至）因月利率奇高，在回归中作为异常点剔除；“()”中报告的为稳健标准误

此外，与农区类型、降雨量等相关的因素同时也会与收入、市场化等解释变量相关，而对这些解释变量，回归时所能采用的都是粗略的替代变量，其中的偏差可能会导致农区类型、降雨量之类的外生变量仍与扰动项相关。这不仅影响估计结果的有效性，更影响其一致性。在经验上很重要的一个扭曲来源是，回归中的收入主要是农业收入，而雨量充沛、经济作物种植发达的东南沿海恰恰是非农收入较高的地区，收入度量的偏差因此会和工具变量存在相关性。不过，从表 2 来看，这主要会导致高估自耕农比例的影响，而且这一高估在租佃制与制度效率进而非农经济存在较强关系时才会比较重要，所以我们通过租佃制来检验制度的效率仍是合理的。

接下来，表 3 报告了利率对各解释变量的回归结果。作为参照，列（1）首先报告了 OLS 估计结果。其中，基尼系数的一次项虽然是正显著的，但平方项却是负的，同时，剥削阶级放贷占比也不显著，均不足以支持维生借贷的“垄断-剥削”假说。自耕农比例在 10%水平上正显著，这同样拒绝了基于土地制度的“剥削”假说，同时表明租佃制的确与更有效的契约执行制度相联，而制度的改进又有助于降低农村借贷的利率水平。在控制变量中，借贷规模的负向影响体现了小额借贷规模经济，与收入为正向关系的人均谷物产量、日工资系数为负，与收入为负向关系的人均田场面积反之，代表市场化和货币化的水运条件、货币地租比例则与利率呈负向关系，这些均和预期相符。

表 3　主要回归结果

变量	（1） OLS	（2） 2SLS	（3） 2SLS	（4） 2SLS	（5） 2SLS
gini	97.112^{**} （44.328）	−67.126 （232.225）	−51.749 （237.660）	−13.813 （250.421）	
$gini^2$	-110.106^{*} （57.799）	67.250 （313.022）	43.325 （322.542）	−1.685 （343.750）	
class	−0.161 （0.140）	-0.559^{+} （0.409）	-0.566^{+} （0.400）	−0.365 （0.309）	
Gini×class	0.594^{+} （0.390）	1.782^{+} （1.153）	1.774^{+} （1.144）	1.192^{+} （0.901）	
finst	-0.147^{+} （0.096）	0.236 （0.288）	0.192 （0.291）	0.131 （0.267）	
ownerp	0.047^{*} （0.028）	0.094^{+} （0.065）	0.165^{**} （0.077）		
prodp	-0.051^{+} （0.035）	−0.072 （0.058）	0.083 （0.084）	0.107 （0.106）	0.131^{+} （0.088）
ownerp×prodp			-0.003^{+} （0.002）		
ownerpm				0.172^{**} （0.073）	0.178^{***} （0.052）
ownerp-ownerpm				0.044 （0.040）	0.042^{+} （0.031）
ownerpm×prodp				-0.003^{+} （0.002）	-0.004^{**} （0.002）

续表

变量	(1) OLS	(2) 2SLS	(3) 2SLS	(4) 2SLS	(5) 2SLS
amount	−0.033*** (0.011)	−0.035** (0.017)			
GrainPC	−0.270*** (0.092)	−0.267** (0.115)	−0.225* (0.126)	−0.256** (0.112)	−0.213** (0.096)
land	2.682*** (0.895)	1.890 (1.502)	1.682 (1.571)	1.917 (1.546)	1.484* (0.891)
wage	−10.473** (4.868)	−13.112** (6.201)	−16.976** (6.924)	−15.037** (5.938)	−15.693*** (4.988)
mrent	−0.049** (0.025)	−0.098** (0.038)	−0.086** (0.038)	−0.078** (0.033)	−0.044* (0.025)
waterage	−2.673+ (1.976)	−3.471 (2.776)	−3.681+ (2.824)	−4.041+ (2.722)	−4.583*** (1.665)
C	22.627** (8.777)	44.650 (40.558)	39.204 (41.980)	32.082 (44.591)	31.822*** (3.701)
adj. R^2	0.495	0.321	0.320	0.392	0.429
Obs.	117	117	117	117	125

***、**、*、+，分别表示在 1%、5%、10%和 20%水平上显著

注：甘肃武威、陕西盩厔因月利率奇高，在回归中作为异常点剔除；“()”中报告的为稳健标准误

列（2）中的 2SLS 估计结果依旧拒绝了“垄断-剥削”假说。尽管基尼系数和剥削阶级放贷占比的交叉项系数略有上升，但二者本身的系数均变成了负的，它们联合起来的作用仍然非常有限。同时，自耕农比例的系数显著性也略有下降。考虑到契约执行效率的提高可能通过改进借贷可获性，从而增加借贷规模来降低利率，在列（3）中去掉了借贷规模，以估计制度的综合影响。又如第二部分所述，在制度效率较低的情形下，消费借贷的比例会与利率呈正向关系，生产借贷的比例则反之，故可再引入自耕农比例与生产借贷占比的交叉项。这时，自耕农比例的系数大小及显著性都大大改进，交叉项的系数则为负，均与制度效率说的预期吻合。为了进一步区分制度效率和互联合约的影响，列（4）同时引入了省均自耕农比例和各县自耕农比例距省均差。根据第三节的讨论，前者反映的是一般性的制度效率，后者则对应每

县因采样随机性所致的与互联合约有关的样本量。回归结果显示，省均自耕农比例仍是正显著的，但各县自耕农比例距省均差却很不显著，这表明，自耕农比例与各地平均利率间的关系揭示的的确是地区层面的制度影响，而不是个体层面的互联合约效应。由于“垄断-剥削”假说在各种设定下都未得到支持，列（5）将它们作为冗余变量删除，以改进估计的有效性。这时，所得的结果与前面几列基本一致，自耕农比例与生产借贷占比的交叉项还在显著性上获得了相当的改进，从而进一步支持了前述检验的稳健性。

在前几部分均提到，以往包括维生借贷论在内的众多文献均强调消费借贷和生产借贷的区别，表 3 已经印证了这主要是在制度效率较低的情形下，消费借贷比例和利率间的正向关系所致，与“垄断-剥削”等并无显著关系。为了进一步揭示消费借贷和生产借贷在利率决定上的异同，表 4 报告了分别以两种借贷的利率为被解释变量所作的回归。比较列（1）和列（2）可见，相对于表 3 中的平均利率以及列（2）中的生产借贷利率，基尼系数和剥削阶级放贷占比的交叉项系数对列（1）中消费借贷利率的影响较大，但剥削阶级放贷占比的负向影响也变大了，综合来看，“垄断-剥削”假说对消费借贷利率亦难以成立。同时，制度对消费借贷利率的影响更为可观和显著，这也与第二部分所述消费借贷受契约执行、借贷可获性等制度因素影响更大相一致。

表 4　区分消费借贷和生产借贷的回归

变量	（1） rc 2SLS	（2） ry 2SLS	（3） rc 2SLS	（4） ry 2SLS	（5） rc-ry 2SLS
gini	146.110 （265.975）	184.969 （269.828）			
gini×class	1.755* （0.964）	−0.106 （1.309）			
$gini^2$	−233.280 （371.881）	−276.436 （370.697）			
class	−0.562* （0.334）	0.038 （0.469）			

续表

变量	（1） rc 2SLS	（2） ry 2SLS	（3） rc 2SLS	（4） ry 2SLS	（5） rc-ry 2SLS
finst	0.038 （0.262）	0.178 （0.335）			
ownerpm	0.133** （0.060）	0.089 （0.070）	0.139*** （0.051）	0.121** （0.050）	0.018+ （0.013）
ownerp-ownerpm	0.056 （0.044）	0.040 （0.056）	0.016 （0.044）	−0.008 （0.045）	0.025** （0.012）
GrainPC	−0.342*** （0.118）	−0.299*** （0.113）	−0.216*** （0.080）	−0.222*** （0.078）	0.006 （0.034）
land	2.349+ （1.658）	3.086+ （2.038）	0.273 （0.788）	0.505 （0.801）	−0.232 （0.180）
wage	−11.746** （5.767）	−14.888** （5.737）	−15.258*** （5.284）	−12.651** （5.250）	−2.608** （1.252）
mrent	−0.097*** （0.033）	−0.119*** （0.037）	−0.063** （0.025）	−0.056** （0.024）	−0.006 （0.007）
waterage	−2.373 （2.876）	−1.440 （2.981）	−2.908+ （2.016）	−3.251* （1.867）	0.342 （0.424）
C	9.971 （45.660）	−1.046 （46.979）	34.030*** （4.411）	31.608*** （4.240）	2.422** （0.984）
adj. R^2	0.319	0.276	0.372	0.343	0.168
Obs.	118	111	71	71	71

***、**、*、+分别表示在 1%、5%、10%和 20%水平上显著

注：甘肃武威、陕西盩厔因月利率奇高，在回归中作为异常点剔除；“()”中报告的为稳健标准误

考虑到文献中一般认为当时的消费借贷利率高于生产借贷利率，相关的分析也往往以此为前提，列（3）至列（5）又进一步选取了 $rc \geq ry$ 的子样本进行回归。这时，和“垄断-剥削”假说有关的变量联合起来仍不显著，为了使报告更有效，表 4 中显示的是剔除它们后的结果。在消费借贷利率较高或面临借贷约束的个体较多的样本里，制度问题通常也较严重，所以，如列（3）和列（4）所示，制度对生产借贷利率的影响系数亦有所提高，但仍小于它对消费借贷利率的影响。另一个角度是直接以消费借贷和生产借贷的利率差为被解释变量，以排除

同时影响二者的一般性因素，见列（5）。在讨论图 2 时已提及，地区间的利率差比地区内两种类型的利率差要更为可观，理论讨论也表明，竞争性市场下的各种因素都倾向于同时影响消费借贷和生产借贷的利率。所以，毫不奇怪，各解释变量的系数大小和显著性普遍下降了，拟合系数也大大降低。与此同时，各县自耕农比例距省均差的显著性却大为改观。这说明两种利率的差主要是与采样中的个体效应有关。佃农由于互联合约效应或者拥有田面权资产，面临的借贷可获性问题相对较弱，因此，当样本中佃农较多时，因借贷可获性约束而选择高利率消费借贷的个体就较少，于是削弱了该样本中两种利率平均水平的差。

五、结　论

虽然 20 世纪 30 年代初的调查数据显示当时各省的民间借贷利率水平普遍较高，大多数地区都在年 20%—30%以上，但本文表明，直接将之诉诸“垄断-剥削”的维生借贷论并不能得到数据的支持。事实上，如卜凯数据所显示的，贷款人的平均放贷额只是借款人平均借款额的 2—3 倍，很难想象在这种情况下，贷款人会具有非常强大的垄断势力。与此同时，契约执行等基本制度的效率以及收入水平却对利率的地区差异有显著的解释能力。这时，即使是高利率的借贷也不足以扩大借贷双方的分化，从而造成不可逆转的贫困陷阱，相反，贫困本身是加剧高利贷的重要原因。

本文还发现，租佃制度也不构成“垄断-剥削”的来源。自耕农比例与利率的正相关、自耕农比例较高时消费借贷与生产借贷的利率差较大，这些都表明，较高的佃农比例或较发达的租佃制度对应着契约执行、产权界定等方面更有效的制度，而且它们对改进农村借贷中的可获性问题以及缓解高利贷都有显著作用。这一方面印证了近来的研究中从市场而非剥削的角度对传统中国的地权交易所作的反思；另一方面也意味着仍有一部分地区在契约执行等制度上存在缺陷，不仅租佃等地权交易受限，还导致一些农户面临较严重的借贷可获性约束。这些农户无法通过借贷来改进生产、摆脱贫困，只是通过借贷来糊口。所以，本文虽然否证了高利贷是造成贫困陷阱的原因，但并不否认贫困陷阱本身在部分农户中的存在。

此外，如果“垄断-剥削”的维生借贷论不成立，那如何理解当时观察者眼中不断恶化的贫富分化与阶级剥削呢？与维生借贷论者对消费借贷和生产借贷之利率差的误解类似，这同样有资料解读的问题。不妨来看1952年湖北省委调查整理的一组数据（中共湖北省委农村工作委员会，1952）。它将湖北的20个乡分为土地集中区、一般集中区、土地分散区三组，将农户分为地主、富农、中农、贫雇农等类。根据每类农户占有的土地面积和户数资料，可以粗略估算出1937年前土地集中区的土地基尼系数为0.65，一般区和分散区略低，分别为0.62与0.59，到1949年前夕则分别下降到0.6、0.54、0.55。然而，在中南局的总结里，却仅由中农比例有所下降推出1937—1949年前夕的十来年里是剥削严重、土地兼并和贫富分化加剧的时期！当然，上述基尼系数已高达0.6左右，它不再上升是否可能因其已经达到极限，没有多少恶化的余地了呢？事实恐非如此。因为它只是对土地占有情况而言的，收入的基尼系数并没有这么高。根据该资料匡算，无论1937年前还是1949年前夕，这些地区劳动力的基尼系数只有0.1左右，耕具和农畜则为0.2—0.3，若按影子价格将各种要素的收入汇总为年收入，可得出其基尼系数为0.4左右，恰好在所谓的警戒线水平上。[①] 这是一个突出的例子——它表明，由于分析工具以及立场、理论等原因，当时的观

---

① Brandt和Sands（1990）运用土地委员会和“南满洲铁道株式会社”的一些调查数据，同样发现收入的基尼系数要比土地低不少。另外，赵冈（2006，第149—151页）曾据民国时期的不同调查资料计算土地分配的基尼系数，比据此处所引资料得到的估计要低，而且比历史时期有所降低，并不支持经典的“不断集中论”及“无限集中论”。

察往往会和基于相同资料的现代分析发生较大差距。结合本文的研究，我们更可以看到，直接基于当时的结论来理解传统中国或从中做出某些推断是容易发生扭曲的。这也充分反映了利用新的理论和方法，重新解读过去的经典材料的重要性。

整理人：乔士容，清华大学社会科学学院

参考文献

岸本美绪，2010，《清代中国的物价与经济波动》，北京：社会科学文献出版社。

贝克尔，1995，《人类行为的经济分析》，上海：上海三联书店、上海人民出版社。

卜凯，1937，《中国土地利用：统计资料》，金陵大学出版社，1937。

卜凯，1941，《中国土地利用》，金陵大学农学院农业经济系。

曹树基，2012，《传统中国乡村地权变动的一般理论》，《学术月刊》第12期。

陈志武，林展，彭凯翔，2014，《民间借贷中的暴力冲突：清代债务命案研究》，《经济研究》第9期。

陈志武，彭凯翔，袁为鹏，2016，《清初至二十世纪前期中国利率史初探——基于中国利率史数据库（1660—2000）的考察》，《清史研究》第4期。

黄宗智，1992，《长江三角洲小农家庭与乡村发展》，北京：中华书局。

金德尔伯格，1991，《西欧金融史》，北京：中国金融出版社。

李金铮，2004，《近代中国乡村社会经济探微》，北京：人民出版社。

李楠，2015，《社会网络、连锁合约与风险规避：近代中国乡村无息借款选择行为的实证分析》，《中国经济史研究》第3期。

梁方仲，1947，《卜凯〈中国土地的利用〉评介》，收录于《梁方仲经济史论文集集遗》，广州：广东人民出版社，1990年。

林展，2009，《民间借贷专题研究——基于刑科题本和伪满洲国调查》，清华大学博士学位论文。

刘秋根，2000，《明清高利贷资本》，北京：社会科学文献出版社。

龙登高，2009，《地权交易与生产要素组合，1650—1950》，《经济研究》第 2 期。
罗涵先，1955，《什么是高利贷》，上海：新知识出版社。
诺斯、托马斯，1999，《西方世界的兴起》，北京：华夏出版社。
彭凯翔，2015，《从交易到市场》，杭州：浙江大学出版社。
彭凯翔、陈志武、袁为鹏，2008，《近代中国农村借贷市场的机制——基于民间文书的研究》，《经济研究》第 5 期。
钱俊瑞，1934，《评卜凯教授所著〈中国农场经济〉》，收录于《〈中国农村〉论文选》，北京：人民出版社，1983。
实业部中央农业实验所，1933，《农情报告》1933 年第 9 期，南京：实业部中央农业实验所。
实业部中央农业实验所，1934，《农情报告》1934 年第 11 期，南京：实业部中央农业实验所。
实业部中央农业实验所，1936，《民国二十三年农情报告汇编》，南京：实业部中央农业实验所。
司法行政部统计室，1936，《中华民国二十三年度司法统计》，司法行政部统计室出版。
孙文郁等，1936，《豫鄂皖赣四省之典当业》，《豫鄂皖赣四省农村经济调查报告》第四号，金陵大学农业经济系。
孙晓村，1937，《现代中国的农业金融问题》，收录于《中国土地问题和商业高利贷》，中国农村经济研究会出版社。
孙冶方，1934，《论农村调查中农户分类方法》，收录于《〈中国农村〉论文选》，北京：人民出版社，1983 年。
陶诚，1990，《30 年代前后的中国农村调查》，《中国社会经济史研究》第 3 期。
王寅生，1937，《高利贷资本论》，收录于《中国土地问题和商业高利贷》，中国农村经济研究会出版社。
温锐，2004，《民间传统借贷与农村社会经济》，《近代史研究》第 3 期。
赵冈，2006，《中国传统农村的地权分配》，北京：新星出版社。
赵梅僧，1937，《中国土地问题的本质》，收录于《中国土地问题和商业高利贷》，中国农村经济研究会出版社。
中共湖北省委农村工作委员会，1952，《湖北农村调查：二十个农村典型乡材料之一》，中共湖北省委农村工作委员会调查研究科编印。

中国第二历史档案馆，1998，《中华民国史档案资料汇编》第五辑第一编，“财政经济（七）”，南京：江苏古籍出版社。

Bentham J. 1787. *Defense of Usury*. London：Payne and Foss.

Brandt L，Hosios A J. 2010. “Interest-free Loans Between Villagers.” *Economic Development and Cultural Change* 58（2）：345–372.

Brandt L，Sands B. 1990. “Beyond Malthus and Ricardo：Economic Growth，Land Concentration，and Income Distribution in Early Twentieth-century Rural China.” *Journal of Economic History* 50（4）：807–827.

Braverman A，Stiglitz J. 1982.“Sharecropping and the Interlinking of Agrarian markets.” *The American Economic Review* 72（4）：695–715.

Buoye T M. 2000. *Manslaughter，Markets，and Moral Economy：Violent Disputes Over Property Rights Ineighteenth-century China*. Cambridge：Cambridge University Press.

Carter M R，Barrett C B. 2006. “The Economics of Poverty Traps and Persistent Poverty：An Asset-Based Approach.” *Journal of Development Studies* 42（2）：178–199.

Divine T F. 1959. *Interest：An Historical and Analytical Study of Economics and Modern Ethics*. Milwaukee：Marquette University Press.

Epstein S R. 2000. *Freedom and Growth：The Rise of States and Markets in Europe，1300–1750，* New York：Routledge.

Hoff K，Stiglitz J E. 1990. “Introduction：Imperfect Information and Rural Credit Markets-Puzzles and Policy Perspectives.” *The World Bank Economic Review* 4（3）：235–250.

Kinnan C，Townsend R. 2012. “Kinship and Financial Networks，Formal Financial Access，and Risk Reduction.” *American Economic Review：Papers & Proceedings* 102（3）：289–293.

Morse A. 2011. “Payday Lenders：Heroes or Villains.” *Journal of Financial Economics* 102（1）：28–44.

Otsuka K，Chuma H，Hayami Y. 1992. “Land and Labor Contracts in Agrarian Economies：Theories and Facts.” *Journal of Economic Literature* 30（4）：1965–2018.

Ramseyer J. 2012. “The Fable of Land Reform：Expropriation and Redistribution in

Occupied Japan." Harvard John M. Olin Discussion Paper Series, No. 733.

Rosenberg R, Gonzalez A, Narain S. 2009. "The New Moneylenders: Are thePoor Being Exploited by HighMicrocredit Interest Rates." CGAP Occasional Paper (15).

Scott J. 1976. *The Moral Economy of the Peasants*. New Haven: Yale University Press.

Is Usury Responsible for Poverty Trap? Research on Interest Rates of Rural Credit in the 1930s

Chen Zhiwu　Peng Kaixiang　Yuan Weipeng

Abstract: This paper studies the cross-regional variation of interest rates in China in the 1930s. Based on county-level data from Buck's (1941) rural surveys, we examine factors that may have influenced rural interest rates in pre-1949 China. Since the quality of institutions that define property rights and facilitate contract enforcement is important for such transactions as land tenancy arrangements, we treat land tenancy rate (or, percentage of owner-farmers) as a proxy for institutional quality. Contrary to the popular belief among historians and economists that usury or high interest rates caused persistent poverty, we find that while the monopoly-exploitation hypothesis has little explanatory power, a region's institutional quality and income level are persistent and significant determinants of interest rates. Thus, poverty is a key driver of high interest rates. Economic growth and the development of market institutions are crucial for lowering high interest rates and combating usury.

Keywords: Usury, rural credit, monopoly power, poverty trap, tenancy

石头，剪刀，布

——传统中国激励制度和信息制度问题以及大分流的缘由研究[①]

马德斌[②]

摘要：本文认为帝制时期的中国的政治制度——一元体的中央集权制度——是中国历史上长期的经济发展轨迹，也是在现代早期中国与西欧经济出现分歧的一个重要决定因素。借鉴制度经济学，笔者认为君主专制、帝国的悠久历史和辽阔疆域为帝制中国提供了一个低税收和动态稳定的发展路径。但集权的等级政治

① 笔者在荷兰乌得勒支大学、马德里卡洛斯第三大学、复旦大学、清华大学、西北大学、密歇根大学、IMT（Luca，意大利）和西班牙的庞培法布拉大学联合召开的研讨会上，从 Loren Brandt，Mark Dincecco，Phil Hoffman，Cai Hongbin，Peter Lindert，Liu Guanlin，Paul Davis，Brad Delong，龙登高，Avner Greif，Deirdre McCloskey，Joel Mokyr，Patrick O'Brien，Maarten Prak，Leandro Prados de la Escosura，Kenneth Pomeranz，Paul Rhode，Thomas Rawski，Tirthankar Roy，史志宏，Tuan-Hwee Sng，Jan Luiten van Zanden，Oliver Volckhart，Gavin Wright，颜色，袁为鹏和 Zhou Li-an 等人以及其他与会者讨论中受益匪浅。本文的研究支持来源于 Peter Lindert 主持的由美国国家科学基金会资助的全球价格和收入研究项目，以及欧盟委员会第七届框架计划中“发达与欠发达的历史模式研究：大分流的起源与持续”（HI-POD）。文责自负。

② 马德斌（Debin Ma），伦敦政治经济学院（London School of Economics）经济史学系高级讲师，国际经济史协会（International Economic History Association，IEHA）秘书长和执行委员会成员，担任 *Economic History Review*，*Explorations in Economic History* 期刊编委和 *Economic History of Developing Regions* 期刊推荐人。主要研究东亚长期经济增长、生活水平、人力资本和生产率的国际比较，比较法律和政治等。

架构中基层激励偏差和信息不对称的问题也限制了中国政府的财政和金融能力的发展。通过重建两千年以来的战争发生记录，本文把建立和巩固统一的中央集权的政治垄断权力作为一个内生性的历史进程来进行研究，并利用 17—19 世纪战争记录和政府收入数据，选取清朝统治时期作为中国传统政治经济的典型来进行研究。

关键词： 传统中国；激励制度；信息制度；大分流

为什么尽管中国在 14 世纪甚至到 18 世纪都在经济和科技上领先，却没能成为第一个工业化国家？学界从文化和科学传统到要素禀赋和自然资源等方面提出了一系列的假设。[①] 一种从欧洲比较视角产生的观点认为：中国长期的停滞是因为在中国历史上早熟的统一中央集权统治下缺乏动态的内部竞争。由这个论点出发产生的许多表达出现在各种学术和流行作品中。[②] 尽管这个观点听上去很对，但是它至少面临着来自两方面的批评。首先，政治分裂和国与国的竞争（正如欧洲的情况）如何直接影响作为经济长期增长基础因素的产权和契约执行这一问题并没有解释清楚。实际上，近来中国修正主义历史学家声称，在传统中国，仁治也提供了一个对农民征轻税、保护私有财产和产权以及较为自由的土地和劳工要素市场的制度框架（Pomeranz，2000；Wong，1997）。

其次，如同 Epstein（2000）指出的，国与国竞争优势的观点甚至面临着来自欧洲经验的挑战。他强调，政治或司法的分离也会由于缺乏统一主权而导致政治和经济上的大规模的协调性失败，从而束缚了中世纪和早期现代欧洲的长期的发展。他进而认为，18 世纪英国的崛起并称霸全球并非源于司法分裂，而恰恰因为其相对较弱的“社团利益”，较早熟地取得了一个较为统一和集权的体制（Epstein，2000，第

---

① 参见 2004 年 Debin Ma 对这些假设的概括。

② 最新的关于此观点的重述出现在 Ferguson（2011）的著作中。

36—37 页）。

中国的帝制政治结构，以统一的中央集权以及相对独立的发展为特征，在政治制度与经济长期发展关系研究上提供了一个吸引人的案例。更令人惊奇的是在中国与西欧大分流的辩论中，政治制度所引起的关注微乎其微。一部分原因是，关于传统中国政治制度的历史描述长期被统治和笼罩在过于简单的东方专制统治框架之下或者在官方共产主义意识形态的阶级斗争理论之中。①

本文利用新制度经济学视角来描述传统中国帝国和朝代循环②的政治逻辑。从 Olson（1993）的视角出发，本文用一种历史叙述和实证的方法来解释统治者长时间的权力垄断，在帝制中国拥有的绝对权力的政治体制下能达成一个拥有相对低消耗财政、自由的私营经济的稳定路径。然而，超越奥尔森的观点，笔者用一个有三个代理人——帝王、官僚和人民——的研究框架，来研究集权等级制下的不对称信息中的委托代理问题。笔者认为在集权等级制下三个代理人之间的基本激励偏差和信息不对称的问题（或者双重委托代理问题）为中国皇帝或者官僚结构增添了一个权力（或者说攫权之手）制约的新维度。事实上，考虑到收入与长时间的专权统治和双重委托代理问题的限制相联系，这些封建统治者的目标函数应该由短期收入最大化转向维护长期垄断租金。随着时间的推移，财政提取和税收收入最大化相对于生存和统治延续来说是次要的，而重点是化解内部叛乱和消灭取代者和与其他政治势力的斗争。在这特殊平衡中产生的历史性的稳定也产生了一种长期轨迹，既保证政治稳定和王朝存续优先于其他包括经济增长的目标。因此，朝代不稳定和统治被推翻被认为是偏离长期轨迹的暂时现象，传统的三大主体（帝王、官僚、人民）为主线的啄序等级

① 东方专制主义，参见 Wittfogel（1957）。同时参见王亚南（1981）从马克思主义视角对传统中国的批判。

② 相关国家的新经济文化制度，参见 North（1981），Olson（1993），North 等（2009）。

制度就像石头-剪刀-布的游戏一样被短暂颠覆。

对以上观点，本文通过展示中国战争和税制变革的系统的时间序列来展开历史性的论述。通过在两千年战争发生率的记录基础上对王朝统一的两项指标进行重构，笔者证明，一个统一的集权的政治体的建立和巩固是一个内生和进化的历史过程，孕育于长期的文化和制度整合之中，并重塑了私有产权和要素市场。笔者通过对 17—19 世纪公共财政及其与战争和叛乱联系的详细查证揭示了：18 世纪清王朝的统治可以集中体现出低财政支出和朝政稳定的良性均衡。从本文的两项定量指标来看，帝制中国在朝政稳定性、国家统一和低水平的财政收入方面领先于同时期世界上其他主要文明（包括西欧）。但是这种稳定最终成为一种惯性，使中国悠久历史的发展轨迹到了近现代初期反而显得疲软无力。与此相对的是一个充满体制活力的上升的欧洲的出现，而这种活力可能来自一个独特的国与国的竞争体系及其政体内的某种代议机制。

笔者将本文分成三个主要部分和一个结论部分。第一部分从历史角度叙述传统中国政治结构的模式和变革及其理论意义。第二部分用两项王朝统一的重构指标对比两千五百年的战争数据序列，考察传统中国政治治理模型。然后以比较视角聚焦中国历史上的清朝统治时期（1644—1911 年）。第三个部分分析了激励和信息问题，以及它与理解中国现代早期与英国和西欧发展出现大分流的联系。

一、具有中国特色的专制统治

（一）模式的起源

公元前 7 世纪左右，随着在中国北方平原地区上发展起来的周王朝的瓦解，少数通过政权革新在战争动员方面十分突出的统治者逐渐兼并了无数的竞争国家（参见中国历朝年代表）。杜正胜深入研究了战国时期统治者的一项成功的政策“编户齐民”，这句古汉语的字面意思可以理解为“户籍注册与统一治理百姓”。这项举措的成功实行，最后促成了中国历史上的首次统一——秦朝在公元前 221 年统一中国，统一举措也包括推行郡县制以取代地方封建、县以下设乡里等基层行政机构、建立以获得军功为基础的精英治理制度以取代世袭贵族制（即实现“对人民的统一治理”）、实行封建土地所有制、按户籍征收赋税、推行兵役制、颁布一系列带有惩戒性的法令。杜正胜的研究可以从郡县制的起源追溯到军队的组织。①

从中国封建帝制的开端秦朝（公元前 221—公元前 206 年）到最后一个王朝清王朝 1911 年的倾覆，毫无疑问在历朝历代最明显、持续时间最长的特点就是在观念和实践上奉行集权的官僚等级制度。在我们研究它的历史演变之前，我们首先描述了这种治理的政治模式，或者说借用马克斯·韦伯（Max Weber）的政治术语——它的理想模式。在这种专制体制的模式下，掌控着包括土地、劳动力等一切要素的根本权力赋予了君主。君主是这些生产资料的所有者，而处于这一体系另一头或底端的正是名义上的土地租借者和开垦者（农业国家的农民或农户）②。皇帝对于这些农业产出有权收取租金，这些收益的大部分被用于构建外部防御的设施和维护内部的安定。

这种模式的本质就是单一皇权的统治凌驾于所有社会或政治组织。在秦朝建立之时，中国的第一个皇帝秦始皇采纳了他的丞相——法家代表人物李斯的建议，决定不采取皇权和各种地方势力或世袭贵

---

① 参见美国学者 Greel H. G. 在 1994 年对中国郡县制的起源的研究。

② 传统制度下的土地在传统观念中被看作是“王土王民”（王的土地，王的人民），这个表达出现在战国时期（公元前 403—前 221 年）编写的《诗经》当中，这种观念和用法贯穿了整个封建统治时期，参见 Kishimoto（2011）。

族权力共存的封建模式。取而代之的是皇帝统一管理的郡县制和实行"编户齐民"这种户籍管理方法。在这种新的社会制度下，只有皇权是可以世袭的。在贵族或独立政治单位逐渐消失的情况下，国家的一切管理——征税、镇压暴力和一些公共基础设施的提供——全部直接由公共机关依照国家的法规和律令进行管理。①

用唐朝著名的儒家学者韩愈（公元786—824年）的话来阐明这个由三部分组成的政治模式的逻辑："是故君者，出令者也；臣者，行君之令而致之民者也；民者，出粟、米、麻、丝，作器皿，通货财，以事其上者也。君不出令，则失其所以为君；臣不行君之令而致之民，则失其所以为臣；民不出粟、米、麻、丝，作器皿，通货财，以事其上，则诛"②（de Bary et al.，1960，第432—433页）。

这种国家理念，被历代学者判定在很多方面是父权制度的延伸。随着世袭贵族的慢慢消失，这种封建制度向中央集权统治的转轨也将独立的皇权延伸为国家主权。事实上，个体、家庭和国家的统一无不体现了儒家的一句经典古训："修身，齐家，治国，平天下。"从字面上理解"国家"这个词的意思是"国和家"，或者像马克斯·韦伯把这个词叫做"世袭的"或者是"家庭主义之国"。钱穆从词源学解释中国皇帝的"宰相"在先秦时期实际上是指原来贵族家庭的管家，后来演变成一个国家的宰相。因此，在钱穆看来，中央集权的兴起也标志着所有权（皇帝）和管理权（地方官僚机构）分离的开端。③

① 中国古代统治者的独立性是可以以统治者和地主、商业精英以及官僚的抗衡来说明的。明朝皇帝对地主阶级和官僚的酷刑可以参见Huang（1974）。对于中西方政治体制中这一点差别的批判已经被中国马克思主义意识形态教条模糊化了，参见冯天瑜（2006）。

② 韩愈，《原道》。

③ 参见钱穆（1966，第8—12页）。同见Greel H G.（1964）和杜正胜（1990）关于"中国国邦部落和王权起源"的论述。

（二）体制的演进

秦朝血腥的统一并没有结束中国历史上的政治分裂与暴乱。相反，在仅存的 15 年后被反抗其暴政的力量彻底瓦解，这也是其仅靠施行暴政统治导致政治秩序脆弱的一个教训。在汉朝早期的统治中试图重建封建统治，并且重新修复和确立了儒家思想的统治地位，着重强调帝国统治的“仁”和父系继嗣制度的儒家思想成为新的正统的国家统治思想。这些在秦朝不仅没有得到统治者的重视反而受到压制的思想，是为了改变根植于法家思想中的严格惩罚和酷刑律令对秦朝暴政的影响。

儒家思想不断扩散成为新的统治思想，大约在公元 300 年到公元 800 年，即中国所谓的“贵族时代”，地方势力的抗争导致了更强大的家族势力进行统治，出现了政权的更迭。在这一时期内，强大的统治势力垄断儒家思想的学习传播，实行族内通婚制，皇族统治，通过内阁闭门会议来管理国内朝政事务。实际上，很多贵族比天子有更高贵的血统。由于天子的地位受控于这些贵族家庭和亲信，如果违背这些贵族的利益，天子可能会被废黜，甚至处死。朝权争夺是贵族和皇族血统之间的斗争，与平民毫无关系。在唐朝的中央政府统治中，代表上层贵族的官僚机构有权挑战和否决（封驳）由尚书令起草的诏令。处于行政管理之首的唐朝的丞相，有相当大的权力，并且参与皇帝的最终决策。

但是从宋朝开始，权力的平衡已经决定性地倾向了帝王，皇帝掌管国家的一切机构事务，他能够像一个奴隶主使唤他的奴隶们一样指挥和吩咐他的臣子。对皇权的挑战和否决现象从明朝开始慢慢消失，在明朝第一个皇帝手中，甚至连丞相一职也被废除。正如日本重要的中国史研究者内藤湖南（Konan Naito）率先详细论述的，中世纪的中国向专制主义转型是以现在被我们熟知的“唐宋交替”时期为重要的转折点。内藤的理论说明了中国专制制度的优势，尽管这种制度伴随可怕的影响，但是它标志着中国现代史的开端。它把人从贵族阶层的束缚中解放了出来，让他们真正成为国家的臣民，也引起了财政货币体系最终向以人为核心的财产权和土地权等方面的制度转型。[①]

第一个大的变革就是选官任人。尽管科举考试是从隋唐时期开始的，但是这种官员选拔大多局限于已经被世袭权贵垄断的官府的教育机构中。大约从 8 世纪开始，科举考试的范围开始延伸到“道、州、县”三级，也开始面向普通男性民众，对象也不仅仅局限于官府教育机构的学生。科举制和选官制度的变革重塑和改变了儒家思想下的世袭家族控制的传统社会阶级状况，为庶族阶层人员的社会流动提供了制度基础。宋朝朱熹（1130—1200 年）在综合原始儒学思想的基础上发展出了理学，并渗透入科举制，从而巩固了儒家学派作为国家正统思想的地位。

通过为不同层级的科举考试候选人授予终身免税权和某种程度的法律免罚，这一体系产生了一个非世袭的阶层，就是所谓的乡绅贵族。[②]在这一体系下任命官员，一个官员在某个职位上任职 3—5 年就要在国家范围内进行轮换。这种轮换要遵循“回避制度”，即被任命者的职位安排要避免自己的家乡。在这种统治下的官员是没有地方自治权或者没有掌握实权基础的。[③]随着统一的官方文字取代地方方言和隋唐时期纸和雕版印刷术的推广，考试制度变成了促进文化融合、建立共同文化认同的一种手段和工具。

同时，财政制度也开始转变。在公元 780 年，唐朝宰相杨炎提出建议，推行“两税制”来代替“租庸调”。税制改革的一个关键点在于将不同形式的劳役和赋税整合为直接的土地税。这种以土地为征税基

① 参见 Miyakawa（1955）关于内藤及其影响的英文概括。

② 乡绅阶层更多的是居住在本地，协助地方行政者和官员的工作，管理本地事务。这个阶层变成了处理人民大众和国家之间关系重要的中间阶层（张仲礼）。

③ 钱穆（1966）和侯平提（1967，第 17—19 页）描述了中国明清时期世袭贵族的局限性。

础的转变促进和加强了财政收入的货币化，使货币体系出现了标准货币流通单位，如宋朝的铜钱、纸币，明朝中期出现的银两。财政体系的货币化实现了中央财政预算体系“量入以制出”，也同时出现了现金储备和备用资金（黄仁宇，1974；Iwai，2004）。有了这些货币和财政体系做基础，宋朝出现了新的兵役制，用募兵制取代了府兵制或那些在免税土地上建立的具有独立财政基础的军事藩镇。

财政制度的重组更深远的影响在于对以人和土地为基础的中国产权制度的长期的冲击。传统上来说，为了保证国家收入，中国历朝历代的统治者都积极地将土地分配给对土地进行开垦并纳税的农民。在唐朝（公元 618—907 年）所实行被众人熟知的“均田制”根据人们的生产能力给成年男子分配田地，在此基础上实行“租庸调”。根据土地类型的不同，一些土地在租户离开或者死亡之后会被交还国家。但是随着“两税制”的实行，土地税收与它的所有权状态相分离了。国家开始让渡土地管理权，规范土地所有权，这事实上是允许土地私有，并且允许在以前朝代仅仅非正式存在的私有土地交易。因此，法律上的土地所有权开始转变为人们实际的纳税权。实际上，宋朝成为第一个在国家土地分配上没有明确国家政策的朝代（钱穆，1966）。

建立在土地基础上的两税制成为贯穿 8—20 世纪的中国财政制度的标志，同时“量入以制出”的税收政策变成仁政思想的基础。政府允许私有部门而不是国家，去占有经济扩张产生的剩余。这些剩余来自于生产力的提高、土地的扩展，以及独立的、以家庭为单位的租户所有制下的人口增长，这种体制的存在部分是由于政府让渡对土地的直接管理权和所有权管制。财政政策和官僚系统的这些转变成为王亚南所说的古代中国君主专制的两大支柱，也让人们更好地理解从宋朝开始的中国经济大发展（王亚南，1981；Elvin，1973；钱穆，1966）。

中国的专制统治是建立在中央集权统治的基础上的，没有正式的、外部制度上的对统治者及其代理人行使凌驾于普通平民百姓之上的权力的束缚，或许除了被模糊定义的“天命”之外。[①]针对官僚是否滥用职权、玩忽职守或者是为民申冤、化解民怨，也存在一套监察系统，这套系统是严格按照行政级别自上而下的，但是最后的仲裁权还是在君主手中。同样也存在着所谓的“暴动约束”：如果君权和行政机构滥用职权的压迫让人民无法维持生计，人民就可能选择暴动来推翻君权。事实上，反抗和叛乱是中国历史的长期特征，导致周期性的政治分裂和王朝纷争。唐朝皇帝唐太宗李世民的一句训诫：“水能载舟亦能覆舟”，说明了黎民百姓与统治者的关系，就是这种暴动约束的反映。

我们可以用 Olson（1993）基于“坐寇与流寇理论”的类比来诠释古代中国政治的逻辑。他论证的重点是较长历史时期中的垄断政治权力（特别是在王朝中经过几代世袭传承）更有可能带来一个“良好的”均衡，即在一个“坐寇”统治下掠夺水平较低，公共基础设施的提供水平较高。时间越长，帝国统治越稳定，这个坐寇政府也越来越能满足自身的长远利益，按 Olson 的话说就是“共容利益”。因此，在独裁统治下，在一个较长的历史时期和较低的折现率下，相对于一次性或短期压榨，统治者对未来的税收收入流有较高的估值，这就在缺乏任何正式宪法约束的情况下，形成了对独裁统治者掠夺之手的自我约束。[②]

实际上，内藤关于中国专制制度的“现代”特征和 Olson 独裁理论早就在 1000 多年前被中国学者自己预言了。最有名、最持久的对于集权专制的维护来自唐代文人士大夫柳宗元（公元 773—819 年）。他认为“分封制”实际上是为了满足封建主及其亲信的利益，只有在集

---

① 缺乏对皇帝的有效约束这一问题在黄仁宇关于中国封建君主专制的全盛时期——明朝专制制度的研究中有所涉及：“最终的权力是主权，官僚机构的行动被限制为对执行君主命令者的抗议、辞呈、试图弹劾等，以及将某些征兆夸张为上天对皇帝的警告。当这些都失败的时候，就没什么办法了。”参见 Huang（1974，第 7 页）。

② 参见 Olson（1993）。参见 Besley 和 Ghatak（2010）基于声望的博弈论模型，该模型建立了统治者的征用率和政治的折现率之间的正向关系，这导致了所有权的内化（私有产权在没有正式制度法规的情况下受到保护）。

权统治下的“郡县制”才能满足公众的利益，尽管这项制度是为了满足统治者自身利益，加强专制统治者的权力和管理其政府而创立的。根据柳宗元的思想，“郡县制”通过能者得之而非贵族世袭保证公正性。在这种制度下一个不称职的地方长官和官员会很容易被取代，但是一个不好的封建领主被取代却不是那么容易。[①] 因此，对柳宗元来说秦朝的建立标志着“公天下”在中国的诞生。同时，他也指出“郡县制”要优于封建制度的“暴动测试”：历史实践证明与君权抗衡的反叛者来自人民大众、其他公国与周边邦国等，而非国家官员和管辖的县区[②]（杨联升，1969，第7—8页；冯天瑜，2006，第60—63页）。在下一个部分，我们将证实中国专制制度是如何在柳宗元所谓的“暴动测试”中发展的。

二、历史的检验

（一）帝国的统一度和王朝的寿命

如中国历史学家葛剑雄所论述的，自从秦朝建立以来中国两千多年的历史事实上见证了政治分裂的时间更长，而非统一。用中国明朝统一的疆域作为参考，在葛剑雄的计算中（如附表所归纳），从秦朝开始到清朝灭亡的2132年中，中国统一的年限只有935年。而同时，所有朝代无论是分裂时期还是统一时期，征战是贯穿于其中的永恒的主题。根据中国军事史编写组一份战争发生率的详细统计，说明了在2686

---

① 见《封建论》：“有罪得以黜，有能得以赏。朝拜而不道，夕斥之矣。夕受而不法，朝斥之矣。设使汉室尽城邑而后王之，纵令其乱人，戚之而已矣。”

② “然而封建之始，郡邑居半，时则有叛国而无叛郡。秦制之得，亦以明矣。”

年间发生了 3752 次战争，在此期间战争的年平均率为 1.4 次。

图 1 展示了在公元前 7 世纪到公元 19 世纪中，中国在各个世纪中的统一年数和战争发生次数这两个建构指数。在每一世纪中，两项指标 N_i 和 T_i 乘积的加总作为统一的指标，记作 $\sum_{T=0}^{100} N_i T_i$ ，下标 i 代表在公元前 4 世纪到公元 19 世纪中的某一个世纪。第一个指数，即葛剑雄指数中（图 1 中浅色阴影柱状表示），如果中国（由明朝的疆域来定义）在一位统治者的统治下，N_i 值则设定为 1，否则设定为 0。此时 T_i 的取值为 N_i 中 i 相对应某一世纪的年代统一的取值年数。这个柱状图可以看作是葛剑雄在中国统一年限数据年表中历年中国统一和分裂数据的

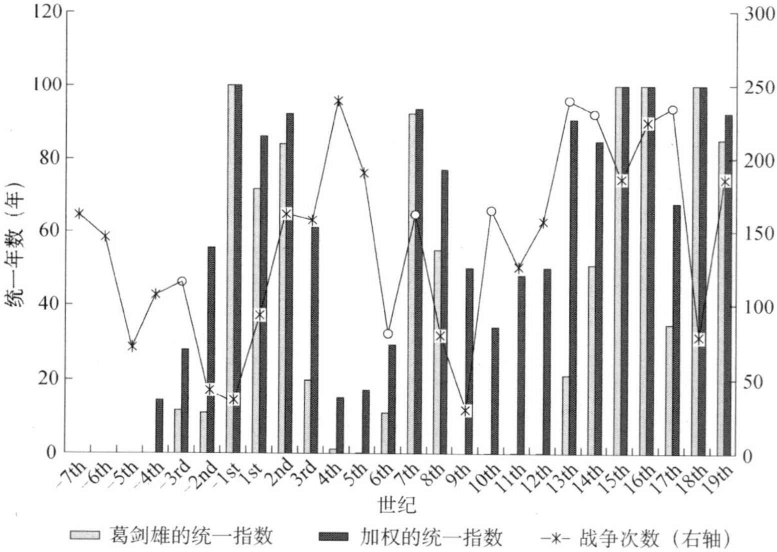

图 1　中国统一年数和战争次数统计表

资料来源：来自葛剑雄的研究，参见文末附表和文字解释

注：对于加权指数，政治体的数量计算方法如下：战国时期设定值为 7，在三国时期值定为 3，西晋时期为 2，东晋时期为 7，南北朝时期为 6，五代十国时期为 5，北宋和南宋时期为 2。在朝代更替或一个朝代名存实亡时，笔者将这种情况的数值定为 2。各朝领土范围和各朝政府数据，来源于谭其骧主编的《中国历史地图集》（第 8 册），以及 Fujishima 和 Nogami 的《东亚年鉴》

图文再现。在第二个指数，或者说统一加权指数中（图 1 中深色阴影柱状部分），N_i 被设定为中国领土上统治者数量的倒数，而此时的 T_i 指的是这些政治体在这一世纪中对中国的统治时间。为与葛剑雄设定的指标区别开来，N_i 在 1（一位统治者）或 0（大于 1 位统治者）数值上设定为一项简单的二元变量，加权值则表示中国统一程度，由同世纪存在于中国范围之内处于统治地位的各种政治体的数量来说明，这也使中华帝国形成的故事更为丰富了。

表 1 中的统计表明，中国历史上有三次加速的大一统时期：第一次是在公元前 3 世纪到公元 3 世纪秦汉时期；第二次是公元 6 世纪到公元 8 世纪的隋唐时期；最后一次是开始于 13 世纪的元明清大一统。分裂最长的时期在公元 3 世纪到公元 6 世纪，也就是加藤（Naito）所说的贵族时期，在这一时期朝代纷争不断，更替不断，领土不断变化，权力不断更迭，都在争夺地理政治权力。到公元 907 年唐朝灭亡时，中国又再次出现了分裂局面。从 960 年北宋政权建立到 1206 年蒙古帝国的建立，中国的政治分裂以两个大政权对峙的形式存在，即北宋、南宋与少数民族政权辽、金和后来蒙古国的长期对抗。因此，我们的第二个指数比葛剑雄的研究指数更能反映中国从 10 世纪（或者说宋朝）开始走向大一统的趋势。至此，分裂时间越来越短，对抗国家数量减少，国家的面积和实力也越来越大。

表 1　中国朝代统一年限和战争发生率表

中国朝代	起止年份	各朝年限	统一起止年限	统一年数	战争次数	战争发生率
春秋	公元前 770—公元前 476	294 年			395 次	1.34
战国	公元前 475—公元前 221	254 年			230 次	0.91
秦	公元前 221—公元前 206	15 年	公元前 221—公元前 209	15 年	10 次	0.67
西汉	公元前 206—公元 24	229 年	公元前 111—公元 22	132 年	124 次	0.54

续表

中国朝代	起止年份	各朝年限	统一起止年限	统一年数	战争次数	战争发生率
东汉	公元 25—220	195 年	公元 50—184	134 年	277 次	1.42
三国	公元 220—265	45 年			71 次	1.58
西晋	公元 265—317	52 年	公元 280—301	21 年	84 次	1.62
东晋	公元 317—420	103 年			272 次	2.64
南北朝	公元 420—589	169 年			178 次	1.05
隋	公元 581—618	37 年	公元 589—616	27 年	88 次	2.38
唐	公元 618—907	289 年	公元 624—755	131 年	193 次	0.67
五代十国	公元 907—960	53 年			73 次	1.38
北宋	公元 960—1127	167 年			255 次	1.53
南宋	公元 1127—1279	152 年			294 次	1.93
元	公元 1280—1368	88 年	公元 1279—1351	72 年	204 次	2.32
明	公元 1368—1644	276 年	公元 1382—1681	236 年	578 次	2.09
清	公元 1644—1911	268 年	公元 1683—1850	167 年	426 次	1.59
总计		2686 年		935 年	3752 次	1.40

资料来源：中国统一年限数据表，来源于葛剑雄（2008，第 218—224 页）整理；战争数据来源于中国军事史编写组统计《中国历代战争年表》，2003，中国人民解放军出版社

图 1 同样把统一指数和战争指数关联起来。历史上战争不断持续，重要朝代更替的时间点（图 1 中用圈标记的点），公元前 3 世纪、公元 6 世纪、7 世纪、10 世纪、13 世纪、14 世纪和 17 世纪（分别对应秦朝汉朝、隋朝唐朝、宋朝、元朝、明朝和清朝）都是战争高发频率时期，在这之后的时间里，战争发生率又会有一个相对的缓和，因为新的朝代在努力巩固它们的权力。①

① 从中国军事史编写组所编写的两卷本《中国历代战争年表》中筛选战争数据需要非常谨慎。根据文献注释，这两卷资料基于大量的团队项目工作，资料来源大部分是二十四史中历史大事件的记载以及其他资料的记载。该书尽管简述记录了战争的发生率，但是并不包括战争规模、持续时间、战争强度等指标。尽管如此，我们相信这些是对历史的记录非常有用的信息，或者至少是官方或者是主流对中国历史上战争强度和级数的看法和设定。Bai 和 Kung（2011）的论文对资料来源的可靠性与 Peter Perdue 对于清代（1644—1911 年）的独立论文做了一个可信的交叉检测。

在历史上，对中国统一持续存在的威胁就是生活在长城以北的游牧民族的不断入侵，在这些地区，以定居农业为基础的中国治理体系无法延伸到草原和旱地。[①] 图 2 显示的是游牧民族与汉族之间的冲突在中国历史上的战争总数中占有相对较大的比重。事实上，除了公元前 1 世纪到公元 2 世纪早期相对稳定，游牧民族与汉族的冲突数量总是超过了当时朝廷内部叛乱的次数，在公元 9 世纪以后冲突数量更是激增。汉族和游牧民族的冲突很早就受到了关注（Lattimore，1989；Turchin，2009；Bai and Kung，2011）。尽管数量较少，游牧民族在战争中的竞争优势来源于灵活的居住方式和善用牧骑。Turchin（2009）指出，在中国历史上存在的 15 个统一朝代中，除了一个朝代之外（公元 1368 年建立的明朝），其他的都是起源于中国的北部，而且中国历朝大部分都选择在北方建都，甚至在公元 1000 年后经济中心南移至江浙一带之

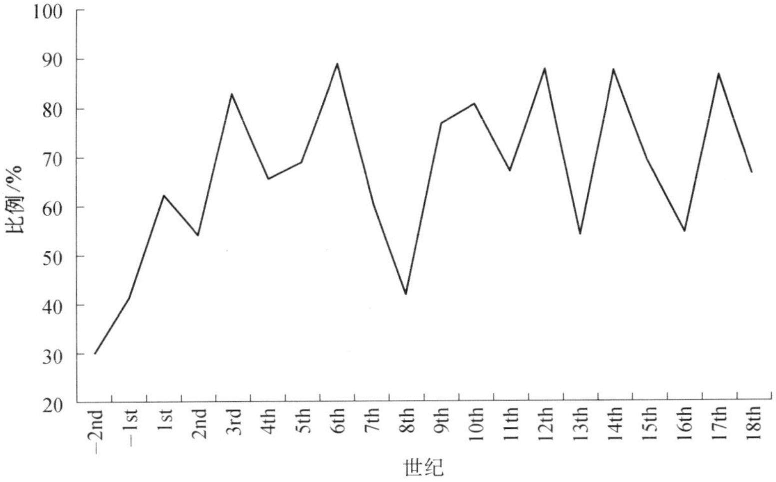

图 2　汉族和游牧民族的战争比例示意图（按百分比计算）

资料来源：同图 1

注：同图 1。汉族和游牧民族的战争数量由 Bai 和 Kung（2011）统计。感谢他们和我分享的关于游牧民族和汉族战争的资料

① 非汉族地区分类包括满洲、蒙古、新疆和西藏，参见 Lattimore（1940）。

后也是如此。以长城为分界的中国北疆实际上见证了汉族政权和游牧民族之间战争规模和战争政治动员的不断扩大。例如，在公元 7 世纪时大规模建设的京杭大运河提供了更强的物流能力和运输承载量，将经济重心南方的谷物以航运形式运输到北方来支持中国的军事建设。但这一发展也加强了半游牧民族，如匈奴、突厥和蒙古等帝国同盟的扩大（见全汉升 1976 年关于京杭大运河的作用研究）。

查尔斯 • 堤利（Charles Tilly）对中世纪和早期现代欧洲的“战争如何造就国家”的研究也同样适用于对中华帝国崛起的描述。少数民族同盟的形成和中华帝国在战争规模和帝国规模的扩大方面具有惊人相似的同步性和反馈路径，这些参与国家组成了堤利的欧洲战争与国家形成故事的中国版。只不过中国的规模更大，时间范围要更早。追溯拉丁语系的西方和穆斯林世界的国家在一千多年里一个世纪又一个世纪的政治体数量，Bosker 等（2008）指出它们在 14 世纪分别激增到几百个和二十个，但是两者都从 15 世纪以后才开始了融合，几乎比中华帝国的形成整整晚了 5 个世纪。的确，按照帝国统一和朝代时间为标准来看——更不用说规模了——中国的专制政治体制在主要世界文明中的成果是空前的。柳宗元对集权专制主义制度的优点的洞察在当时全球范围内都是极具先见和眼界的。

（二）以清朝为例：1644—1911 年

作为中国最后一个王朝的清朝，可以看作是一个从反抗、战争到税制、政治和行政发展的集权国家建立的缩影。清朝是由满族统治的，满族是位于中国东北边境的一个少数民族，最后变成儒家思想的维护者，并建立了中央集权的政治体系。在长达两个半世纪之久的清朝统治中，中国的人口增长了三倍，国土面积增加了两倍，在 18 世纪出现了“康乾盛世”的大繁荣。

到达 18 世纪的繁荣顶峰之路开始于 1644 年清朝正式建立之时。作为一个少数民族统治者，清朝早期依赖汉族的将帅和军事力量来镇压前明保皇派领导的在南方建立起来的相对自主的政治力量和政治结构，因此为封建制和分权创造了可能的条件。然而，到 1683 年康熙皇帝（1661—1722 年）平定“三藩”叛乱，将他们的领土并入了清朝的中央统治，这一可能被终结了。两年后，康熙击破了郑成功的“海上帝国”的叛乱，并将台湾岛正式纳入中国官方的管辖之内。在 17 世纪最后几十年，清朝遏制了沙俄领土扩张，与俄国在 1689 年签订了《尼布楚条约》，并征服了西北部外蒙地区。从 1720 年开始，清政府安定西藏，册封新的达赖喇嘛。到 18 世纪早期，清朝不断巩固政权，建立起清政府历史上面积最大的统一政权，通过所谓的“朝贡体系”，宗主权最远延伸到了东亚和东南亚地区。①

为了建立国家财政收入与政治稳定之间的关系，我们从清代官方数据开始研究，虽然它不能反映整个经济中政府的税收。图 3 描绘的是在户部直接控制下的财政收支。它非常清晰地展示出 1662—1849 年的财政情况：序列基本是没有趋势的，年均收入保持着平均 3600 万两，但是标准差只有 3.2。从 19 世纪中期开始序列呈上升趋势，但是根据米价来看，实际收入却是始终保持稳定趋势。实际上，实际财政收入在 17 世纪后期到 19 世纪中叶呈现下降趋势。

需要注意的是通常仅有三分之一的国库收入到达了户部，更大一部分周转于各省之间，或者是北京以外的地区。白银的年流入或输出量以及国库白银储备的变化能更好地反映大清帝国的财政状况，这些账簿都幸运地保存了下来。图 4 表示的是国库中年度流入或输出数据的可用序列，它的平均值为 1100 万两白银，占国家全部税收收入的三分之一以下。尽管走势不是很明确，还是存在着大的

① 参见 1990 年 Jonathan Spence 的标准叙述。

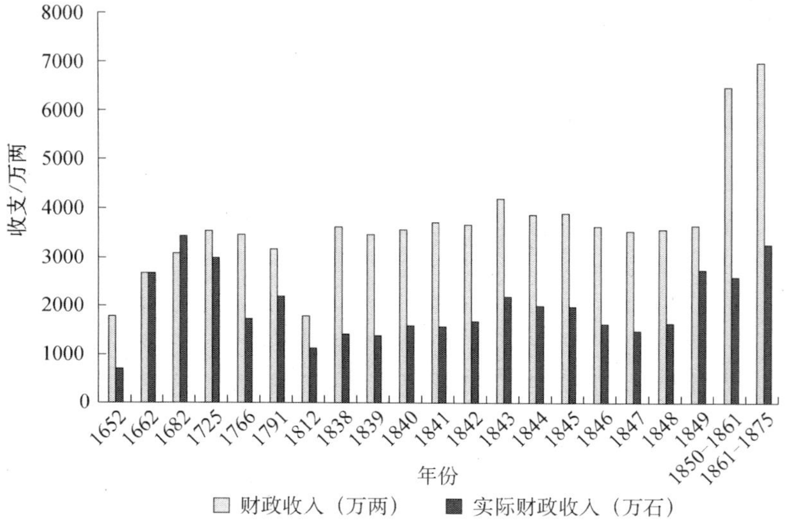

图 3　中国清朝政府支出（收入）

资料来源：财政数据来源于 Iwai（2004，第 37 页），表 2。长江中下游地区谷物价格来源于王业键 1991 年的数据系列，用于折算名义序列

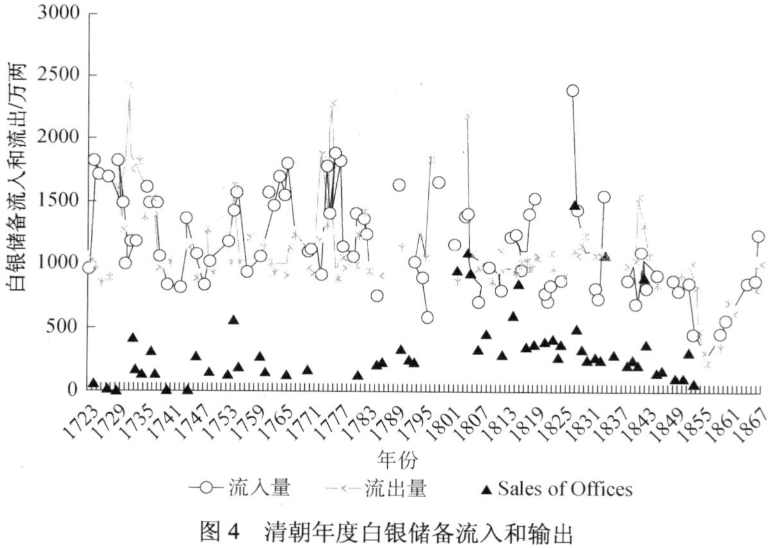

图 4　清朝年度白银储备流入和输出

资料来源：史志宏（2008，第 272—281 页）；罗玉东（2010，第 6—7 页）

波动，在大的战争支出的时候输出量有大的上升。流入和输出的平衡决

定了国库存银持有量，在 19 世纪以来（特别是在 1804 年、1827 年和 1834 年）年收入有较大的涨势，这显示出清政府有时候会采取紧急措施（卖官鬻爵）来填充国库，以达到修复和扭转其财政恶劣状况的目的。

图 5 是关于白银储备和战争次数数据图，这张图更全面和有力地表达了在清朝长达两个半世纪统治下的财政状况。在 1660 年清朝早期军事征战阶段，清朝早期白银储备量极少，然后在 18 世纪逐渐建立和增加，特别是在战争次数骤降和政治稳定的阶段。1712 年在康熙皇帝统治下实行著名的“续生人丁，永不加赋”的政策，1722 年雍正皇帝实行“摊丁入亩”的财政政策改革，清朝开始进入较长时间的白银积累阶段。到 1790 年，白银储备达到 7000 万两，相当于两年的总税收收入。在“康乾盛世”期间曾因为收成不好给老百姓免了巨额税款，也进一步彰显了清政府的仁政统治（张之洞，2002，第 19—21 页）。18 世纪乾隆皇帝统治末期，镇压白莲教的叛乱导致白银储量急速下降，由此清政府的财政就再也未得到完全恢复。1840 年的鸦片战争和之后的太平天国运动几乎让清政府的国库完全亏空，到 19 世纪中期，清政府已基本处于破产状态。

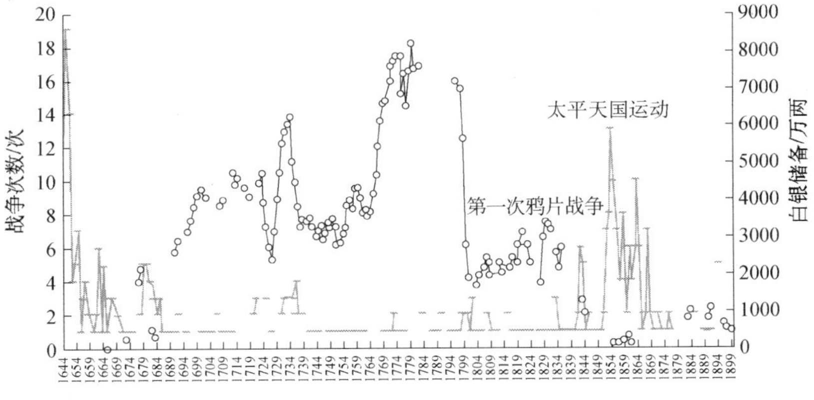

图 5 清朝（1644—1911 年）历年战争记录和白银储备

资料来源：中国军事史编写组《中国历代战争年表》。白银储备数据来源于史志宏（2008，第 272—281 页）

王业键的一项基于几个基准年的关于财政收入结构的详细研究证实了土地税的优势性。1776 年，清政府财政总收入的 70%来源于土地税，其他的来源于其他形式的商业税收。实物收集仅占 20%（王业键，1973，第 80 页）。在支出方面，大约 50%是军队消耗支出，还有 17%用于支付政府官员和官僚的工资。仅有 10%用于公共物品（如运河维护或者是饥荒赈灾）的支出。[①]

总而言之，18 世纪清朝的人均征税率应该是所有朝代里最低的。刘广林的研究显示出，1776 年左右的人均赋税是自宋朝开始的几个基准时期中最低的。大约在 18 世纪，尽管人口激增，但是清朝的常规军规模大约是 80 万人，相比明朝和宋朝要低得多（Iwai，2004，第 33 页）。就连康熙皇帝都自夸说："在我们的朝代，在军事和民用上的花费大约和明朝时期的一样。但就朝廷花费而言，朝廷的花费的总额比修建一座后宫宫殿的花费还要少得多。在过去 36 年间的朝廷累计开销数额还不到明朝一年的花费"（Chang，1972，第 271 页）。

多亏了近年的比较研究，现在我们才可以将清朝的收支和财政体制放入全球的系统中进行研究，如表 2 和表 3 所示。表 2 显示在 17 世纪下半叶中国政府以白银计价的账面收入比欧洲任何一个国家或者奥斯曼帝国的收入都要高，并且在整个 18 世纪都保持着最高收入。这也反映了中国巨大的人口数量，18 世纪时，中国的人口数差不多是奥斯曼帝国、俄国和法国各国的 10 倍。从人均来看，如表 3 所示，中国人均税收收入与奥斯曼帝国和俄国一起名列较低位，英国和荷兰人均排名较高，法国和西班牙人均排名位于中间。最明显的对比是从 19 世纪前叶中国与英国在鸦片战争的正面交锋开始。此时清朝中央政府的总收入大约只有英国的 24%，人均收入仅占 1%。

---

① 参见张之洞（2002，第 68 页），Iwai（2004，第 32 页）。尽管朝廷或者是内务府只占财政预算的 1%，但是朝廷也有官方资产负债表以外的自己的收入来源以及支出项目，参见 Chang（1972）。

表 2　清朝中央政府收入与国际对比　（单位：吨白银）

时间	中国	奥斯曼	俄国	法国	西班牙	英国	荷兰
1650—1699 年	940	248		851	243	239	
1700—1749 年	1 304	294	155	932	312	632	310
1750—1799 年	1 229	263	492	1 612	618	1 370	350
1800—1849 年	1 367					6 156	
1850—1899 年	2 651					10 941	

资料来源：中国数据来源同图 2。其他国家来源于 Karaman 和 Pamuk（2010）的统计数据，参考 http://www.ata.boun.edu.tr/sevketpamuk/JEH2010articledatabase。感谢 Kivanc Karaman 和 Sevket Pamuk 的数据分享

注：白银 1 两=37 克

表 3　国际人均税收收入比较　（单位：克白银）

时间	人均税收						
	中国	奥斯曼	俄国	法国	西班牙	英国	荷兰
1650—1699 年	7.0	11.8		46.0	35.8	45.1	
1700—1749 年	7.2	15.5	6.4	46.6	41.6	93.5	161.0
1750—1799 年	4.2	12.9	21.0	66.4	63.1	158.4	170.7
1800—1849 年	3.4					303.8	
1850—1899 年	7.0					344.1	
时间	城市非熟练工人人均日收入						
	中国	奥斯曼	俄国	法国	西班牙	英国	荷兰
1650—1699 年		1.7		8.0	7.7	4.2	13.6
1700—1749 年	2.26	2.6	6.4	6.7	4.6	8.9	24.1
1750—1799 年	1.32	2.0	8.3	11.4	10.0	12.6	22.8
1800—1849 年	1.23					17.2	
1850—1899 年	1.99					19.4	

资料来源：同表 2。人均日收入指的是城镇劳动力工资。1650—1659 年和 1700—1709 年的数据用于代表 1650—1699 年和 1700—1749 年的数据。1750 年和 1780—1789 年的平均数据代表 1750—1799 年除中国外的所有国家的数据。参见 http://www.ata.boun.edu.tr/sevketpamuk/JEH2010articledatabase. 中国和英国的工资数据采集选取的是北京和伦敦，由 Allen 等人在 2011 年整理绘制。俄国在 1700—1725 年以及 1772—1774 年的工资为 1 和 2.52 克白银的数据由 Brois Miromov 整理提供，参见 http://gpih.ucdavis.edu/files/ Wages_Moscow_1613-1871.xls. 感谢 Peter lindert 和 Steve Nafziger 提供的俄国的数据信息

在表 3 的第二部分根据 Karaman 和 Pamuk 的方法将人均税收收入

表转化为城镇非熟练工人的日工资。18 世纪早期，清朝的人均税收只相当于城镇非熟练工人 2 天的收入，在 18 世纪后期变得更少了。这是固定财政目标伴随人口激增共同造成的。从日工资来看，更低的工资水平让中国人均财政收入只有英国收入水平的 10%，在 19 世纪前半叶以白银计价甚至只有 1%。

同样一组显著的对比是税收结构和趋势的比较。清政府的收入处于停滞状态（其真实收入甚至有轻微的下降），英国的绝对收入在 1665—1815 年上升了惊人的 17 倍。英国税收总额占国家收入的比例，在 1688 年光荣革命之前只有 3%，到 1810 年竟然上涨到 18%（O'Brien，1988，第 3 页）。在 18 世纪到 19 世纪没有可用的中国的 GDP 数据，但王业键的初步研究数据表明，更全面的税收收入版本是（包括估算的税收征管成本和法律管辖之外的各种地方附加）：在 1910 年左右仅仅只占 NNP（net national product，即国民生产净值）的 2.4%。[①] 总而言之，如果中国在帝国统一和王朝稳定方面优于其他国家，那么近现代中国在中央层面上的低税收也是让人感到赞叹和印象深刻的。因此近现代中国与欧洲出现大分流的原因需要从王朝持续性和财政榨取之外来进行寻找和探究。

三、大分流

（一）中国体制的激励与信息问题

奥尔森均衡中设定的良性专制，是假定不存在委托代理的问题，

① 参见王业键（1973，第 133 页）。王业键的研究结果也大体上与表 3 的日工资数据相符合。在 18 世纪后期，英国激增的税收也不成比例地来自于间接税收，如海关税和营业消费税，约占总收入的 80%。参见 O'Brien（1988，第 9—10 页）。

而有趣的是这一假设与理想的儒家思想中的家长式的国家是一致的，因为家庭成员的激励和利益被假定是一致的。考虑到帝国的扩张和官僚的非人格化的性质，现实总是与理想不符：激励和信息问题来源于三个代理方——君主、官僚（或者说乡绅）和大众（或农民）——之间，从而会引起潜在的三方的双重委托代理问题。确实，被唐朝学者韩愈和柳宗元所盛赞的中央集权体制只不过用中央集权等级内的一系列委托代理问题替代了封建体制内的权力斗争。由于前现代监控技术的不足，委托代理问题随着帝国规模的扩大会更加严重。[①]随着持续把异质的种族与政治势力纳入集权体系内（通过武力或其他方式），外部威胁的解除往往伴随着内部叛乱风险的增强。[②]

如果我们走出帝国的首都，体制下的代理问题变得更加明显。由于恐惧内部任何一个可选择的潜在势力崛起，明清时期出现高度集中而缺乏地方政府财政管理的财政系统。中央为县级政府的每一项收支项目规定详细的法令和条例，税收必须从帝国内部高度分散的生产单位和市场中进行收集或减免。清政府对税收和物品的起运和存留进行区别，后者通常作为税收征收成本，形成地方财政预算。正如曾小萍（Zelin，1985，第 28 页）所言，在 1685 年存留收入仅占总收入的 21.5%。在这仅有的 21.5%中，大部分的花费用于地方和中央的联系上，如给军队或者驿站的供应。

官方的税收再分配到地方的部分远远不足以满足正常行政管理的需要——甚至还不足以支付官员的工资，更别提秘书、伙计、差役和私人的佣人的开支——各个层次的官吏都依赖于从非官方渠道获得的苛捐杂税。曾小萍的一份详细的研究文件显示，这些收入来源于征收

---

① 参见 Sng（2010）发表的有关中华帝国信息化规模不经济模式的研究。

② 就此而论，唐宋变革——大帝国通过制定一个标准的选官制度和系统开始了帝国的同质化，农民的均质化和儒家思想的传播可以看作是在一个处于上升期的帝国为缓解激励和机构问题而进行的一种制度创新。

各种附加税、在收税过程中控制度量衡和货币兑换，或者是伪造税收报告、在年度或者季度中转移国库资金、扣留商业税、从新纳入的土地税中囤积税款、从当地的农民或商人手中苛求出资和捐赠。省级以上官吏和他们的非官方工作人员的收入还依靠下级官员的送礼和上供，并参与到购买和分配中来获利（以低价买入，却以高价上报）。[①]

依靠非正式的地方税收和雇佣非官方的吏员参与公共管理导致了公共服务的私有化。瞿同祖在他的一本关于清朝地方政府的经典著作中刻画出一幅生动的画面，县级官员在威胁延迟提交法律案件的过程中收受贿赂，差役向被锁住或被折磨的疑犯家属索要“解锁费”，从小偷或强盗所窃取的赃物中私自保留一部分，或者有的时候直接向受到错误指控的富有家庭勒索。甚至连县衙门的门卫都可以在转交文件等物品的时候有索要行为。总而言之，伙计、衙役和佣人经常合伙分赃财物。这种地方腐败关系难以反映更高的国家级别运作中更大的结党营私的腐败网络。尽管这是从各省以下的各等级层次的攫取，但是互相欺骗和互相勾结是在各个层面都存在的，官官相护，层层勾结甚至能逃过朝廷的各种监督。[②]张仲礼的一项开创性研究表明，在中国乡绅收入中来自底层不同层次的非官方的收入（排除商业或者其他活动的收入）是来源于官方收入的 19 倍。[③]这些普遍存在的各级政府的滥用权力可以解释表面上财政低税率与明清当局贪婪的形象的矛盾。

统治者和他的权力执行者之间的激励偏差解释了在正式和非正式机构之间发展的历史转移。如同多位历史学家所观察到的，很多正式

---

① 参见 Zelin（1985，第 46—71 页）。官员的勾结也可能朝意想不到的方向发展。通常情况下，法律之外的这些附加费迫使这些团体不得不参与到敲诈勒索中，参见 Iwai（2004，第 3—4 页）。

② 众所周知的是有些官员重造账簿，用一套地方上使用的密码来应付官方的检查。这种制造特殊账簿的方法在私下里广为流传。参见 Zelin（1985，第 240 页）。

③ 我们可以将这些非正式的收入与全部税收收入联系起来。根据张仲礼的研究，1884 年省级以下上报的非官方的收入总额是 6300 万两，占总官方定税的 81%（张仲礼，1962，第一章）。这也证明了王业键将官方税收翻了两倍以包含 1753 年整体税收收入的正确性（Wang，1973，第 72 页）。

的官吏职位来自于内部官员受到皇室的个人委派作为皇室特派员来控制外部官员——实际上，巡抚、总督等省级官员就是作为中央的代表去监督地方官员的。一旦这些职位永久纳入了官僚机构体系，并且长期驻扎在都城之外，朝廷内部又会派出新的级别的人员去监督和管理他们，这也就导致了很多历史学家所说的内部官员“外延化”的过程（钱穆，1966，第 44 页；梁启超，1984，第 28 页；王亚南，1981，第 48—49 页）。一个关于这个问题的极端版本是太监作为一个重要的政治角色贯穿于中国历朝历代的反常历史时期。没有正式地位，也没有继承人可以对他们所服务的帝王构成威胁，太监们长期生活在他们所侍奉的皇帝的后院中，经常以皇帝的名义掌握着极大的权力。有时他们串通后宫妃嫔实际操控皇帝。尽管历代历史都有所警示，但是太监对体制内统治和治理的威胁从来没有消失过（余华青，2006）。

中国专制统治在明清时期到达顶峰，一些较为独立的知识分子开始批评中央集权的郡县制的害处。学者如黄宗羲和顾炎武在 17 世纪撰文痛述皇帝和朝廷官员经常将公众利益归于他们的私人利益。顾炎武特别回忆起中国古代封建制度下分权制的优势，在那种制度下一些形式的否决权有利于牵制皇权，自治领主或者贵族更关心他们的民众而不是他们的轮值官僚职位[①]（萧公权，2010，第 404—411 页）。

近代中国最著名的学者和改革家之一梁启超，对中国专制制度的失误作了最恰当的总结。1896 年，在面对西方制度挑战下产生的中国思想危机之时，梁启超总结并写出中国传统制度的致命弱点就在于不信任。统治者对他的官员不信任，从上而下设置一层又一层的机构对他们的官员和机构进行监督和检查。最后什么都没有解决好，因为没有人对任何事情负责。此外，相对于服务民众，较低级别的官员对

---

① “亭林认为封建制度乃古代圣人公天下之大法。……后世有其不善治者出焉，尽天下一切之权而收之在上。而万几之广固非一人所能操也……‘分天子之权以各治其事’……为子姓则必爱之而勿伤，为田畴则必治之而无弃”。

于取悦他们的上级更有兴趣，榨取人民的财富来奉承和贿赂他们的上级，尽管他们的民众受到不公待遇，但是他们自己的职位却更安全可靠。从中国古代开始，当地官员从当地的民众中任命。但是制度中的缺乏信任致使地方官员不断轮换，到明朝时期受任者的调职甚至是从北至南，受任者必须长途跋涉到千里之外上任就职，甚至不得不背负债务。在不了解当地方言和习俗的情况下，他们仅仅掌握着形式上的虚权，而真正的实权隐藏在当地的官员和衙役手中。通过一段时间的学习，等到他们能够较好地完成和解决相关事情的时候，他们的任期也快要满了，即将踏上新的旅程。被一层一层的官僚阻隔着，与太监、宫女和妃嫔们常伴而居住在深宫之内的皇帝们很少听闻宫外的事情。因此，梁启超总结到，这个体制下的任何事情都是为了维护他自己的统治，却同时也削弱了他自身[①]（梁启超，1984，第27—31页）。

（二）大分流：一种制度的诠释

从激励和信息经济学理论框架来看，我们可以重释中国长期的税收定额制政策的形成。这个所谓皇帝仁政的标杆性方针，实际也是一个应付信息不对称问题的合理对策。在缺乏信息和监管能力的情况下，一个委托人（相当于一个经济学中佃农契约的地主）会选择与他的代理人（佃农）签订固定租金而非给予佃农工资或分成租的合同。[②]我们可以在中国历史中观察到固定租金——定额制——的做法通过包税制等方式，扩展到其他征税层面，如商业税和城市税收以及地方的政府管理等方方面面。而建立一个正规与透明的课税体系让政府的税收总额随着国民总收入增长的努力相反却面临着一些根本困难。例如，18

① “一事必经数人，互相牵制，互相推诿，欲其有成，乌可得也。……途壅俸薄，长官层累，非奔竞未由得官，非贪污无以谋食，欲其忍饥寒，蠲身家，以从事于公义，自非圣者，乌可得也。”

② 参见 Eugene White 的一个在法国旧体制下的税收制度中运用的相类似的理论方法。

世纪有名的雍正皇帝主导的“火耗归公”的财政改革试图将地方非正式税收公开化，却把原本隐形的收入，置于上层官僚甚至皇府攫取的视野之下。[①]在遇见财政危机和压力的时候，明清统治者都会通过官僚等级体系采取短视的财政榨取手段，如出售官爵、强制上贡、征用充公，或者——如19世纪中叶太平天国运动时期——制造大规模的货币贬值。[②]讽刺的是，恰恰是被置于官方管理之外非正式的或者灰色税收变成了最为安全的地方税源。

所以中国财政转型的基本矛盾与困难根植于制度框架内的利益冲突，在这种框架中，皇帝或者上层官僚在委托代理契约中同时扮演了委托人和合同执行监督者矛盾的双重角色。这种双重角色赋予了皇帝和官吏巨大的恣意权力，可以对政治与社会稳定进行有效控制。只要在政治稳定和王朝稳定的范围之内，统治者可以默许地方腐败和滥用职权。只有当这种滥用变得过度以至于威胁稳定时，统治者才会有选择性地（根据其恣意的行政与法律权力）惩罚，而惩罚的严重程度不一定要根据违法程度的不同，而更会考虑不同时段的政治稳定的需求。[③]

可以想象，一个稳定的可预测的法制难以出现在这个恣意权较高的体制内。在帝国的激励结构中，为保证皇帝与官僚的权力和相关的

---

① 雍正皇帝从1724年开始实行的著名的财政政策使附加土地税收得到了增长，并将过去“不合法”的地方提取合法化了。虽然取得了一定程度的成功，但是这项政策却不得不在18世纪末期被大面积取缔，因为它不能很好地解决双重问题，首先是较高级别的管理层不能很好地监管地方收入的使用，其次是高级官僚阶层开始介入地方财政的提取和对地方收入使用的再分配。参见Zelin（1985，第七章）。

② 即使是管理帝国收入的最高财政部门也很难拒绝皇帝对税收的提取使用。在1872年财政部门管理的记录中，有官员说：“必须在内务府和国家财政部之间分清界限……该部门的收入是额定的，但是内务府的借款是无限的。在近年来……我们请求陛下教导内务府遵循祖制，……这样不必要的开支就能节省下来，国家的收入就能被保持下来……”（Chang，1972，第269页）。

③ 参见何平（1998，第293—295页）所述的周期性和选择性地对高级官员“经济犯罪”处以死刑。Huang（1974，第13—14页）仔细计算出从1380年开始，明朝财政部长有89位被处以死刑。在各朝代国家统治中监督和惩罚的变化也能部分解释中国朝代的生命周期变化。

租金收入，政治或官僚阶层的利益被远置于任何独立的经济或者是商业利益之上。这些隐性的分散化的租金（在不直接威胁帝国稳定的程度时被默许）以非正式形式或者是通过地方层面的非法税收（或腐败）而存在，可能对一些信息特别敏感的资本密集和有规模效应的行业有特别大的伤害。也就是说内生的信息不对称（对于财富或投资信息的藏匿）在绑住政府的“掠夺之手”的同时，也束缚住“援助之手”，导致 Greif 所指的“政府缺位”（Greif，2005）。确实，清朝很多对民间经济的救援，如免税和饥荒救济等都和减少风险和增加社会稳定有关。而在商业立法、社会契约维护方面缺乏作为。[①] 这一切并不令人惊讶，一个有相对稳定皇室规模的清朝（因此统治者对奢侈消费的需求有限），其关心重点是朝代的稳定和任期长短而非收益最大化，更不是发展经济。

所以我们在西欧经验中观察到的战争动员和国家能力之间的正相关关系，在中国并不存在，其中重要原因是在中国没有西方体制中的政治分裂和某种形式的代表制（议会）。[②] 在具有强大商业或财产利益的代表性城邦国家或者城市联邦国家（如意大利和荷兰）中，战争动员导致了查尔斯·堤利所说的资本密集型道路的兴起，这与在沙俄和奥斯曼土耳其帝国所实行的强权政治类型形成了对比，在这种强权政治下，商业精英的利益被抑制和削弱，并且代议制度的存在十分微弱，甚至根本不存在。在资本密集型的治理路径中，战争动员加速了以国债和商业税收为标志的金融和财政机构的发展。[③] 我们认为代议制度可以帮助解决激励和权力代理问题，通过允许经济和商业利益者直接控制从胜利（军事和商业）中获得的欧洲国家间竞争的经

① 参见 Ma 在 2010 年对中国在金融和商业领域法律的滞后发展的描述。

② 参见 Greif（2006）和 van Zanden 等（2010）。

③ 参见 North 和 Weingast（1989）对英国光荣革命的研究，以及 Brewer（1989，第 66—67 页）关于光荣革命后现代城市机构的兴起的研究。另外参见 Karaman 和 Pamuk（2010），Dincecco（2009）。

济租金。[①]

因此，就像马克斯·韦伯所说的，在缺乏政治代议和多国竞争的传统中国，军事战争不会和国家的财政、金融管理能力产生直接的联系（Weber，1951，第103—104页）。中国皇权的专制特性，可以强制"借贷"，从而阻止一个持续的公债市场的崛起。而中国的皇权垄断使整个中国处于单一司法体系，缺乏欧洲那样的政治分裂和多重司法的体系，以及境外的独立的金融市场或执法机制。[②]

由此，中国的案例为欧洲财政体制长期以来的矛盾现象提供了解释：在其他条件不变的情况下，宪政体制将比专制体制更高效地提取更高的税收。同时，财政收入水平的不同具有重要的特性，能够反映财政和金融制度与机构发展方面和人均收入的差距。其他的研究实际上也指出了低财政收入比例、高利率、低水平金融中介的结合象征着低人均收入，进而标志着现代的欠发达（Besley和Ghatak，2010；Besley和Persson，2009；Acemuglu，2005）。一些明显的证据显示出在17世纪和18世纪，传统中国的私人利率表现出巨大的差异，但是即便是最低的时候平均也达到20%，是英国和荷兰的4—5倍（参见Peng等2006年关于中国的研究，Epstein在2000年对欧洲的研究）。这个比率与不熟练的城镇居民真实的工资率之比正好相反，中国在17—19世纪的工资水平大概是这两个国家的三分之一甚至还要低（Allen等，2011）。欧亚大陆两端的要素价格比例恰恰与其国家统一和王朝稳定的相对指标形成鲜明对比。

---

① 参见Khan（2000）对所谓的国家和政府政策的"熊彼特租金"的研究说明。在欧洲的不同时期国家性质有着很多的不同。Mokyr和Nye（2007）指出在具有全国性的英国议会中允许将寻租集中化并与国王进行讨价还价。这和更加分权的专制国家，如以集团为基础或打包式寻租的西班牙和法国形成对比。在这些国家中，上升的财政需求让国家更加依赖农业税，以及受贿和其他短期的容易导致腐败的措施。同时也参见Acemoglu等人2005年发表的对此的观点。

② 实际上，唯一可行的公共借贷是19世纪在清王朝和西方商人及有西方殖民者支持的银行家之间开始的。参见周育民（2000，第277—287页）。还见Epstein（2000）第二章，在第27页还具体提到了欧洲的海外资本市场和金融中介机构是如何约束专制统治者偿还公共债务。

四、结　论

通过中国模型的历史性的描述，本文强调了无论在长期发展过程中，还是中国和西欧之间近代的大分流中，制度有决定性的重要作用。两千多年的长期发展史揭示了中国专制独裁统治下的政治集中是一个由战争升级和战争动员而推动的一个内生的历史过程。Diamond（1997，第16章）从地理角度来解释中国的集权（刚好是与欧洲分裂相反的案例）是远远不够的。中国历史上的重大的制度变革，如唐宋时期的大转型，给中国的国家统一和朝代延续奠定了政治基础。这一历史过程内生于独裁和较长历史时期的统治，一旦建立帝国，帝国统治就会倾向于向相对自由的私有经济和低萃取共生的道路发展，这本身就能进一步加强政治稳定。相反的，较大的经常发生的外来威胁可能颠覆这个过程，如石头、剪刀、布似的一层一层地触发朝代的周期更替。在本文中所展示的清朝的统治是这种政治经济模式中的典型。

在大一统体系下，随着多国竞争的消失，独特的基于朝代间竞争成就了中国式的政治合法性（杨联升，2005，第30—42页）。历史上朝代衰败的教训就像一面镜子，映照着现在和未来的统治者。因此，史书编纂本身也是政治合法化的重要实践。这种特有的合法性意识在中国稳定的专制集权统治下倾向于内省与怀古这两个方向。甚至对帝国统治进行批评的黄宗羲和顾炎武都通过追溯中国的古老历史来寻找更好的统治模式。

与中国专制统治模式相比，西欧的多国竞争和代议制共存的政治结构，能帮助解决困扰着像中国这样的统一集权的帝国的基本的激励机制和信息问题。西欧的政治结构较不稳定但更有活力，允许制度产生和演进，从而有益于契约和信息密集部门的发展，促进早期近代的高工资和低利率经济。实际上，如果我们接受 Robert Allen 近期对价格差异因素的重要性的论证——英国工资和资本资源的价格比中国更高——对于解释工业革命发生在英国而非中国十分有用，我认为这些不同的价格因素自身也需要解释，而不是被当作是外生变量。

中国的传统政治制度留下长长的阴影，西方帝国主义 19 世纪的入侵，也代表着外来威胁第一次不是来自北部边界的草原和沙漠，而是来自中国的南海岸线，成为通过新的全球国家间竞争体系对中国传统政治统治发起的持续挑战。中国对西方帝国挑战的反映最终转化成了一个现代化过程或者称为“洋务运动”。有意思的是，中国或者说是东亚地区的现代化过程却从传统的集权意态中吸取新的灵感。事实上，日本明治统治的转变和在幕府封建统治危机之上积极建立一个中央集权的统治系统，就归功于这种中国的意识形态（冯天瑜，2006，第 4 章）。在 20 世纪早期，中国的民族革命运动将统一和集权作为对抗西方和日本的侵略者的基石。实际上，在新的具有国家间竞争的全球体系中，中国长期的中央集权传统变成了实现对西方国家、日本，甚至新加坡、韩国经济进行赶超的一项有力的工具，但也许在一个新的时代，有必要更多地珍重与吸收自下而上的自主的革新力量。

整理人：乔士容，清华大学社会科学学院

参考文献

浜下武志，2006，《中国近代经济史研究》，南京：江苏人民出版社。

杜正胜，1990，《编户齐民：传统政治社会结构之形成》，台北：联经出版事业公司。

冯天瑜，2006，《封建考论》，武汉：武汉大学出版社。

葛剑雄，2008，《统一与分裂》，北京：中华书局。

何平，1998，《清代赋税政策研究》，北京：中国社会科学出版社。
梁启超著，吴嘉勋、李华兴编，1984，《梁启超选集》，上海：上海人民出版社。
刘秋根，马德斌，2009，《中国工商业与金融史的传统与变迁》，河北大学出版社。
罗玉东，1936，《中国厘金史》，上海：商务印书馆。
罗玉东，2010，《中国厘金史》，北京：商务印书馆。
彭凯翔，陈志武，袁为鹏，2007，《水浅而舟重：近代中国农村借贷中的市场机制》，十至二十世纪中国工商业、金融史国际学术研讨会。
钱穆，1966，《中国历代政治得失》，香港：大中国印刷厂。
全汉升，1976，《中国经济史研究》第一卷，香港：新亚研究所。
史志宏，2008，《清代户部银库收支和库存统计》，福州：福建人民出版社。
史志宏，徐毅，2008，《晚清财政：1851—1894》，上海：上海财经大学出版社。
谭其骧主编，1982，《中国历史地图集》，北京：中国地图出版社。
王亚南，1981，《中国官僚政治研究》，北京：中国社会科学出版社。
王亚南，2005，《中国官僚政治研究》，北京：中国社会科学出版社。
吴宗国，2004，《中国古代官僚政治制度研究》，北京：北京大学出版社。
萧公权，1945，《中国政治思想史》，上海：商务印书馆。
萧公权，2010，《中国政治思想史》，北京：新星出版社。
杨联升，2005，《国史探微》，北京：新星出版社。
余华青，2006，《中国宦官制度史》，上海：上海人民出版社。
张之洞，2002，《劝学篇》，北京：华夏出版社。
张仲礼，2008，《中国绅士研究》，上海：上海人民出版社。
中国军事史编写组，2003，《中国历代战争年表》，北京：中国人民解放军出版社。
周育民，2000，《晚清财政与社会变迁》，上海：上海人民出版社。
Acemoglu D，Johnson S，Robinson J. 2005. “The Rise of Europe：Atlantic Trade，Institutional Change and Growth.” *American Economic Review* 95：546-579.
Acemoglu D. 2005. “Politics and Economics in Weak and Strong States.” *Journal of Monetary Economics* 52：1199-1226.
Allen R C，Bassino J-P，Ma D，et al. 2011. “Wages，Prices，and Living Standards in China，Japan，and Europe，1738-1925.” *Economic History Review* 64（S1）：8-38.

Allen R C. 2009. *The British Industrial Revolution in Global Perspective*. Cambridge: Cambridge University Press.

Bai Y, Kung J. 2011. "Climate Shocks and Sino-nomadic Conflict." *The Review of Economics and Statistics* 93（3）: 970-981.

Besley T, Ghatak M. 2010. "Property Rights and Economic Development." *The Handbook of Development Economics*. eds. Rodrik D, Rosenzweig M. North Holland: North Holland Publication.

Besley T, Persson T. 2009. "The Origins of State Capacity: Property Rights, Taxation and Politics." *American Economic Review* 99（4）: 1218-1244.

Bosker M, Buringh E, van Zanden J L. 2008. "From Baghdad to London: the Dynamics of Urban Development in Europe and the Arab World, 800-1800". CEPR Discussion Paper, No. DP6833.

Brewer J. 1989. *The Sinews of Power: War, Money and the English State, 1688-1783*. London: Unwin Hyman.

Chang C L. 1955. *The Chinese Gentry; Studies on Their Role in Nineteenth Century Chinese Society*. Seattle: University of Washington Press.

Chang T C. 1972. "The Economic Role of the Imperial Household in the Ch'ing Dynasty." *Journal of Asian Studies* 31（2）: 243-273.

Creel H G. 1964. "The Beginnings of Bureaucracy in China: The Origin of the Hsien." *The Journal of Asian Studies* 23（2）: 155-184.

de Bary W T, Chan W T, Watson B. 1960. *Sources of Chinese Tradition*. New York: Columbia University Press.

Diamond J. 1997. *Guns, Germs, and Steel, the Fates of Human Societies*. New York: W.W. Norton & Co.

Dincecco M. 2009. "Fiscal Centralization, Limited Government, and Public Revenues in Europe, 1650-1913." *Journal of Economic History* 69（1）: 48-103.

Elvin M. 1973. *The pattern of the Chinese past*. Stanford: Stanford University Press.

Epstein S R. 2000. *Freedom and growth: the rise of states and markets in Europe, 1300-1750*. London: Routledge.

Ferguson N. 2011. *Civilization, the West and the Rest*. London: Allen Lane.

Fujishima T, Nogami S. 1996. 东方年表（Annals of East Asia）. Kyoto: 平楽寺書店.

Greif A. 2005. "Commitment, Coercion, and Markets: The Nature and Dynamics of Institutions Supporting Exchange." *The Handbook for New Institutional Economics*. eds. Menard C, Shirley M M. Norwell: Kluwer Academic Publishers.

Greif A. 2006. *Institutions and the Path to the Modern Economy: Lessons From Medieval Trade*. Cambridge: Cambridge University Press.

Ho P T. 1967. *The Ladder of Success in Imperial China*. New York: Columbia University Press.

Huang R. 1974. *Taxation and Governmental Finance in Sixteenth-Century Ming China*. Cambridge: Cambridge University Press.

Huang R. 1981. *1587: A Year of no Significance: The Ming Dynasty in Decline*. New Haven, London: Yale University Press.

Iwai S. 2004. 岩井茂樹 中国近世財政史の研究（A Study on Early Modern Fiscal History of China）. Kyoto: Kyoto University Press.

Karaman K, Pamuk S. 2010. "Ottoman State Finances in European Perspective（1500–1914）." *Journal of Economic History* 70（3）: 593–629.

Khan M H. 2000. "Rents, Efficiency and Growth." *Rents, Rent-seeking and Economic Development*. eds. Khan M H, Sundaram J K. Cambridge: Cambridge University Press.

Kishimoto M. 2011. "Property Rights, Land and Law in Imperial China." *Law and Long-term Economic Development, a Eurasian Perspective*. eds. Ma D, van Zanden J L. Stanford: Stanford University Press.

Lattimore O. 1940. *Inner Asian Frontiers of China*. New York: Capitol Publishing Co.

Liu G. 2005. "Wrestling for Power, The State and the Economy in Later Imperial China, 1000–1770." PhDdiss., Harvard University.

Ma D. 2004. "Growth, Institutions and Knowledge: A Review and Reflection on the Historiography of 18th-20th Century China." *Australian Economic History Review* 44（3）: 259–277.

Ma D. 2011. "Law and Economy in Traditional China: a 'Legal Origin' Perspective on the Great Divergence." *Law and Long-term Economic Development, a Eurasian Perspective*. eds. Ma D, van Zanden J L. Stanford: Stanford University Press.

Maddison A. 2007. *Chinese Economic Performance in the Long Run*. 2nd ed. Paris:

Development Centre of the Organization for Economic Co-operation and Development.

Miyakawa H. 1955. “An Outline of the Naito Hypothesis and its Effects on Japanese Studies of China.” *The Far Eastern Quarterly* 14（4）：533–552.

Mokyr J，Nye J. 2007. “Distributional Coalitions，the Industrial Revolution，and the Origins of Economic Growth in Britain.” *Southern Economic Journal* 74（1）：50–70.

North D C，Wallis J，Barry R. 2009. *Weingast Violence and Social Orders，a Conceptual Framework for Interpreting Recorded Human History*. Cambridge：Cambridge University Press.

North D C，Weingast B R. 1989. “Constitutions and Commitment：The Evolution of Institutions Governing Public Choice in Seventeenth-Century England.” *Journal of Economic History* 49：803–832.

North D C. 1981. *Structure and Change in Economic History*. New York；London：Norton.

O’Brien P K. 1988. “The Political Economy of British Taxation 1660–1815.” *Economic History Review* 40（1）：1–32.

Olson M. 1993. “Dictatorship，Democracy，and Development.” *American Political Science Review* 87（3）：567–576.

Pomeranz K. 2000. *The Great Divergence：China，Europe，and the Making of the Modern World Economy*. Princeton：Princeton University Press.

Prak M，van Zanden J L. 2006. “Towards an Economic Interpretation of Citizenship：the Dutch Republic between Medieval Communes and Modern Nation-States.” *European Review of Economic History* 10：111–145.

Qian Y Y，Weingast B R. 1997. “Federalism as a Commitment to Preserving Market Incentives.” *Journal of Economic Perspectives* 11（4）：83–92.

Seo，Tatsuhiko 妹尾達彦 中華の分裂と再生（The Fragmentation and Rebirth of China）. Tokyo：Iwanami Shouten，1999.

Sng T. 2010. “Size and Dynastic Decline：The Principal-Agent Problem in Late Imperial China，1700–1850.” Explorations in Economic History 54：107–127.

Tilly C. 1990. *Coercion，Capital，and European States，AD 990–1992*. Cambridge：Blackwell Publishing.

Turchin P. 2009. "A Theory for Formation of Large Empires." *Journal of Global History* 4：191–217.

van Zanden J L，Buringh E，Bosker M. 2010. "The Rise and Decline of European Parliaments，1188–1789." CEPR Discussion Papers Series No. 7809.

Wang Y C. 1973. *Land taxation in Imperial China，1750–1911*. Cambridge：Harvard University Press.

Wang Y C. 1991. "Secular Trends of Rice Prices in the Yangzi Delta，1638–1935." *Chinese History in Economic Perspective*. eds. Rawski T G，Li L M. Berkeley：University of California Press.

Weber M. 1951. *The Religion of China，Confucianism and Taoism*. New York：Free Press.

White E N. 2004. "From Privatized to Government- Administered Tax Collection：Tax Farming in Eighteenth-Century France." *The Economic History Review* 57（4）：636–663.

Wittfogel K A. 1957. *Oriental Despotism：A Comparative Study of Total Power*. New Haven，London：Yale University Press.

Wong R B. 1997. *China Transformed：Historical Change and the Limits of European Experience*. Ithaca，London：Cornell University Press.

Xu C. 2011. "The Fundamental Institutions of China's Reforms and Development." *The Journal of Economic Literature* 49（4）：1076–1151.

Yang L S. 1969. "Ming Local Administration." *Chinese Government in Ming Times：Seven Studies*. eds. Hucker C. New York：Columbia University Press.

Zelin M. 1985. *The Magistrate's Tael：Rationalizing Fiscal Reform in Eighteenth Century Ch'ing China*. Berkeley：University of California Press.

Rock，Scissors，Paper：The Problem of Incentives and Information in the Traditional Chinese State and the Origin of Great Divergence

Ma Debin

Abstract: This article posits that the political institution of imperial China—its unitary and centralized ruling structure—was an essential determinant to China's long-run economic trajectory and its early modern divergence from Western Europe. Drawing on institutional economics，I demonstrate that monopoly rule，a long time-horizon and the large size of the empire could have given rise to a path of low taxation and dynastic stability in imperial China. However，fundamental incentive misalignment and information asymmetry problems within its centralized and hierarchical political structure also constrained the development of the fiscal and financial capacity of the Chinese state. Based on a reconstruction of two millennia of warfare incidence records，this paper develops a narrative to show that the establishment of and consolidation towards a single unitary monopoly of political power was an endogenous historical process. Using data series on warfare and government revenue for the 17—19th century，the author illustrates the Qing imperial rule as the epitome of the traditional Chinese political economy.

Keywords: incentive and information，traditional Chinese state，great divergence

李约瑟之谜与东西方分途

——从科技史视角看大分流[①]

Joel Mokyr[②]

摘要： 本研究提出了“思想市场”的概念，从思想的供给与需求出发，分析了科技进步的制度需求。基于这一概念，这一研究进一步分析了欧洲与中国走向不同科技发展路径的原因。欧洲分裂而又统一的特性削弱了对于新思想的抑制，并为新思想提供了广阔的市场，助力了科技方面的积淀，并最终引向了工业革命和持续增长。中国大一统的传统则使得中国的个体知识分子缺乏足够的安全和创新激励，当帝国政府在创新方面转向保守之后，中国的科技创新便衰退了。本文的分析框架为研究科技史及其相应制度安排提供了新的视角，有助于理解工业革命在欧洲的产生、

---

① 本文主要根据 Joel Mokyr 的著作《增长的文化：现代经济的起源》（Joel Mokyr. *A Culture of Growth：Origins of the Modern Economy*. Princeton：Princeton University Press，2016）及其在量化历史讲习班上的演讲整理而成。

② Joel Mokyr（乔尔·莫基尔），美国西北大学经济学、经济史教授。莫基尔教授 1974 年毕业于耶鲁大学，长期从事于经济史，特别是欧洲经济史的研究。其关注的历史时间段主要为 1750—1914 年，即与工业革命相关的历史时期。目前，他致力于研究欧洲社会技术进步与实用知识增长的经济与智力根源，同时也关注工业革命与经济发展对社会福利的影响。莫基尔教授是美国文理科学院、计量经济学学会、量化历史学会、荷兰皇家艺术与科学学会等机构的会员，同时也是美国经济史协会主席，担任 *Journal of Economic History* 等多本经济史杂志的编辑。

大分流等重要历史现象。

关键词： 思想市场；科技进步；工业革命；大分流

一、引　言

在经济史领域的诸多话题当中，工业革命与大分流是两个长期以来最为大家密切关注和热烈讨论的话题。恐怕少有其他话题的热度能比其更为持久。一方面，工业革命彻底改变了人类过去数千年的生产生活方式，促进了现代经济、收入水平的持续增长，并使得持续的经济增长成为现代社会的常态。人类也因此得以摆脱收入水平长期徘徊不前的“马尔萨斯陷阱”，真正实现物质条件的飞跃。另一方面，工业革命带来了差异显著的东西方分途——率先完成工业化的国家实现了经济起飞，而未能顺利进行工业化的国家则停留在前工业化的农业社会中，在经济上与工业化国家拉开了巨大差距。

造成工业革命和大分流的原因固然众多，不存在唯一的答案，不同的学者也提供了各种角度的分析。然而，却少有研究着眼于工业革命最基本的特征——技术变革。就根源而言，工业革命是一场深刻的技术变革。因此，我们需要回答，是什么因素导致欧洲率先发生了这种技术变革？又是为什么，这种变革没有在世界其他的地方率先发生？有鉴于此，本文试图从科技史的角度出发，分析造成技术变革的制度因素，并通过比较欧洲和中国的不同情况，试图回答造成这种这种东西方技术分途的原因。

二、“思想市场”与科技史视角

“制度”对于经济学家已经不是一个陌生的概念。历史制度分析是当下经济学分析当中十分热门的思路，有许多制度经济学和经济史的学者都着眼于“制度”概念，试图用之解释包括西方崛起、大分流在内的很多长期经济发展现象。最有代表性的学者包括道格拉斯·诺斯（Douglas North）和阿西莫格鲁（Daron Acemoglu）等人。诺斯等在《西方世界的兴起》一书中阐述了光荣革命及其形成的法律、政治制度如何保护了私有产权、抑制了寻租行为，从而促进了西方世界的兴起（North and Thomas，1973）。阿西莫格鲁和他的合作者们则提供了量化历史的证据，强调产权制度对西方长期发展的重要作用（Acemoglu et al.，2005；Acemoglu and Robinson，2013）。例如，阿西莫格鲁强调了“命运反转”的现象——大航海时代自然资源丰富的国家和地区，其之后长期的经济发展往往相对较差。他们提出的解释在于，自然资源丰富但却不适宜长期定居的地区，殖民者会倾向于建立“掠夺性的制度”，只着眼于短期的资源掠夺，从而破坏了产权制度，抑制经济的长期发展；而其他一些资源并不那么丰富但适宜定居的地区，由于殖民者注重了产权制度的建设，其长期经济发展得到了保证（Acemoglu et al.，2001）。

这些“琳琅满目”的制度分析确实提供了很多有意义的内容，对于分析工业革命与东西方大分流有着建设性的意义。但是，在这一派“琳琅满目”的景象背后，我们需要问的一个问题是：工业革命到底是什么？其最为根本的特征是什么？其实答案也十分直截了当——即科技进步、显著的科技变革！因此，在关注和讨论“制度”这个可以宽泛、可以具体的概念的时候，不应该忘记“追本溯源”，回到科技本身。

换言之，我们应该关注科技发展史，了解科技在工业革命中所起的重要作用。

值得指出的是，科学（science）对于工业革命的重要性一直存在着较大的争议。很多学者已经指出：在工业革命中，至少是在工业革命最初的阶段，科学和科学家似乎并不扮演绝对作用；相反，熟练掌握相关技术的技工可能发挥着更大的作用，正是这些技工在实践当中改进了现有的机械，从而促成了工业革命中的技术飞跃。不过，这种说法低估了科学积累的作用。事实上，科学所提供的很多知识仍然对技工的改进起到了指导作用。另外，科学发展和积淀所提供的注重实证和物质改进的文化氛围也对技工进行“务实的改进”起到了重要作用。因此“科学是否在工业革命的发生中起了重要作用”这样的问题其实很类似于在问：一个装着 50%水的瓶子到底是半空还是半满？这取决于看问题的角度。科学在工业革命中当然并不是唯一的重要因素，但科学的作用当然不应被忽视。因此，我们还是应该关注科技史的重要性。

既然要关注科技史，我们的核心问题就变成了：是什么使得欧洲最先实现了稳定而显著的科技发展，而世界其他地区则没有实现？欧洲成功在哪里？是什么制度因素造成了这个结果？我们需要寻找一个更直接的答案，以免“制度”一词流于泛泛。特别需要注意的是，这种科技创新往往不是普罗大众的成果，而为少数知识精英所推动。因此，我们特别需要回答，是什么样的制度因素，让这一小部分的精英能够积极投身于科技创新，并产生出庞大的力量？

那么，应该采用怎样一个思路来分析这一问题呢？根据经济学家关注激励和市场的思路，我们可以发明一个新的概念——“思想市场”。“思想市场”是一个虚拟的市场，是交易思想的地方。思想包括了各种新旧思想、观念、知识，也包括科学、技术在内。在这样一个不一定存在相关实体（如具体的位置、场所）的市场里，思想的供给方（科学家、知识分子等）生产“思想”，并努力说服思想的购买者接受、“购买”自己的思想，从而得到相应的回报（回报可以是物质的，如金钱；也可以是非物质的，如荣誉）。而市场里的需求方则选择接受某种思想（可以是旧有的宗教观念，也可以是新的科技发现），以求自身效用的最大化。供给和需求最终决定了市场当中的“思想”产出。

和商品市场不同，“思想市场”未必真正存在，但却是一个十分有用的类比。根据这一思路，我们关心的是，什么因素影响了科技这种“思想”的最终产出水平。最为直接的因素有两个：一个是正向激励的大小；另一个是负向激励的强弱。正向激励反应在市场里知识创造者所能得到的回报的大小；负向激励（例如，新观念可能会受到旧势力的惩罚）则会压抑知识的创造。由这一思路引申开去，接下来需要分析的是：在不同地区，如在欧洲和中国，这个市场的特质有何不同？其竞争性的差异如何？其进入门槛、交易成本有何差异？市场效率有何差别？分别是怎样的制度因素支撑着市场的运转？本文接下来的部分将分别从欧洲和中国的方面，讨论“思想市场”的具体状况，并阐述不同的科技发展史如何影响了两者长期的发展。

三、“分裂”的欧洲

开门见山地说，欧洲之所以会出现“新思想”的高产出、科技的飞跃发展并最终走向了工业革命，是因为出现了“启蒙运动”（The Enlightenment）。在其中扮演着重要作用的是一个特殊的团体——“启蒙精英社交圈”（Republic of Letters）。

“启蒙精英社交圈”是一个形成于 16 世纪的虚拟的社交圈。社交圈里的成员是当时欧洲的知识精英。这些知识精英包括科学家、医生、哲学家、数学家（其实，也包括一些神学家、占星学家、神秘术士）。这些人有着较为一致的特质——他们受过较好的教育，有文化，即便信教也思想开放。这些学者来自不同的国家，说着不同的语言，彼此并不熟识，甚至可能山海阻隔、素昧平生、从未相晤。但在这些欧洲学者之间存在一个国际性的交流网络——他们之间通过书信和交换论文、书册来了解彼此状况、交流科学研究、汇集和保存科学研究成果。正是通过这一网络，知识分子分享和交流最新的科技成果，并形成了十分独特的文化氛围。正如著名启蒙思想家伏尔泰所言："尽管战火纷飞，尽管政教差异，所有科学和技艺都从启蒙社交圈这种交流方式中得到了共同的支持。这一制度是地球上对抗政治野心的最为伟大的安慰剂。"

特别重要的是"启蒙运动"所塑造的文化观念。这些特殊的文化观念为后来科技的进步乃至工业起飞提供了坚实的思想基础。这些文化观念的特征包括以下几方面。

（1）遵循"培根准则"，即科学研究的方向应该是务实目标，为人类的物质条件的改善而努力。这一务实特点对于科技的提升十分重要，因为这使得"新思想创造过程"区别于其他纯粹为满足思辨需要的旧思想活动（巫术、宗教等）。

（2）应该创造桥梁让科学和技艺相结合，互相借鉴。

（3）人类社会的进步不仅仅是值得向往的，也是真切的，可以通过知识研究实现。

（4）所有的知识、思想，无论新旧，都可以挑战、批评。不存在绝对的权威。

（5）所有的知识、思想都应该不断被检验（如重复实验），使之更为可靠。

可以看出，"启蒙运动"不仅促进了知识的交流，同时形成了十分有利于科技发展的研究氛围。换言之，"启蒙运动"所展现出的，是一个行之有效的“思想市场”。这个市场可以有效地促进交流和知识产出。恰是基于这种制度安排，欧洲能够最后走向科技的勃发和工业革命。

不过，“启蒙精英社交圈”和启蒙精英带来的科技飞跃当然也只是一个结果。那么，关键的问题在于，究竟是什么样的因素导致了这一局面的产生？为什么这一局面出现在了当时的欧洲而不是同一时期的中国呢？

一些客观的物质条件当然不能忽视。首先是邮政系统的发展。特别值得提到的是法兰克-冯·塔克西斯及其兄弟于 16 世纪早期在意大利、德意志和哈布斯堡地区建立的统一化、常规化、制度化的邮政系统。这一系统最终发展到了整个欧洲地区。正是邮政系统在 16 世纪欧洲的发展才使得相隔两地、并不熟识的启蒙精英们的思想碰撞成为可能。没有这样一个相对高效的沟通系统，要想成就“社交圈”是无法想象的。另一个显而易见的影响因素是印刷业的发展。出版印刷业所提供的书籍、卷册让知识精英可以得到他们需要的知识资源，这同样十分重要。

但是，邮政和印刷提供的答案并不充分。世界的其他地区也存在着信息的沟通和知识的载具。欧洲的特别到底在哪里？本文认为，这种特别的制度条件在于欧洲既分裂又统一的环境。

一方面，欧洲是“分裂”的。当时的欧洲存在着众多的小国家。这种情况和有着大一统传统的中国很不一样。林立的小国家首先显著削减了知识创造者的负向激励。因为存在着众多的国家，知识分子不会受到单一政权或者教权的控制和胁迫。在一个地方碰壁或受到压迫的知识分子可以“用脚投票”，迁移到其他能够接受其新思想的地方，从而实现其自身的独立和研究的可持续性。另外，众多的小国也提升了知识创造者的正向激励。数量众多的国家为知识精英提供了数量众多的“雇主”——他们可以游走于诸国，推销自己的研究成果，寻找给予他们最高回报的“买家”。压迫的削弱和预期回报的提升使得“思想市场”的“产出”得以提高。相应的，作为需求方的各国也努力争取优秀的学者，以提升自身实力，或为自身统治增光添彩。

另一方面，欧洲又是“统一”的。显而易见，单纯的“分裂”并不是产生“启蒙社交圈”的充分条件。因为，彼此隔绝的小国无法提供足够的知识分子，也无法促成知识的交流和碰撞。小国对于知识需求的有限性也会通过限制需求而抑制知识创新。因此，另一个维度的“统一”也是重要的。欧洲国家之间的紧密联系、邮政系统的发展为这种“统一”和交流提供了条件。大卫·休谟就曾肯定过这种特殊的“分裂与统一的结合”:“在裨益学识方面，没有什么比通过商贸和政策联系在一起的诸多独立而相邻的国家更为有意义。林立的小国对学识研究大有好处，只因为这限制了统治权力的扩张。”

总而言之，本文认为，能够解释工业革命和西方兴起的最为重要的制度变迁并不是更好的产权保护，也不是市场交易成本的下降，同样不是光荣革命。事实上，能够促进“实用知识”的积累和传播的制度才是更为重要的因素。在欧洲，“启蒙精英社交圈”恰恰提供了这样一种制度答案。而这种制度安排的背后，则是欧洲更为特殊的分裂、统一相结合的环境。“启蒙运动”带来的影响是广泛的，其对于工业革命的影响绝不只是“科学对于珍妮纺纱机的发明有多大贡献”那么简单。不过没有“启蒙运动”，欧洲工业革命的进程会大不相同。这并不是说，欧洲的制度是最优的，但它确实提供了一个适应需要的安排，从而引发了接下来一系列的变革。

四、“停滞”的中国

中国是另一个与欧洲情况十分不同的案例。在技术史上，中国在维护技术优势上的失败是十分值得讲述的。中国在技术领域前后的巨大反差十分值得关注和讨论。又是什么特殊的制度安排造成了这样的结果呢？这就是著名学者李约瑟提出的“李约瑟之谜”——中国事实上在很长一段历史时间里于技术领域领先世界，却在明清之际发生了停滞和倒退，最终为西方所超越（Needham，1959）。因此，关注中国的科技史案例，对于我们研究大分流的产生十分有意义。

首先值得强调的是，在很多人的刻板印象中，中国的技术是长期停滞的，落后于欧洲。但这并不是事实。在 1400 年之前，长达几个世纪的时间里，中国在技术领域以惊人的势头发展与变化，在速度上要远远快过欧洲。事实上，很多中国的发明最终都会直接或间接地在欧洲寻找到出路。在此列举一些有代表性的中国成就。

（1）农业技术的改进

农业上，中国改良了水稻种植的技术。在南方，更好的水田水利技术允许水稻种植迅速扩张。水利机器的应用允许对土地进行排水与灌溉。复杂的水门（sluice gates）、水泵一级戽水车控制了水流并且防治了阻塞。据统计，在 10—15 世纪，水利工程（water control projects）的数目增长了七倍，然而人口只增长了两倍。

中国传统的抓犁在 6 世纪的时候被可以将土地翻出垄沟的铁犁所取代。铁犁由十一个部分组成，可以调节想要的垄沟的深度。之后，这种铁犁被运用于水田水稻种植农业上。播种机、除草耙和深齿耙在宋元时期被引入，中国的农民学会了运用新的肥料，如城市垃圾、泥、石灰、麻、秸秆、灰烬以及河泥。运用化学与生物学药剂控制昆虫与害虫取得了极大的成功。

另外，中国农业的独特的特点是印刷了大量的解决农业技术问题的书籍和手册。在隋朝的编年史上记录了八本关于兽医的论文（treatises）。随后，出现了诸如《农桑辑要》和王祯的《农书》之类的杰作。王祯的书包含了 300 个极为详细的图例，通过这些图例使的重新构造描述中的器具。

中国在利用水力方面很长一段时间里至少不落后于欧洲。早在公元3世纪，中国就已经使用水控杠杆（water levers），并且创造了翻车（通过在斜槽的末端接纳水，并且打翻它的交互式装置）进行灌溉。早在公元8世纪，中国人就使用了水碓（利用水流力量来自动舂米的机具），到1280年完全使用了垂直水车。

另外，中国农业的独特的特点是印刷了大量的解决农业技术的小册子和手册。在隋朝的编年史上记录了八本关于兽医的论文（treatises）。随后，出现了诸如《农桑辑要》和王祯的《农书》之类的杰作。王祯的书包含了300个极为详细的图例，通过这些图例可以重新构造描述中的器具。

（2）手工业机械的运用

在使用高炉方面，中国领先于欧洲1500年甚至更多，他们可以使用铸铁并且能从粗铁中淬炼精铁。在公元前200年，中国已经知道如何铸铁了，这项技术在14世纪初才传入欧洲。尽管中国确切的冶铁时间不可知；但毫无疑问，在中世纪，中国的钢铁产能以人均计算都远超过欧洲。这种巨大的发展依赖于水利驱动风箱的应用、煤和黏土的使用和高超的金属冶炼知识。当然，另一个偶然的因素是：中国的矿石趋于富含磷元素，这会降低铁的熔点，从而使得冶炼更加容易。此外，中国的混合氧化的钢铁生产技术同样领先于西方。

在纺织方面，纺车大概在13世纪的时候几乎同时出现在东西方。但是中国的纺车更快更先进。中国应用丝、麻、棉来进行纺织，也确实尝试过去发展一些小型的多轴纺车（虽然这与后来欧洲的哈格里夫斯的珍妮纺车不一样）。复杂的纺织设备甚至出现得更早：在汉代，画织机被使用在编织复杂的丝绸图案上，后来这一技术也被应用在棉花纺织上。到中世纪末期，中国甚至已经准备好了进行类似于大英帝国的工业革命。

（3）定时、定位、航行技术的领先

千年以来人们都认为，中国人向西方人学习确定时间。这种观点被李约瑟等学者进行了系统的反驳。在宋朝（10 世纪到 11 世纪），中国的钟表制作工匠就用擒纵机构修建了精准并且巧妙的水钟。苏颂在公元 1086 年建造的“水运仪象台”是中国计时器成就的登峰造极之作。苏颂的水钟可能是最尖端的水钟，不仅可以测算时间，而且可以观测各种天文变化。尽管没有确凿的证据证明中国的水钟是欧洲机械钟表的先驱，但这些仪器的复杂性精读远超欧洲直到约公元 1100 年。

中国在航海技术上的成就也是显著的。中国在大约公元 960 年发明了指南针，但是这并不是其唯一的成就。在船的设计与建造方面，中国领先欧洲几百年。在公元 1400 年以前，他们的远洋帆船装备了多帆桅杆并且在龙骨、船尾柱方面也技术先进。另外，中国还运用水密浮仓来保护船只，以防万一发生渗漏而沉船。这使得中国的船只比欧洲当时最好的船要大得多并且更加适航。

（4）造纸和印刷术的发明

中国人发明了纸，这项发明在一千年以后才传到西方。按照中国的记载，造纸术是蔡伦在大约公元 105 年改进的。但是现代的学者已经证明纸早在蔡伦生活时代的几百年前就已经被使用。而蔡伦是用树皮作为造纸原料的先锋。纸不仅仅局限于书写，高品质的纸和耐用纸可以做成衣服、鞋子以及军队的铠甲。纸钞和墙纸在中世纪的中国就已经被使用。按照李约瑟的说法，早在公元 590 年，中国的卫生间就普遍地使用纸张，这比欧洲早几个世纪。

中国的印刷术可能是在 7 世纪末期开始的。最初，中国人使用雕版印刷。在公元 1045 年前后，毕昇发明了活字印刷术。约 1240 年，金属活字模型在朝鲜使用。欧洲印刷术的发明是否借鉴了中国技术尚存在争议。即使欧洲人独立地发明了印刷技术，中国技术的领先地位仍然不会被削减。

一些其他的例子也证明中国技术的早熟出现在公元700—1400年。精美的瓷器出现在唐代（公元618—906年）。在15世纪早期，南京建造了著名的瓷塔。中国化学工业的发展创造了漆器、炸药、药品、硫酸铜和金属盐。中国的独轮手推车从公元232年甚至更早就开始使用了。然而，在12世纪以前的欧洲，任何人似乎都没有想到这样做。中国人在四川打深井（可达3000尺①）萃取盐水。中国人用风筝进行过载人飞行，比欧洲的尝试早了几个世纪。在军事项目上，在中国弩和抛石机是出色的装备，他们的应用比西方早几个世纪。中国人在大约250年的时候发明了马项圈（horse collar），这项发明一千年后才在欧洲找到。在日常生活的舒适与娱乐方面，西方同样欠缺中国世俗却有用的想法与发明，如火柴、雨伞、牙刷、纸牌等。总而言之，在很多重要方面，中国人都做出了重大的突破。有些状况在近几十年才被西方意识到。

但是，中国最终没有变成西方那样。在时间上，大约与欧洲的文艺复兴的时间相同，中国的技术进程开始减慢并且最终完全停止了发展。中国的经济继续扩大，但是增长几乎是依靠内部贸易的扩张、货币化和向南部省份的移民。一些曾被熟知的技术被弃用，然后被遗忘。在一些情况下，伟大的开端并不一定意味着全部潜能的开发。这个失败的意义对于世界历史都是值得思考的重大问题。在世界的统治范围之内，中国曾经那样的鼎盛，但最后却退步了。到了1600年，他们的技术落后对于大多数的人来说显而易见。到了19世纪，中国人自己才感到这种落后已经达到了不容忽视的程度。

技术改革效率的落后不能解释为经济的停滞。直到19世纪，中国依旧能够供养增长的人口，显然并没有出现生活水平下降。然而，这些增长却不再有唐宋时期的技术活力。精确计算中国技术衰落的时间

① 1尺≈0.33米。

是很困难的。逐渐的后退到了19世纪导致了与欧洲相比绝对的落后。一个经常被引用说明东西方技术差距的例子是1842年，中英第一次鸦片战争后——技术先进使英国人能够向中国施加屈辱条约。中国遇到的困境则是：到底应该效仿西方还是忽略它？几个世纪以来，中国选择的是忽略。从1368年的明朝开端，直到19世纪末，中国经济的增长主要通过人口增长、森林砍伐、商业扩张和集约化农业生产，处于技术持续停滞的环境中。

在一些案例中，中国的技术完全丢失或者被遗忘。计时器便是其中一例，由于技术溢出的影响，机械表被带到了欧洲。而到了16世纪，中国已经没有了对于苏颂的杰作的记忆。他们也从未尝试与由动力驱动钟表有关的任何事。中国人对新颖的仪器表示出兴趣与好奇，但是只是将其视为一种玩具而不是有用的仪器。在远洋运输方面，中国与西方相比之下的差距是很突出的。在郑和下西洋之后，不到一个世纪的时间里，中国的船厂被关闭，超过两个桅杆的航海帆船被禁止建造。建造巨大、适合远航的船的技术在中国消失。在冶铁业方面，没有直接的证据证明技术下降。例如，有证据证明冷铸造在1690年被应用在钢铁制作中。但是，即使中国技术的崇拜者李约瑟也得被迫承认："在现代，中国以竹子与木材为文化。"另一个例子是，缫丝机早在公元1090年就被中国使用，然而到了19世纪中期，中国出口的生丝约35%都是完全手工处理的。这就导致了生产产品的质量参差不一。中国使用煤炭从中世纪就开始了，这曾被马可波罗惊讶地记录下来。直到19世纪，中国的煤炭开采依旧是原始的，开采浅层的矿物。在中世纪与现代中国丢失了一些东西。

同样引人注目的是，中国的技术在向前推进的时候，经常在一些接近突破的地方出现遗憾的停滞。活字印刷没有广泛地在中国使用是一个代表性的例子。即便在活字印刷之后，雕版印刷依旧处于优势地位。一种可能的解释是，相比于西方世界拼音文字而言，活字印刷不太适合于象形文字（方块文字）。同样的，我们要如何解释中国的纱厂没有发展出珍妮纺织机呢？中国在明朝出现了消极的停滞不前，直到19世纪末纺织一直没有发生改变，如飞梭，一个简单的器具极大程度上提高了工厂纺织的效率，似乎从未改变过。

在一些其他的领域，中国则无法发挥其所长。例如，在军事技术方面，在公元10世纪，中国人就在火箭和炸药里使用了火药。尽管他们在爆炸的知识方面具有优势，但他们显然必须向西方学习如何使用加农炮，并且历史证明他们永远失去了发展西式军队的技术。在1514年葡萄牙抵达中国，中国人对他们的滑膛枪和旋转海军加农炮印象深刻，并且很容易地接受了他们。然而中国无法与西方枪支技术持续保持同步。在17世纪，明朝不得不向在中国的耶稣教会购买加农炮去阻挡满族和蒙古人的入侵。在17世纪20年代，中国的官员不断地建议在中国军队里引入西方的加农炮。但是，直到1850年，中国的军队仍然装备的是16世纪的旧式武器。太平天国运动爆发后，他们才不得不向西方购买现代军事武器。

在另外一些领域，中国的进步没有停止，但是与西方的成果相比依旧差距悬殊。在农业方面，中国引进了美洲大陆的新物种，史料中对于新物种的记载是混合的，甜薯与花生被种在土地的边缘，而且大量种植。而旱地的主要粮食作物如马铃薯与玉米等，尽管具有很多优点但是被接受得很慢。欧洲的活塞泵传入中国，本应该对中国北方的灌溉农业产生巨大的价值，然而，可能是因为铜的价格很贵的缘故，它们却很少被使用——中国在接受方面表现得很不高妙。尽管技术知识在退化，但是仍然出现了由宋应星在1637年写成的，百科全书式的《天工开物》。《天工开物》对中国的技术，从纺织到液压，再到玉石制作等，做了详尽的总结。这部书可能因为政治原因曾经遭到毁坏，其继续保留应感谢于日本的重印。王祯的《农书》也十分相似，其在1313年出版，但是到了1530年，只幸存一本副本。

总结以上这些以后，我们可以说：中国曾经在技术上遥遥领先，做出过许多贡献。中国后来出现了相对的停滞，并且被欧洲超越。在了解中国在技术史方面的表现以后，我们就需要去探讨：为什么中国的前后表现如此不同？为什么中国最后为欧洲所超越了？

中国为何会落后的问题难于回答，甚至有可能，中国明显的失败在一定程度上是一种错觉。首先，中国技术缺乏进展，在1400年以后停滞，是相对于欧洲而言的，也是相对中国自身在前几个世纪中的表现而言的。此外，劳动密集型的水稻经济与欧洲的节约劳动力的创新的技术变革是完全不同的。以“欧洲中心”模式的历史变化来看待东方发生的变化可能是一种偏见。欧洲与中国的不同不是因为是不是资本主义国家，也不是欧洲大型的谷物和畜牧场相比小规模的稻田可以更好地实现机械化。真正的不同在于，西方在技术上的创新能够在较长的时间内保持。不像中国，欧洲不仅节省了土地和资本，而且越来越集中地使用土地和资本。欧洲的发明有时是为节约劳动力，有时是为节约土地，有时兼具两者。他们的模式是生产更多更好的产品。

中国为何会落后的问题难于回答也特别体现在一些现有的答案明显的弱点上。这些解释试图回答中国为何在特定领域的创新上失败了。例如，一种解释认为，中国在棉花行业中使用珍妮纺纱机的失败，是因为这种设备需要三人同时工作，这不适合中国传统的家庭生产（Chao，1977）。同理，海运衰落是海禁派在朝廷政治的胜利。在农业上，相比欧洲缺少肥料是中国生产力停滞的原因。然而，这种答案完全地回避了问题的本质——这无法解释中国为什么不能发展畜牧业来获得足够的肥料，也不能解释中国在玉米和土豆的应用方面同样缓慢。也有研究指出水稻种植不能促进机械化，因为水稻的最佳生产规模很小，不适合大规模使用机器；同时，发展水稻机械化的难点在于如何在水田里用机器代替劳动力而不减少产量（Bray，1984）。但这并不能解释为何中国北方的适宜大规模经营的旱作农业也没有出现机械化。

也有研究认为，中国谷物种植农业缺少发展的原因在于人口迁移（Jones，1981）。国内的人口迁移就像一个“安全阀”：宋代对南方林地的开发提供了扩展的空间，将经营者从技术前沿的扩展中引开，阻滞了技术进步。但是，问题在于，在西方，殖民化与内部迁移并没有影响技术创新。在12—13世纪，当西欧人在易北河以东地区殖民时，其进程似乎同样迅速，却没有压抑技术进步。

对于中国衰落的原因，另一个流行的解释是中国的精神构架在某种程度上不符合科学和技术的发展。中国哲学家冯友兰在1922年发表的《中国为什么没有科学》一文中，认为中国的哲学关注与对内在灵魂的观视（Needham，1969）。孔子的哲学观注重维护社会内部关系的和谐。但是这个论断是粗糙而不能立足的。在1400年以前，中国不仅有科学，而且科学和技术在一些地方远超西方。在18世纪，在南方大量的森林砍伐和殖民化发生了改变，工业和快速扩张甚至导致相关的土壤侵蚀和环境破坏。在这个领域里，最糟糕的错在于——试图把中国说成是一个不变的实体。最需要回答的问题是为什么1800的中国与1300年的中国有所不同，而不是为什么中国与欧洲不同。

一个十分有趣的解释关注了生理或者膳食的因素（Jones，1981）。中国曾经以水稻作为主食，导致蛋白质摄入不足，肉类摄取量不足则更加明显。从小麦向水稻的转变，随着中国社会重心的南迁，可能导致了平均营养状态的下降。一个旅行家曾经评论指出，南方的中国人普遍的比膳食很少依赖水稻的北方中国人矮。对水稻日益依赖与蛋白质缺乏增加是否相关尚不清楚，但似乎值得进一步研究。营养不良不仅限于儿童，这很有可能覆盖整个食物生产。在中国食物生产的速度赶不上人口增长的速度。营养不良导致人口的昏睡和缺乏能量，从而导致群众的不满。另外一个有趣的观点认为，当中国的人口重心向南迁移的时候，许多的农业劳动力被带到温暖的水里，并且用人粪作为肥料。这与寄生虫病在欧洲肆虐的时间偶合。使人体衰竭的体内寄生虫感染——特别是与水稻种植密切相关的血吸虫病——可能已经破坏了基于人类生理所需要的充满活力和适应性的劳动力。这种解释似乎是牵强附会的，而且相关的研究才刚刚起步，因此需要更多的证据。

一种理论试图按照“高级均衡陷阱”的角度去解释中国经济的停滞（Elvin，1973）。这一理论认为，中国技术发展的机会受到了人口的制约，人口增长的需求从非农产品转向了农产品。此外，人口压力减少了必需物资（如木材和金属）的供应，减少了技术变革的机会。另外，人口增长导致中国人均收入下降。因此，对制成品的需求下降可以解释为什么有利可图的发明变得越来越困难。然而，有观点认为稀缺阻碍技术变革。这一观点很难与其他事实相符合。在 1580—1650 年，流行病几乎摧毁了中国，中国人口几乎下降了 35%～40%。另外，市场需求的决定因素不仅有人均收入还有总人口。对于后者而言，在中国市场上成功的发明远比想象的还要有利可图。而且，这一理论虽然强调农产品需求的快速增长，却同样没能解释中国的农民在这一时期对钢犁和活塞驱动的水泵的接受缓慢，或者他们为什么不情愿去接受劳动密集、单产高的作物，如土豆。

在分析了这一问题的难点和现有理论的缺陷后，我们或许还是要回到“思想市场”的思路上来，以考察这一思路是否能为解释这一现象提供一些帮助。一个值得关注的现象是，与欧洲的分裂不同，中国的大一统特色十分鲜明。正如上文所谈到的那样，在欧洲，每一个小国只是“思想市场”中众多需求者中的一个。这种情况下，每个单一的政权或者教权都很难限制知识分子的自由，缺乏对新思想进行压抑的能力。同时，众多的小国中也会存在对于新思想有需求的国家，这也刺激了技术创新的发展。但是中国的情况则十分不同。中国的大一统使得私人的创新行为很容易受到单一君权的压抑。同时单一君权也使得知识分子缺乏“用脚投票”、通过迁移规避压迫和寻找雇主的能力。这或许能在很大程度上解释中国在私人发明创造方面的停滞。

当然，我们也不能说单一君权在科技推动方面是一无是处的。诚然，在相当长的一段时间里，中国政府都是科技进步，特别是农业科技进步的重要推动者。这主要是因为农业在中国社会具有举足轻重的作用，政府需要支持农业科技的进步，从而维护国家的稳定。不过，中国政府的作用何以在后来消失了？这同样是一个值得考虑的问题。这很难得出定论。不过，一个可能的解释是，明清时期的中国人口高度增加，出于维护稳定的需要，统治者或者政府可能放弃了对新技术的支持。因为，中国政府首要考虑的问题是稳定，而新技术所带来的思想乃至社会变化，可能是帝国所无法控制的。因此，新技术的采用也就与帝国的首要目标相冲突了。

五、结　论

综上所述，对于科技史及其相应制度安排的观察可能有助于我们理解工业革命在欧洲的产生和大分流的现象。“思想市场”的思路告诉我们，与科技相关的制度可能对于长期的经济发展有着十分重要的影响。欧洲分裂而又统一的特性削弱了对于新思想的抑制，并为新思想提供了广阔的市场。这助力了科技方面的积淀，并最终引向了工业革命和持续增长。而中国大一统的传统则使得中国的个体知识分子缺乏足够的安全和创新激励，当帝国政府在创新方面转向保守之后，中国的科技创新也就衰退了。当然，这一问题的研究依然是初步的，需要更多的探讨和拓展。不过，这确实提示我们，在经济史研究当中，科技发展需要得到足够的关注。

整理人：黄斌，香港科技大学社会科学部

参考文献

Acemoglu D，Johnson S，Robinson J A. 2001. "The Colonial Origins of Comparative Development：An Empirical Investigation." *American Economic Review* 91（5）：1369–1401.

Acemoglu D，Johnson S，Robinson J A. 2005. "Institutions as a Fundamental Cause of Long-run Growth." *Handbook of Economic Growth* 1：385–472.

Acemoglu D，Johnson S. 2005. "Unbundling Institutions." *Journal of Political Economy* 113（5）：949–995.

Acemoglu D，Robinson J A. 2013. *Why Nations Fail：The Origins of Power，Prosperity，and Poverty*. New York：Crown Business.

Bray F. 1984. "Agricultuue." *Science and Civilization in China*，edited by Joseph Needham. Cambridge：Cambridge University Press.

Chao K. 1977. *The Development of Cotton Textile Production in China*. Cambridge：Harvard University Press.

Elvin M. 1973. *The Pattern of the Chinese Past*. Stanford：Stanford University Press.

Jones E L. 1981. *The European Miracle*. Cambridge：Cambridge University Press.

Needham J. 1959. "Mathematics and the Sciences of Heaven." *In Science and Civilization in China*，edited by Joseph Needham. Cambridge：Cambridge University Press.

Needham J. 1969. *The Grand Titration*. Toronto：University of Toronto Press.

North D C，Thomas R P. 1973. *The Rise of the Western World：A New Economic History*. Cambridge：Cambridge University Press.

When the Needham Puzzle Meets the Great Divergence: An Explanation of the Great Divergence from the History of Technology

Joel Mokyr

Abstract: Following the supply-demand equilibrium framework, this research provides a new concept, the "market of ideas" for analyzing the institutional roots of technological progress. Based on this novel concept, this research tries to explore the reasons behind the great divergence of technological progress between Europe and China. In Europe, the special political situation with characteristics combining "fragmentation" and "unity" could largely reduce the suppression of new ideas, and provide huge demand for new ideas. As a result, the European institutions boosted technological progress, which finally led to Industrial Revolution and sustainable growth. However, the characteristics of centralization in China put Chinese knowledge makers in a bad situation where both safety and incentives are rare, which eventually led to technological recession when the government became conservative with technological development investment. This research helps us better understand the Great Divergence and Industrial Revolution within economic history.

Key words: market of ideas, technological progress, great divergence, industrial revolution

中东世界为何衰落？

——一个政治经济学框架

Eric Chaney[①]

摘要：中东世界与西欧的大分流是经济史领域长盛不衰的研究议题，以往的研究认为西欧持续的经济增长源于其特殊的制度框架，却忽视了制度的起源问题。通过比较中东世界与西欧权力结构的不同形成路径，Eric Chaney 教授为大分流提供了一个新的政治经济学框架，作者认为中世纪的军事冲击，塑造了中东与西欧迥然不同的权力结构，这一结构决定了两者的核心制度安排。基于这一研究框架，作者考察了中东与西欧政治分流的起源、意识形态力量在国家权力运行中的作用以及伊斯兰科学的兴衰等议题，为我们理解伊斯兰世界的历史动态性提供了富有启发性的视角。

关键词：政治大分流；意识形态；权力；伊斯兰科学；政治经济学框架

在研究西方世界兴起的诸多理论中，制度论似乎逐渐成为主流。

---

① Eric Chaney（埃里克・查尼），哈佛大学经济学系副教授，主要学术领域为经济史、应用计量经济学、发展经济学等。其论文发表在 *American Political Science Review*，*Econometrica Economic Journal*，*Explorations in Economic History* 等政治学、经济学顶尖期刊。

权力约束型政治制度（sovereign-constraining institution）被普遍认为是西欧最终走向成功的法宝（North and Weingast，1989；Delong and Shleifer，1993；Acemoglu and Robinson，2005）。然而这种制度是如何产生的？为什么权力约束型政治制度只在西欧产生？这一大哉问至今困惑着社会科学研究者。[①] 本文要介绍的系列文章就是对这一大问题的回应。基于中世纪伊斯兰国家与基督教欧洲国家的比较研究，哈佛大学经济学系副教授 Eric Chaney 及其合作者提出了一个理解中东与西欧大分流的政治经济学框架。Chaney 教授认为在 9 世纪以前，中东与西欧在社会形态上存在一定相似性，政治权力和宗教权力结合都形成了相当稳定的权力结构。但是西欧在遭遇长达几个世纪的军事冲击后，逐渐形成了土地贵族这一新的社会权力阶层。而土地贵族一方面为原有的封建王权提供军事支持，另一方面也限制着王权的肆意扩张，因此西欧在政治权力、宗教权力以及军事权力的相互斗争中无法形成稳定的权力结构。这一不稳定结构意外地让经济权力主体掌握了政治权力，这不仅使得经济主体的产权得到更好的保护，更是让经济主体借助国家的力量来实行市场扩张。西方世界的兴起不仅是一个经济现象，更是一个政治现象。其背后的推动力是西欧社会内部自中世纪以来权力结构的不稳定，由此导致的各种权力之间相互竞争又相互联盟，最终产生出了独特的政治力量（民族国家）与经济力量（工业资本主义）。而同样面临军事冲击的伊斯兰世界通过进口奴隶士兵，避免了具有地方权力根基的土地贵族的兴起，并且通过马穆鲁克制度，强化了这种军事力量的依附性。因此在伊斯兰世界政治权力与宗教权力一直保持着稳定的联盟关系，而这一稳定的权力联盟使得中东国家的政治权力主体缺乏有效制约。这带来了三方面的后果：第一，中世纪伊斯兰国家的军事基础是马穆鲁克制度，然而外籍士兵的逐利本性使得一旦伊

① 近期的学术思考可见：North 等（2009）；van Zanden（2009）；Stasavage（2011，2016）。

斯兰的君主无法提供足够的经济回报，这些外籍士兵很容易反叛或者是发动政变。因此尽管在社会权力结构上，伊斯兰国家的政治和宗教形成了稳定的联盟，但是其政治主体——君主本身却是缺乏保障的。第二，由于马穆鲁克制度是伊斯兰国家统治的军事基础，因此如何确保这些外籍士兵的忠诚成为核心议题。为此，中世纪伊斯兰国家一方面采取了禁止外籍士兵与本地妇女通婚，禁用本地语言等措施确保这些士兵无法产生本地根基，只能依附现有政权；另一方面，将征服来的土地分配士兵，土地上的租税成为士兵的经济来源。但是这些分配的土地有两个重要特征，一是土地不可继承；二是士兵定期轮换。因此士兵所分配到的土地并不是终身制的，这些措施无疑都加强了士兵对体制的依赖性。但是产生的后果是在这一制度下士兵只关心这块土地在他手上能榨取多少租税，而完全缺乏发展激励，因此其行为“流寇化”，土地的产权无法得到有效保护。第三，宗教权力与政治权力的联合使得在宗教市场上伊斯兰教成为垄断者，具有绝对垄断地位的伊斯兰宗教势力为巩固自身权力基础，禁止了一切有可能对人们的宗教信仰产生怀疑的活动，如科学研究，这一行为使得曾经无比辉煌的伊斯兰科学逐渐衰落（Blaydes and Chaney，2016；Chaney，2011，2012a，2017）。接下来我们通过具体的研究来看上述逻辑是如何展开以及如何在经验上得到验证的。

一、封建革命与西欧的兴起：基督教西方与伊斯兰世界的政治大分流

政治经济学的研究者们普遍认为，西欧自 15 世纪以后，在制度框架上与世界其他地方产生了非常大的差异，最重要的当属议会制在西

欧的产生与传播（van Zanden et al.，2012）。然而这种西欧制度例外论（European institutional exceptionalism）存在两个悬而未决的问题：第一，西欧的制度什么时候开始与世界其他地方产生实质性差异？如果只是在制度形态上，西欧与世界其他地方有了差异，而在实质的权力运行与行为绩效上没有区别的话，我们很难说明欧洲产生的独特制度安排是其最终成功的原因。例如，欧洲的政治实体都在一定程度采用了议会制这种政治组织方式，但是其背后的实质权力运作却有非常大差异［关于欧洲内部“小分流”的讨论，请见 van Zanden 等（2012）和 Stasavage（2010）］。因此如何描述西欧与世界其他地方如中东国家在政治绩效上的差异成为经验上需要回答的问题。第二，如果我们能确定西欧与世界其他地方在政治绩效上出现显著差异，那么这种差异的根源是什么？这是我们在理论上面临的另一挑战。Chaney 与 Lisa Blaydes 合作的论文“The Feudal Revolution and Europe’s Rise: Political Divergence of the Christian West and the Muslim World before 1500 CE”巧妙地利用统治者在位时间这一指标作为政治绩效的代理变量衡量了西欧与中东在政治上的大分流，并且通过比较历史分析建构了一个解释中东与西欧政治分流的理论框架。

中世纪的欧洲与中东国家大多数政体都实行的是君主制，尤其在公元 700 年以后，国王成为大多数政治实体名义上的主宰，尽管不同政治实体内国王的权力千差万别。在这种情况下，我们能否找到一个衡量一国政治发展水平与政治绩效，并且可以进行跨国比较的指标呢？令人遗憾的是，不像经济发展，我们可以通过各种侧面来衡量一国的经济水平，即使在遥远的古代，我们也可以用诸如人口增长，或者城市化率，甚至用考古遗存如骨骼长度等作为度量工具，但政治发展却很难找到一个可靠的且可比的指标。但是一般来说各国君主的在位年份都是有记录的，并且在位时间又相对客观，古人在记录的时候没有动力作假，更重要的是君主在位时间这一指标包含了非常多关于政治体制的信息，因此利用君主在位时间的信息我们能够对不同国家的政治发展绩效做比较。利用 Bosworth（1996）和 Morby（1989）两位学者汇编的统治者年表数据（BM 数据），笔者比较了西欧与中东国家统治者在位时间，如图 1 所示，笔者发现西欧在 1000 年左右，其君主的在位时间开始系统性地超过伊斯兰国家。

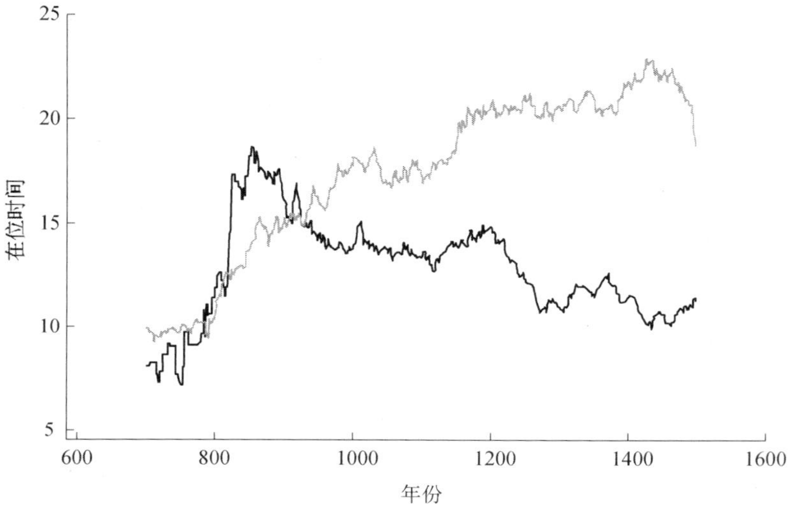

图 1　西欧与中东国家君主在位时间

注：浅颜色线代表欧洲；深颜色线代表中东

资料来源：Blaydes 和 Chaney（2013）

在利用另一学者汇编的历史地图数据（Nüssli，2011）做进一步的交叉检验后，发现在控制了一系列地理、历史、气候特征后，西欧仍然在 1100 年后和伊斯兰世界在统治者在位时长方面存在显著差异；利用君主的统治信息，笔者进一步发现君主在位时间的差异主要是由君主被推翻的概率导致的，也就是说西欧君主在位时间长，主要是由于他们更安全，而不是他们自然寿命更长，而伊斯兰世界的君主之所以在位时间逐渐减少也主要是由于他们被颠覆的概率提高，这说明在大约 1100 年左右，欧洲的高层政治更加稳定，君主被推翻的概率更小。

我们如何解释西欧与中东国家政治稳定性的差异呢？笔者通过比较中世纪西欧与伊斯兰世界的政治发展过程后，发现其背后的关键在于中世纪开始时中西方所形成的差异化的权力结构。实际上，在西罗马帝国崩溃之前，欧洲与中东国家在权力结构上具有相当程度的相似性。在罗马皇帝康斯坦丁于公元 312 年皈依基督教后，西欧出现了政治权力与宗教权力联盟的局面。此时，罗马的君主不仅是基督教的领袖，同时掌握了任命主教与其他高级神职人员的权力，利用基督教这一宗教信仰，罗马帝国更好地维持了其对民众的统治。另外，宗教权威也利用罗马帝国这一政治力量极大地扩张了自己的社会影响力，基督教成为城市团体的保护人，农村的地主将土地投献基督教以躲避罗马政府的侵夺。其结果是：基督教教会成为众多农村土地的持有者，并在此过程中积累了大量财富。伊斯兰国家从一开始便是以宗教势力与政治势力结合的面貌出现，这一社会权力结构与罗马帝国具有极大的相似性。然而，西罗马帝国在蛮族的冲击下崩溃后，帝国形成的权力结构开始瓦解与重构。罗马帝国自 5 世纪始陷入了长期的战乱，进入西欧的蛮族开始建立自己的国家。在军事征服的过程中，日耳曼蛮族由于缺乏足够的财政实力与金融资源，无法为军队提供足够的经济报酬。因此只能将征服来的土地以采邑的形式分封给其属臣，而获得土地的封臣则必须为蛮族首领（后来的国王）提供 40 天免费的军事服役，同时还有提供建议等封建义务（Bloch，1961）。之所以如此，是由于当时马镫这一军事装备技术的使用导致重装骑兵（mounted shock combat）成为主要的军事打击力量，而重装骑兵不仅要求配备战马、铠甲等军事装备，还要求士兵有熟练的作战技巧，因此这种军事技术对后勤供给的要求十分高。以蛮族当时的财政能力无法集权化地提供所有这些装备，所以只好将征服来的土地分封给扈从与战士，使他们有足够的经济基础为国王提供军事资源（White，1962）。为什么入主西欧的日耳曼蛮族无法提供足够的财政资源呢？我们不能简单地认为传统历史记录称入侵西欧的日耳曼族裔为蛮族，就想当然地认为这些族群是野蛮而未开化的异类。因为实际上，大部分日耳曼蛮族都已经罗马化，并且许多蛮族已经常年担任罗马帝国的边防守卫力量，甚至一些蛮族的将军还成为罗马帝国的君主。这些“少数民族干部”是在罗马帝国衰落的过程中不断向西欧推进，并导致了西罗马帝国的“寿终正寝”。因此这些蛮族实际上继承了大量的罗马帝国遗产，那么为什么这些蛮族没能像罗马帝国那样为军队提供足够的财政资源呢？一个重要原因在于继承罗马帝国衣钵的蛮族普遍没有能重建帝国式的征税体制（Wickham，2005），而是通过战利品融资的方式将抢来的土地或财宝用来供养军队。这种融资方式显然是不可持续的，因此在西欧扎下脚跟的蛮族最终只能将征服来的土地分封给属臣以换取军事义务。一个更深层次的问题是，为何这些蛮族没有在征服的土地上重建征税体制呢？一个解释是西罗马帝国本身经济基础比较差，由于西欧土壤是冻土，因此在铁犁发明之前，很难进行大规模的土地开发。实际上，研究罗马经济史的学者也普遍认为西罗马帝国相对东罗马帝国在经济发展水平上存在显著差异，这种不平衡发展也为罗马最终分裂打下了基础（Scheidel et al.，2008）；另一个缺乏牢固经验证据的说法是日耳曼蛮族天生爱好自由，反对政府征税，因此导致中世纪的国家难以建立集权化的税收体制。学者 James Macdonald 也曾发现自古希腊、古罗马开始西方就存在一个理念，即政府手中不能持有太多财产，甚至如矿产、军事战利品等意外之财都要在所有公民之中进行平均分配。实际上古希腊与古罗马大多数时候也是如此执行的，这一传统被后来入主西欧的日耳曼部落进一步强化。这一理念极大地阻碍了集权化征税体制的建立，使得蛮族的君主只能通过分封的方式获取军事资源（Macdonald，2006）。

西欧采邑制最早由法兰克王国的宫相“铁锤”查理在对抗阿拉伯人的入侵中首次采用，随后由查理曼大帝推广到其治下的加洛林王国。

在采邑制施行之处，被分封的土地是非世袭的，理论上国王也能将土地收回来，然而在查理曼大帝死后，诸子相争，为获得地方贵族的支持，西欧的君主逐渐（主动，也是被动）放松了对土地的控制，采邑制最终蜕变成中世纪的封建体制。这一变化具有十分重要的政治意义，由于地方贵族拥有了一块世袭的领地，而国王又继续依靠地方封臣为其提供军事支持，地方贵族拥有了强大的权力基础与政治谈判能力，这为后来地方贵族制约王权以及形成代议制政治机构提供了根本的政治基础。另外，新兴土地贵族的形成打破了原有的权力结构，此时，国王代表的政治力量、土地贵族代表的军事力量与基督教代表的宗教意识形态力量展开了激烈的斗争，这部分的讨论超出了本文涵盖的范围，按下不表。但是，土地贵族兴起带来的一个直观的变化就是西欧君主的谈判能力大大下降，这也意味着当国王的好处也大大下降了。实际上，西欧中世纪的一些王室之所以被选上来，恰恰是由于这些家族本身的实力较弱。因此，将这些家族选成王室（实际上他们只是众多家族与封建联盟的召集人与协调者）不会对其他贵族产生威胁，如东法兰克王国的国王康拉德公爵（Tierney and Painter，1998）。在这种情况下，推翻国王的统治并没有多少好处，反而还要承担对抗东部的马扎尔人的领导任务。因此，这就解释了为什么西欧在 1100 年以后国王被推翻的概率下降，同时在位时间不断上升。

如拉丁语世界的西方一样，中世纪的伊斯兰国家也占领了许多罗马帝国的省份，并且这些省份大多数是农业省，但是伊斯兰国家却没有产生土地贵族（landed aristocracy）这一阶层，并且伊斯兰国家始终保持着高度的权力一体化，政治力量与宗教势力形成稳固的联盟，这是为何？由于伊斯兰国家并非和平形成，其国家形成过程也是充满战火的洗礼。那么，这些伊斯兰国家是如何避免一个具有独立权力基础的军事贵族阶层产生的呢？答案是伊斯兰国家在国家建构过程中采取了一种独特的军事组织模式——马穆鲁克制度，“马穆鲁克”一词原指奴隶士兵，要注意的是，所谓的奴隶士兵并不是一般意义上生活悲惨的奴隶。在中世纪伊斯兰国家，马穆鲁克是有着良好军事训练，享受着高物质回报的军事精英。这批军事精英往往来自伊斯兰边境地区，如高加索（Caucasus）以及河中地区（Transoxania）。他们从小接受军事训练以及培养对伊斯兰君主苏丹的忠诚，然后被派往其他地区为苏丹征战。为了切断奴隶士兵与本地的联系，防止他们形成地方权力基础，伊斯兰的苏丹们推行了严格的隔离措施，如马穆鲁克一般采用土耳其名字，同时用土耳其语言进行沟通，而不是本地语言；马穆鲁克士兵不允许与本地人通婚；等等。这种措施使得马穆鲁克士兵成为伊斯兰体制的依附者。更重要的是，为了进一步控制马穆鲁克士兵，同时也为其提供经济激励，伊斯兰君主授予了马穆鲁克们一块临时性的，非继承性的土地，他们有权向该块土地征税，以及主张其他经济权利，但是由于定期轮调以及长期居住在城市里，马穆鲁克士兵严重缺乏发展激励以及地方根基，这与西欧封建采邑的授予存在天壤之别，这也是为什么伊斯兰的军事力量无法形成独立的权力基础以制约伊斯兰的君主。

那么，伊斯兰世界为何会形成这样一种独特的军事制度呢？一般认为，马穆鲁克制度是 9 世纪由阿拔斯王朝最先引入伊斯兰世界，然后迅速传播开来，引入这些奴隶士兵的一个重要原因就是当时的君主穆塔西姆（Al-Mu’tasim）希望通过使用不具本地基础的外籍士兵来巩固自己的权力，同时使其独立于其他社会力量，包括当时的军事与宗教力量。而这种做法能成功的另外一个原因便是当时的伊斯兰国家拥有比较强的财政基础，因此能够负担“进口”与培养奴隶士兵的资金，这一点与西欧国家的建构形成了鲜明对比（Crone，2005）。因此，伊斯兰国家的苏丹通过从国外“进口”军事力量很大程度避免了与地方贵族进行协商与妥协，因此在中世纪的伊斯兰国家便没有形成一个具有独立权力基础的土地贵族阶层。从社会结构上来看，伊斯兰的君主受到了较少制约，这也意味着伊斯兰君主的“溢价”很高，换句话说，比起西欧的君主，伊斯兰的君主之位更有吸引力，这无疑导致了更激励的政治争夺。尤其是充当苏丹禁卫军（praetorian guard）的马穆鲁克们，尽管作为一个社会阶层，他们是极具依附性的，但是作为掌握直接暴力工具的社会精英。面对令他们垂涎欲滴的无上宝座，这些禁卫军难免产生觊觎之心。这无疑对苏丹产生了最直接的威胁，因此马穆鲁克作为一把双刃剑既是伊斯兰苏丹的制胜法宝，也是他们的致命毒药。这便解释了为何中东国家在1000年后高层政治越发不稳定，当苏丹们的权力变得至高无上时，他们实际上也变得越来越危险，因为做皇帝梦的人越来越多了。

好的理论框架不仅要有自洽与完备的逻辑演绎体系，更重要的是，要能从这一理论框架中推出一些可以验证的经验命题，并通过事实的检验。上述理论认为自加洛林王朝引入封建制度以后，西欧逐渐形成了一个土地贵族阶层，这一社会力量极大地制约了封建王权，受到制约的国王与其他社会力量的“溢价”下降。因此推翻国王的收益减小，也反而使得西欧的国王越来越安全。从这一理论框架中我们可以得出三个经验命题：第一，从时间的维度来看，如果上述理论成立，我们应该能够观察到西欧君主统治时间的延长应该伴随着封建制度的引入；第二，从地域的维度来看，我们应该能够观察到那些引入了封建制度的地区，国王的在位时间应该更长，也即原来处于加洛林帝国统治的地区，国王的在位时间应该更长；第三，由于中世纪国王之所以更加安全，是因为其本身受到地方贵族的制约，那么我们可以合理地推出受到贵族约束越多的国王越安全。利用西欧丰富的历史数据，Chaney 教授对上述三个命题进行了实证检验。

首先，由于第一命题的含义是加洛林帝国引入了封建组织模式是西欧国王在位时间延长的原因，那么我们应该能够观察到西欧国王在位时间在查理曼大帝统治时期前后会出现一个“断点”。利用匡特似然比统计量（Quandt likelihood ratio）等统计识别技术，作者发现在公元

790年左右，西欧国王的在位时间出现了一个显著的断点，也就是说在公元790年后，国王们的在位时间显著长于公元790年以前在位的国王，而公元790年正是查理曼大帝统治的中期，与理论的推测十分相符！其次，由于西欧的封建制度首先是由加洛林帝国的帝王采用与推广的，那么我们应该能观察到那些处于加洛林王朝统治的西欧王国，也就是比较早建立了封建体制的那些王国中的国王更加安全，随着封建体制扩散到整个西欧，各国的国王在位时间开始趋同。作者利用原样本对比了公元800年属于加洛林帝国领地的国家与其他西欧国家，发现查理曼大帝之后的两个世纪里（公元900—1100年），处于加洛林帝国统治区域的统治者，其在位时间显著长于其他地区统治者，直到1100年之后两者才趋同。这与第二个命题相一致，即统治稳定性的增加开始于加洛林帝国内部，然后在1100年左右扩散到西欧其他国家。最后，作者认为中世纪西欧国家政治稳定性的主要驱动因素是对国王的制约。由于在西欧对国王形成制度化制约的主要机制是议会的召开，因此利用van Zanden等（2012）以及Stasavage（2010）的议会召开频率数据作为对王权制约强度的一个度量指标，作者考察这种对王权的制约是否导致了其较高的政治稳定度，计量结果显示确实，如命题所预测，议会召开频率与国王在位时间存在显著的正相关性，尤其是在议会形成的前两年，国王的在位时间有显著的延长。进一步的，作者还对比了西欧和伊斯兰国家每个王朝的前八位统治者在位时间差异。实证结果表明，阿拔斯王朝的第一位统治者在位时间为18年，之后急剧下降到第8位统治者的10年，而西欧王朝不同次序的统治者在位时间并没有表现出急剧下降趋势。这说明西欧的政治稳定性是其政治制度所致，而与个人特征的关系不大。而伊斯兰国家君主的在位时间与君主本身的个人特质有很大关系。① 在这篇文章中，作者巧妙地利用了

① 关于作者更加细致的计量分析请见原文（Blaydes and Chaney，2013）。

君主在位时间这一指标，从经验上度量了中世纪伊斯兰国家与西欧政治分流的起源，并且构建了一个初步的理论框架，接下来，我们继续看这一框架如何解释伊斯兰世界的历史动态性。

二、经济冲击、宗教与政治权力

上文提到在罗马帝国崩溃后，西欧土地贵族的崛起打破了原有的权力结构，国王的权力受到地方贵族的制约，在这种多元的权力结构下，议会作为一种协调机构为不同权力主体的利益协商提供了平台，而制度化的议会体系极大地约束了封建王权，这是西欧宪政体制产生的社会权力逻辑。与此相对照的是，中东伊斯兰国家尽管在建国早期也经历了铁与血的洗礼，但是伊斯兰的苏丹们通过“进口”外籍奴隶士兵，同时建立一系列隔绝措施防止士兵与本地建立联系，从而避免了具有独立权力基础的军事贵族的产生。因此通过马穆鲁克制度，伊斯兰的苏丹维持甚至强化了原有的权力结构，巩固了政治权力与宗教权力之间的联盟关系。

在以上逻辑中，仍有一些问题值得讨论。首先，我们要回答一个问题，为何伊斯兰宗教力量在中东国家有如此强大的影响力？在世俗化之前，宗教势力对民众的影响是极其深远的，在面临生存环境的不确定性与对死后生活（after life）的无知环境下，宗教很容易成为一种民众寄托希望的社会组织。因此，民众对宗教权威的支持是宗教意识形态的权力基础。更重要的是，统治者往往利用两种手段来管理民众：一种是军事控制；一种是意识形态控制。理论上意识形态控制的成本要低于军事控制，因此政治权威往往想利用宗教力量来控制民众。但是，掌握意识形态解释权的权威如果谋求独立的权力基础，并试图通过操纵民意来控制政治权力本身的话，完全依靠意识形态作为统治基础便是一件十分危险的事。尤其是宗教作为一种重要社会组织力量往往可以通过煽动民众对抗政治权威，因此，宗教与政治总是处于相互支持又相互提防，甚至相互斗争的状态，从西欧基督教与王权的斗争中，我们能很容易看到这一点。然而，在伊斯兰世界，统治者的合法性基础很大程度上是建立在伊斯兰宗教基础上，因此在这些国家宗教权威的政治地位往往更高，但是斗争并没有因此减少，政治权力总是在试图控制宗教力量，因此，问题是为何伊斯兰世界宗教权威一直扮演着如此重要的地位？更重要的是，政治与宗教的关系看似简单明了，但是如何在经验上反映这种紧张关系？特别是，如何反映宗教权威的社会影响力与政治地位？这些是量化历史研究需要着重关注的，量化历史研究需要好的理论基础，也不排斥细致的比较历史分析，但是重要的是我们能否从理论框架与比较历史分析中推理出可检验的实证命题，并通过相对系统性的历史证据加以证明，接下来我们看 Chaney 教授如何发挥他的想象力来“量化”看似“不可量化”的宗教影响。

逻辑上来看，宗教的社会影响力来源于其民众的信仰与支持，这种支持在宗教权威与政治权威的斗争中可以转化为政治影响力，因为，如果宗教权威号召民众推翻现有统治者的话，统治者将面临极大的政治风险。那么我们可以推理出的一个命题是当宗教权威的社会影响力越大时，其相对政治权威的谈判能力也越强，同时其政治地位也越牢固；再进一步的，什么时候宗教权威的社会影响力最大呢？一个合理的推想是，当社会环境不确定增大，或者是遭遇某种负面的冲击时，民众对宗教信仰的需求将会增加，这无疑会提高宗教权威的社会影响力，进而影响到他们的政治权力。Chaney 教授在 *Econometrica* 上发表的“Revolt on the Nile：Economic Shocks，Religion，and Political Power”一文中使用 12—15 世纪尼罗河水位数据对上述逻辑进行经验上的证明。他发现在尼罗河水位极高或极低的年份，伊斯兰埃及最高层宗教领袖——首领法官（the head judge）会具有更大的政治权力，此时，他们因拥有广泛的社会影响力而被君主请求控制暴乱、维护和平，此时他们更不可能被君主解雇或辞职，宗教建筑的相对建造也会增加。埃及被阿拉伯军队征服以后，许多民众慢慢转向伊斯兰信仰。随着伊斯兰信众的增加，伊斯兰宗教领袖的政治权力也随之增加，并成为君主的唯一政治制衡机制。这一制度框架在 1169 年埃及阿尤布王朝（Ayyubid dynasty）崛起时成形，并延续到现代。从 1169 年到奥斯曼（Ottoman）对埃及征服的 16 世纪早期，埃及最有影响力的宗教领袖是首领法官。他享有广泛的影响力，能获得大规模的公众支持，是君主和民众之间的中间人和调解人。毫无疑问，作为中间人的首领法官与君主经常在政策实施上存在冲突。例如，法官提倡伊斯兰法的执行，反对未经同意和适当补偿的征税，支持对诸如酗酒、嫖娼等行为的禁止，主张修建宗教建筑；然而君主却试图最小化上述伊斯兰法执行效率，因为这些政策会极大地降低他可能得到的税收、减少他可用的资源。当首领法官和君主在政策实施上有冲突时，首领法官更可能辞职或被解雇。首领法官倾向于不支持君主的征收或其他对伊斯兰法的违背，因为这样他会获得更多的公众支持，因而可能在事后被重新任命。众所周知，埃及前现代的经济活动极其依赖于尼罗河的水位活动。当尼罗河的年度水位显著地高于或低于其最优水位时（即尼罗河冲击），来年农业产出会极大地下跌。人们因为来年的粮食短缺而窖藏的行为会导致食品价格的大涨，这会引发抢劫商店的地方暴乱。历史的证据表明，尼罗河的冲击会从两个渠道增加首领法官的政治权力。首先，没有首领法官的协助，地方暴乱要成为大规模的起义是不可能的。由于尼罗河冲击增加了公众暴乱的可能性，首领法官控制暴乱不演化成威胁君主起义的能力就变得十分可贵。其次，尼罗河冲击增加了埃及军队派系的冲突，此时首领法官的支持对君主的命运具有决定性的影响。因此，在尼罗河冲击时，君主通常会请求首领法官帮忙维持和平，并增加对首领法官偏向政策的支持，相对地增加宗教建筑的建造。为了定量地验证上述结论，作者利用了伊本•希贾齐（Ibn al-Hijazi）1470年记录的公元622—1469年的尼罗河水位和伊本•哈贾尔（Ibn Hajar）1449年记录的公元641—1438年的首领法官更换数据，并把两者匹配起来，得到了一个可供量化分析的样本。由于1169年之前首领法官的政治制衡权力还没形成，而1425年后尼罗河冲击又过于集中，因此作者以1169—1425年作为下文分析的基准样本。

作者以去掉尼罗河水位线性趋势后的最高5%或最低5%水位作为有尼罗河冲击的关键解释变量，以是否有首领法官更换作为被解释变量，在考虑了可能的序列自相关后，发现尼罗河冲击会显著地降低首领法官替换的概率。通过控制尼罗河冲击的滞后和提前效应后，发现尼罗河冲击的影响只发生在冲击的当年。基于同样的设定，作者也发现相对于世俗建筑如宫殿、城墙等，尼罗河的非正常水位会显著地增加宗教建筑的建造。这些结果表明尼罗河冲击会显著地增加首领法官的政治权力。那么是什么原因导致了首领法官在尼罗河冲击期间政治权力的增加呢？作者考察了可能的几个渠道，包括尼罗河冲击期间民众宗教狂热的增加、官员替代率的增加、外部战争以及暴乱的增加。利用埃及权威的编年史记载，作者发现在尼罗河冲击期间宗教活动如私人或集体的祈祷并没有增加反而是下降了，同时在尼罗河冲击时除了信众较多的伊斯兰教派的首领法官更换率下降之外，其他教派法官的更换率并没有显著变化。这表明民众的宗教狂热和官员的总体更换率并不是导致首领法官更换率下降的原因。由于尼罗河冲击时，与周边政权战争的可能性上升了，因此作者将基准样本期间与十字军冲突作为外部战争的度量，发现尼罗河冲击并没有显著增加与十字军战争的频率。然而，作者对国内暴乱的分析却发现，在尼罗河冲击时食品价格显著地上升，社会骚乱也显著地增加。因此，作者用食品价格作为暴乱的代理变量，用尼罗河冲击作为食品价格的工具变量，两阶段回归表明，食品价格会显著地降低首领法官更换的可能性。这表明首领法官的协调能力和控制民众的能力是其政治能力的重要来源。因此，通过尼罗河水的涨跌这一自然实验，作者验证了宗教影响力的社会基础，以及这种社会影响力如何转化为政治的谈判能力。并且作者表明，在伊斯兰世界，宗教权威与政治权威所形成的联盟不仅是由于宗教本身的性质，也根植于当时当地复杂的社会生态环境，这也解释了为何在伊斯兰世界这种联盟始终保持着稳定的结构。接下来我们看这种稳定的结构带来了什么后果。

三、宗教与伊斯兰科学的兴衰

中世纪的伊斯兰世界曾在人类科学史上画出过浓墨重彩的一笔。伊斯兰学者在代数、三角法（trigonometry）、化学等学科的研究都领先于世，并草创了现代的实验科学方法（experimental method）以及天文学基本模型，甚至我们所熟知的代数（algebra）、酒精（alcohol）、化学（chemistry）以及零（zero）这些概念都是由阿拉伯人发明并传到欧洲的。实际上，伊斯兰世界很早就开始了科学启蒙（enlightenment），而西欧的启蒙运动正是在不断地翻译、吸收伊斯兰科学作品的基础上才逐渐发展起来的。古代世界，能有如此科学成就的只有中国才能与之媲美，然而如中国一样，近现代伊斯兰世界在科学发展上出现了极大的停滞，据统计，在1997—2007年，伊斯兰世界国家只生产了世界科学文献的1.17%（Hoodbhoy，2007）。曾经的辉煌与当下的落寞让我们不禁问道：伊斯兰科学为何衰落？我想读者一定想到了有类似经历的中国古代科学，那著名的“李约瑟之问”至今仍困惑着中国学者，那么借由伊斯兰科学发展的历史，也许能为我们解答中国的“李约瑟之问”提供一些线索。

要回答为何伊斯兰世界的科学会最终衰落，我们需要同时回答两个相互关联的问题。首先，如何解释中世纪早期伊斯兰科学的辉煌成就？其次，我们能否在同样的框架下解释伊斯兰科学的衰落？这一相互矛盾的现象不仅需要学者对经验事实的扎实把握，还需要非凡的理论想象力。作者的论述框架仍然是基于上文提出的政治经济学逻辑。伊斯兰科学衰落的核心原因就在于伊斯兰宗教势力与政治势力所形成的稳固联盟，这种联盟使得宗教权威得以借助政治力量来垄断思想市场，而那些可能会动摇民众信仰基础，进而削弱伊斯兰宗教的权力基础的那些“异端”思想无疑会遭到伊斯兰宗教领袖的打压，这是伊斯兰科学衰落的最终原因。那么按照这个逻辑，伊斯兰科学早期的兴盛就可以理解为当伊斯兰宗教没有成为垄断性宗教时，尤其是当思想市场上有许多竞争性的提供者时，科学被当作一种论证手段与辩护手段被保存，甚至被鼓励（Chaney，2011，2016）。

自穆斯林征服中东地区之时（公元 632—732 年），伊斯兰的宗教精英对希腊式的研究方法（hellenistic learning）就表现出相当程度的怀疑与反感，他们认为理性方法对于伊斯兰科学是不必要的。许多学者也都发现伊斯兰宗教权威对于理性推理方法（rationalistic methods）的排斥。然而，在伊斯兰宗教传播的早期，即使保守的伊斯兰宗教精英也不得不在一定程度上容忍理性推理，正如 11 世纪的罕百里学派（Hanbali）的学者 Ibn’Aqil 所言：如果那些秉持理性推理方法的哲学家或辩证神学家（dialectical theologians）能利用他们的知识为伊斯兰辩护的话，这种思维方式也是可以宽容的。因为，伊斯兰宗教精英意识到如果不使用被征服地区的“话语体系”来论证伊斯兰宗教的合理性的话，被征服地区的民众很难被说服，而为了吸引更多的宗教信徒，伊斯兰宗教精英不得不一定程度容忍逻辑话语与理性思维。实际上，在早期，伊斯兰宗教权威在许多法律学院（madhhabs）都鼓励学生学习逻辑方法，以掌握辩论与说服的科学（’ilm al-kalam）来更好地传播伊斯兰宗教。甚至那些极端排斥逻辑方法的学术流派（如 Zahiri School）

都几乎消失了。这说明无论接受程度大小，在伊斯兰教传播的过程中，各种学术团体都或多或少接受了逻辑方法（logical method）。而在这种辩论术的幌子下，许多自然哲学家开始从事专业科学研究，因此在早期伊斯兰教对理性辩论方法的容忍下，科学开始生根发芽。

尽管从伊斯兰 7 世纪的崛起到 750 年阿巴斯哈里发帝国建立之间，伊斯兰科学并无所创建，但是自阿拔斯王朝建立后的几个世纪里，阿拔斯哈里发资助了一大批科学著作的译著工作。伊斯兰历史上有过两波学术资助热潮，第一波是在 8 世纪到 12 世纪，第二波在 12 世纪到 19 世纪。在第一波学术资助热潮中，统治者与城市富人由于享受到了如医学、天文学与应用数学等学科的进步带来的好处，为科学研究提供了丰厚的资金支持，同时也兴建了一大批学术基础设施如图书馆。伴随着逻辑理性思维的传播，伊斯兰世界在数学、天文学、医学与光学等领域做出了卓越的成就。而第二波学术资助热潮却集中于宗教领域，如宗教学术机构 madrasas 的兴建，并且与第一波资助热潮不一样。在第二波中，统治者与富人是将资助授予宗教机构，由宗教分配这些资助，而第一波中，统治者与富人们是直接将资金资助给进行科学研究的个人。这两波资助潮导致行为激励非常不一样，如果资源完全掌握在宗教权威手中，那么科学生产的激励必然受到影响。那么这两波学术资助热潮为何如此不一样呢？其中一个原因在于当时存在伊斯兰传统主义者与理性主义者之争。传统主义更加强调信任（faith）是宗教信仰的基础，而理性主义者却主张理性也是宗教信仰的来源，因而理性主义者更加强调信众直接通过思考来接触上帝，而不需要通过宗教精英的干预。

12 世纪逊尼派的复兴（Sunni Revival）标志着传统主义者的全面胜利，因此对逻辑理性与科学的反感与压制逐渐开始占上风，伊斯兰宗教越发保守，这在制度上表现为宗教学校的兴起和伊斯兰宗教领袖的职业化。宗教领袖的职业化标志着前伊斯兰社会官僚结构的最终解体，取而代之是宗教官僚。他们执行许多传统上由国家官僚执行的功能。随着伊斯兰信仰开始在征服地区普遍传播，并逐渐成为主流宗教，理性主义的思维方式便受到宗教权威的有意压制。这种压制是系统性的，一方面在伊斯兰宗教权威的压力下，伊斯兰统治者在各地建立了以宗教内容为基础的学校（madrasas），取缔那些传授理性科学的学术机构。另一方面，宗教领袖更是借助政治力量来打压具有理性主义的知识群体。例如，哈里发 al-Qadir 在 1017—1019 年发布政令规定理性主义宗教知识分子必须公开声明不再遵奉理性主义思想，同时不在公共场合讨论辩论的科学（kalam）；再犯者不仅要受到肉体的惩罚，还要遭到流放。尽管仍有少部分学者在私下从事科学研究，但是这些学者也是在宗教机构（madrasas）中任职，这说明 madrasas 已经成为垄断性的学术机构。这一发现也被一些历史事实所证明，如 14—15 世纪，在奥斯曼帝国征服了本属基督教的安纳托利亚之后，madrasas 的普遍建立使得这个地区原本发达的数学、天文学等学科逐渐衰落，这种科学的衰落伴随着的是伊斯兰宗教作为主流宗教的出现。更具体的说，逊尼派复兴并在伊斯兰宗教领域占统治地位是科学衰落的直接原因，我们可以简单将这个假说称为“复兴假说”（revival hypothesis）。当然，学术界有非常多对伊斯兰科学衰落的解释，其中有影响力的解释包括蒙古对伊斯兰世界的入侵被认为是其学科衰落的一个重要原因。

我们如何检验上述假说呢？Chaney 教授利用哈佛大学图书馆丰富的书籍馆藏，根据学科条目，把至少包括以下一个字段：“炼金术”“代数”“天文学”“化学”“工程学”“几何学”“逻辑”“数学”“医学”“光学”“物理”“折射”“科学”或“三角学”的书籍，归为科学著作，同时把这些著作的作者出生日期、死亡日期相匹配，并去掉 1850 年后著作，得到一个总数据样本。然后，从上述的样本中一一找出伊斯兰发音的作者，并去掉死亡日期在 1800 年之后的作者及其著作，最后得到了死于公元 800—1800 年的所有作者的著作信息。

如图 2 所示，作者发现在公元 813 年，马蒙成为阿拔斯哈里发之后，大规模开展了翻译运动，致力于把所有可得科学文本翻译成阿拉伯语，而就在这一年，科学著作占比有一个很大的提升，之后一直处于上升趋势。这一高科学产出时期史称“黄金时代”。直到 1099 年后的几十年，该趋势才有一个突然的下降。为了更正式地说明科学产出的下降时间，作者把时间限定在公元 800—1800 年，将公元 800—1100 年的“黄金时代”作为基准，之后的每一百年作为时间区间构造 7 个虚拟变量作为解释变量，以在每一时间区间内某一年死亡的所有作者的科学著作占比作为被解释变量，进行回归。结果发现，在“黄金年代”大约 10%的著作主题是有关科学的，这个比例在 12 世纪下降到 5%，到 18 世纪则降至了 2%。这表明伊斯兰世界的科学活动趋势在中世纪确实在下降。作者也对宗教著作的趋势做了类似分析，发现宗教著作与科学著作表现出完全相反的趋势，其比重从“黄金时代”的大约 13%上升到随后几个世纪的 20%以上。

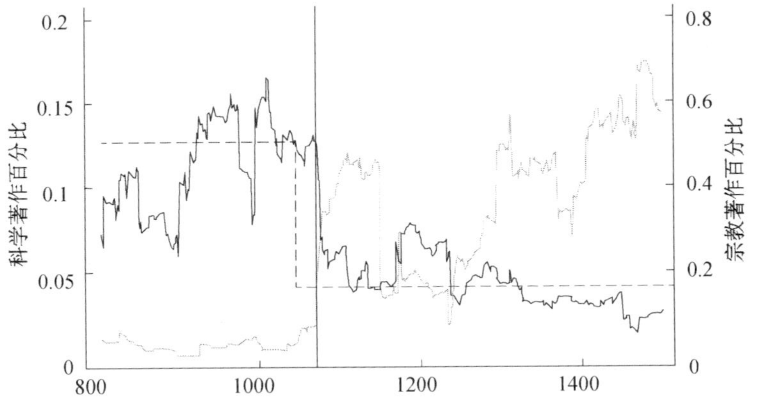

图 2　伊斯兰书籍生产的时间分布与结构变化

注：深颜色曲线代表科学书籍所占比例；虚线代表科学书籍生产的趋势线；浅颜色曲线代表与 madrasa 有关的书籍所占比例

资料来源：Chaney，2016

当然，上述的时间趋势可能是由于哈佛大学图书馆对不同时段的抽样选择引起的，如如果西方学者主观认为“黄金时代”后伊斯兰科学不重要了，所以导致了人为的少收集了科学方面的书籍的话，这将大大低估伊斯兰科学在“黄金时代”后的发展。为了排除这种可能，作者利用17世纪的学者Hajji Khalifa编撰的“传记词典”，该词典提供了从伊斯兰兴起至 Khalifa 生活时代的有关世俗和宗教著作的综合记录。尽管这个数据也存在偏差，但是至少能避免西方人主观认知上的偏差，而且这个数据集包含横跨1000年，大约14 500本书的数据量。利用这个数据集，作者发现两个数据集得出的结论基本没有差别，这表明哈佛大学图书馆数据的可靠性。

前文的分析只是从整体来研究，并没有考虑到不同地域的差别。为此，作者将伊斯兰世界分为东中西三个区域，东部包括巴格达以东的地区；中部包括亚历山大港以东，巴格达以西的区域；而西部包括亚历山大港以西区域。利用哈佛大学图书馆的书籍数据，作者发现，首先，在黄金时代东部地区产生了大部分伊斯兰书籍；其次，从13世纪开始知识生产的重心从东部往中部转移，这一转移反映了蒙古入侵带来的毁灭性破坏，迫使整个伊斯兰的知识生产中心西移，但是这个发现并不能支持蒙古入侵是导致伊斯兰科学落后的原因。因为东部地区在13世纪出现知识生产的持续下降，这正好是在蒙古开始入侵之后。这难以解释为什么该地区科学活动的下降是在蒙古入侵之前就开始了。此外，该下降也波及不直接受蒙古入侵影响的其他地区。因此，蒙古入侵可能加剧了伊斯兰世界科学产出的下降，但不是导致该地区科学产出下降的基本原因。接下来作者转向制度变化的“逊尼复兴假说”对12世纪科学产出下降的解释。上文提到的宗教学校（madrasas）被认为是复兴时期的重大制度创新，而这个创新的实质是通过垄断知识生产的渠道进而从制度上压制科学知识的生产。首先，作者识别出了科学书籍的下降的时间发生在1048年左右，区间在公元966—1149

年，而这个时期正是逊尼派复兴时期种种制度开始在伊斯兰世界中部与东部出现的时期。例如，巴格达的宗教学校 Niz.¯amiyya Madrasas 出现在 1065 年，这被认为是 madrasas 制度在伊斯兰世界传播的起点。那么，这种制度上的变化是否真的导致了伊斯兰科学的衰落呢？由于 madrasas 宗教学校的一个重要功能就是控制并垄断知识的生产，那么我们可以合理地推想出，随着时间的变化，那些由 madrasas 学校生产出的书籍会逐渐增多。作者利用伊斯兰大百科全书中书籍作者的个人信息，找出与 madrasas 相关的信息并与哈佛大学图书馆的书籍数据进行匹配后，发现确实如预想中那样，11 世纪以后伊斯兰知识生产中来自 madrasas 宗教学术机构的比例大大提高。另外，madrasas 制度是由东往西传播，大约在 12 世纪早期传到埃及，直到 1249 年才传到突尼斯，1271 年传到非斯（Fes，现摩洛科地区），1349 年传到伊比利亚半岛，那么复兴假说的另一个推论是 madrasas 传播越晚的地区其科学书籍生产衰落得越晚，实证结果也确实如预想那样。

接下来作者开始对复兴假说的机制进行检验。复兴假说认为宗教权力的提高带来了维护宗教意识形态垄断地位的制度变革——madrasas 宗教性质的学术机构的产生，这种制度变革降低了科学知识生产的回报，最终导致了伊斯兰科学的衰落。首先，如何度量宗教权力提高？作者利用哈佛大学图书馆书籍数据中关于穆斯林宗教领袖的书籍比例来反映宗教势力的强弱，发现这一比例与科学书籍生产的下降存在显著的负相关，也就是说宗教势力越强，科学书籍生产越少。另外，作者进一步发现在逊尼派复兴之后，关于对伊斯兰宗教的理性主义解读的著作开始显著下降。通过分析至少写过一本科学类著作的伊斯兰学者其他类型的学术著作的构成变化，作者也发现在逊尼派复兴后，这些“科学家”开始越来越多地涉及宗教议题，而减少了对科学研究的投入，尤其是那些与 madrasas 相关的学者相对而言平均会多花 13%的精力放在宗教主题上。

因此，利用哈佛大学图书馆所藏中世纪伊斯兰书籍，以及其他数据来源，作者描绘出来伊斯兰科学盛衰的图景，同时认为伊斯兰宗教的垄断地位是导致伊斯兰科学衰落的最终原因，而这种垄断地位是建立在宗教力量与政治力量结合的基础上的。到此，利用权力结构的理论框架，作者分析了伊斯兰世界与西欧国家在政治、宗教与知识生产等领域的分流，以及背后的权力逻辑。实际上，作者也运用此框架来解释中东世界独特的经济制度，如瓦克夫制（Blaydes and Chaney，2016），以及这一权力逻辑对当代中东国家民主化的影响（Chaney，2012），限于篇幅，在此无法详述。

文章最后，笔者想借用Chaney教授的框架来理解中国历史动态性，因为中国的历史模式似乎与中东国家更相似，而与西欧的国家建构形成鲜明对比。例如，在中国，政治力量与意识形态力量也是形成了相对稳定的联盟，有学者称其为“儒法国家”，即皇权与儒家士大夫阶层联手控制了军事精英，同时边缘化了经济精英（Zhao，2015），这一权力结构特征似乎与中东的模型暗合。那么中国的这种模式是如何形成的？实际上，在西欧遭受蛮族入侵的同时期，中国也经历了一波所谓的“蛮族入侵”，在魏晋南北朝，曾经依附中原的“少数民族首领”纷纷入主中原并建立自己的政权。因此，东汉帝国也遭遇了罗马帝国类似的境遇，但是，在几个世纪的军事斗争中，中国又重新统一了起来，这是中国与西欧出现的第一次政治大分流（Scheidel，2009）。在历史学家所认为的中国“中古史”这一阶段，尽管皇权受到地方贵族门阀势力的约束，而一度产生“王与马共天下”的局面，但是正如田余庆教授所言，这一时期只是皇权的变态时期，其最终要回到皇权独尊的常态上来（田余庆，2012）。而即便是在皇权极度低落的南北朝时期，中国的官僚体制不仅没有退化，反而为隋唐三省六部制的最终定型提供了组织上的基础，并且北朝孕育的新的选官方式也为隋唐科举制提供了基本的雏形；经济上，以国家占有土地并集中分配土地资源的体制，如占田制、均田制等，使得中国在中古时期的政权重新建立了中央集权化的税收体制，这些变化都与西欧中世纪的发展有很大不同。至于在唐宋转型后，旧的世家大族逐渐消亡（谭凯，2017），中国的社会结构与西欧社会就更加渐行渐远。因此，中国历史上的权力结构虽然和中东国家有非常大的相似性，但是国家建构过程却十分不一样。这其中一个关键差别也许是，在中东国家，政治权力对军事资源的控制是其政治稳定的基石（也是其不稳定的根源）；在中国，政治权力需要联合官僚士大夫阶层竭力压制与控制军事力量，而掌握意识形态解释权的儒家士大夫阶层却没有如伊斯兰宗教精英那样拥有的独立权力基础。因为儒家士大夫成为社会行动者的前提条件是入朝为官，即加入体制内成为体制代理人。除此之外，儒家所遵奉的并非超验的意识形态，对现世生活美好秩序的追求是儒家意识形态的核心主张。这一本体承诺不具有超凡特质，这使得士大夫虽然在政治主体意识层面具有一定的自主性，但是在组织形态上却极具依附性，因为只有成为“帝王师”，儒家士大夫的政治抱负才能得到施展。这一依附性在选官体制由推举制（如察举制与九品中正制）向科举制转变后更加成为官僚士大夫的核心特征。这一特征也许正是造成中国与西欧政治分流的重要原因。由于儒家士大夫阶层本质上不具有独立权力来源，其政治基础在于加入体制来实现自己的政治抱负，因此在汉族遭受“外族”入侵时，这些士大夫阶层被大批吸纳入新的政权。士大夫通过手中所掌握的组织技术为新政权的国家建构提供了丰富的组织资源，因此官僚体制以及征税体制能迅速得到重建，这使得中国能避免像西欧那样只能通过分封的方法来动员资源。以上的理论猜想需要更加牢固的经验支持，这也是学者发挥学术想象力的开始。

整理人：张晓鸣，浙江大学经济学系

参考文献

田余庆，2012，《东晋门阀政治》，北京大学出版社。

谭凯，2017，《中古中国门阀大族的消亡》，社会科学文献出版社。

Acemoglu D，Robinson J A. 2005. "The Rise of Europe：Atlantic Trade，Institutional Change，and Economic Growth." *American Economic Review* 95（3）：546-579.

Blaydes L，Chaney E. 2013. "The Feudal Revolution and Europe's Rise：Institutional Divergence in the Christian and Muslim Worlds before 1500 CE." *American Political Science Review* 107（1）：16-34.

Blaydes L，Chaney E. 2016. "The Political Economy Legacy of Institutions from the Classical Period of Islam." in S. Durlauf and L. Blume，eds.，The New Palgrave Dictionary of Economics，Palgrave.

Bloch M. 1961. *Feudal Society：the Growth of Ties of Dependence*. Chicago：The University of Chicago Press.

Bosworth C. 1996. *Islamic Dynasties*. New York：Columbia University Press.

Chaney E. 2011. "Islam and Human Capital Formation：Evidence from Premodern Muslim Science." in The Oxford Handbook of the Economics of Religion Edited by Rachel M. McCleary

Chaney E. 2012. "Democratic Change in the Arab World，Past and Present." *Brookings Papers on Economic Activity* 42（1）：363-414.

Chaney E. 2012. "Separation of Powers and the Medieval Roots of Institutional Divergence between Europe and the Islamic Middle East." in M. Aoki，T. Kuran，and G. Roland，eds.，*Institutions and Comparative Economic Development*，New York：Palgrave Macmillan，pp.116-127.

Chaney E. 2013. "Revolt on the Nile：Economic Shocks，Religion and Political Power." *Econometrica* 81（5）：2033-2053.

Chaney E. 2016. “Religion and the Rise and Fall of Islamic Science.” Working Paper.

Chaney E. 2017. “Medieval Origins：A Review Essay on Campbell’s The Great Transition.” *Journal of Economic Literature*.

Crone P. 2005. *Medieval Islamic Political Thought*. Edinburgh：Edinburgh University Press.

DeLong J B，Shleifer A. 1993. “Princes and Merchants：European City Growth before theIndustrial Revolution.” *Journal of Law and Economics* 36（2）：671–702.

Hoodbhoy P. 2007. “Science and the Islamic World：The Quest for Rapprochement.” *Physics Today* 60（8）：49–55.

Macdonald J. 2006. *A Free Nation Deep in Debt：The Financial Roots of Democracy*. Princeton：Princeton University Press.

Morby J. 1989. *Dynasties of the World：A Chronological and Genealogical Handbook*. New York：Oxford University Press.

North D，Wallis J，Weingast B. 2009. *Violence and Social Orders：A Conceptual Framework for Interpreting Recorded Human History*. Cambridge：Cambridge University Press.

North D，Weingast B. 1989. “Constitutions and Commitment：the Evolution of Institutions Governing Public Choice in Seventeenth-Century England.” *Journal of Economic History* 49（4）：803–832.

Nüssli C. 2011. http：//www.euratlas.com/about.html.

Scheidel W，Morris I，Saller R P. 2008. *The Cambridge Economic History of the Greco-Roman World*. Cambridge：Cambridge University Press.

Scheidel W. 2009. *Rome and China：Comparative Perspectives on Ancient World Empire*. New York：Oxford University Press.

Stasavage D. 2010. “When Distance Mattered：Geographic Scale and the Development of European Representative Assemblies.” *American Political Science Review* 104（4）：625–643.

Stasavage D. 2011. *States of Credit：Size，Power，and the Development of European Polities*. Princeton：Princeton University Press.

Stasavage D. 2016. "Representation and Consent: Why They Arose in Europe and Not Elsewhere." *Annual Review of Political Science* 19: 145–162.

Tierney B, Painter S. 1998. *Western Europe in the Middle Ages 300–1475*. 6th ed. New York: McGraw-Hill Companies.

van Zanden J L, Buringh E, Bosker M. 2012. "The Rise and Decline of European Parliaments, 1188–1789." *Economic History Review* 65 (3): 835–861.

van Zanden J L. 2009. *The Long Road to the Industrial Revolution*. Boston: Brill.

White L. 1962. *Medieval Technology and Social Change*. Oxford: Oxford University Press.

Wickham C. 2005. *Framing the Early Middle Ages: Europe and the Mediterranean 400–800*. New York: Oxford University Press.

Zhao D, 2105. *The Confucian-Legalist State: A New Theory of Chinese History*. Oxford: Oxford University Press.

Why did the Middle East Lag Behind? A Political-Economic Framework

Eric Chaney

Abstract: The great divergence between Europe and the Islamic Middle East is a perennial topic in the field of economic history. An influential literature sees the roots of sustained economic growth in Europe's unique institutional framework but fails to account for its origin. Based on comparison of the power structure formation between Europe and the Islamic Middle East, Professor Eric Chaney proposes a political-economic framework for the debate of the great divergence. The author argues that a divergent power structure, caused by a medieval military shock, determined the core institutional arrangement between Europe and the Islamic Middle East. Employing this theoretical framework, the author explores the origins of political divergence between Europe and the Islamic Middle East, the influence of ideological power and the rise and fall of Islamic science, which provides rich insights for understanding the historical dynamics of the Islamic Middle East.

Keywords: Political divergence, ideological power, Islamic science, political-economic framework

全球不平等的过去和未来

Peter H. Lindert[①]

摘要：20 世纪后半叶，伴随各国国内不平等程度的上升，不平等的重要性愈发凸显。Lindert 教授至少在以下三个方面，对不平等研究做出了重要的贡献：首先，他澄清了不平等指标选择与数据统计中的许多问题。其次，在整理不同国家、不同时间段的数据的基础上，他对美、英、俄等国的不平等状况，做了迄今为止最好的估计。在此基础上，他完成了许多长时段研究和比较研究，有助于我们理解日益增加的社会分化。最后，他对不同时间段各国公共开支政策的研究同样广泛而深入，揭示了公共开支与经济增长和社会不平等之间的联系。总之，Lindert 的研究，基础性与实用性兼备，完整覆盖了不平等问题的起因、描述与对策。此外，他在农业经济学——尤其是中国和东南亚的土壤状况等问题上也做了许多工作。

---

① Peter H. Lindert（彼得 • H. 林德特）是加利福尼亚大学戴维斯分校经济学教授，英国科斯切尔特埃塞克斯大学客座讲师，2002 年度国家经济研究局副研究员。Peter H. Lindert 于 1967 年 2 月被授予康奈尔大学博士学位，1977—1978 年担任威斯康星大学经济学教授，1978 年担任英国剑桥大学经济学院；1986 年 9 月—1987 年 1 月担任哈佛大学经济学客座教授，2003 年到现在一直是杰出的加利福利亚大学经济学教授。

关键词：不平等；经济增长；公共开支；人力资本；文献综述

引　言

为什么有的人富裕，而有的人贫穷？贫富的差距，是历来如此，还是有起有落？贫富分化日益明显的今天，这一趋势还会逆转吗？自20世纪下半叶，尤其是2008年以来，不平等问题在全球范围内日益凸显，学者和大众都渴求这些问题的答案。尽管索洛有句名言："一旦开始思考增长，你就无暇顾及其他问题"，但如此重要的增长，其实也只是不平等问题的一个侧面——如果我们将所有人之间的不平等分解为国际不平等和国内不平等，增长理论解释的，主要是前一个不平等。将两个不平等的解释合起来，我们才能一窥问题的全貌。

加利福尼亚大学戴维斯分校的经济学教授Lindert，在这一领域孜孜不倦地做了许多工作。早期，他的研究集中在英国和美国。在英国方面，他的研究呈现两个重点，集中在17—19世纪：一方面，不断改进社会表的估算结果；另一方面，通过对人口、工资等数据的研究和解读，探寻生活水平和财富分配状况的变化（Lindert，1980，1985，1986；Lindert and Williamson，1982，1983）。在美国方面，Lindert早期的研究更加侧重不平等：通过1913年之后系统的数据，以及1913年之前的零星统计，勾勒19—20世纪，美国不同职业、不同地区的家庭的收入不平等状况（Lindert and Williamson，1976，1980）。

20世纪90年代以来，随着数据和结论的积累，以及实证方法的进步，Lindert在不平等领域的研究更加深入。这一点体现在四个方面：首先，已有研究的深度在扩展。仍以美国为例，受限于材料，Lindert和Williamson 1976年的研究，对19世纪之前美国的收入状况描述并不具体。而在近年来发布的一系列新著中，通过大量的新材料和新分析，两位作者得到了许多新结论（Lindert and Williamson，2012，2013，2016a）。例如，即使是殖民地历史的早期，美国的人均收入水平也已经不亚于英国。传统结论通常主张美国一直在赶超英国，但 Lindert 和 Williamson 指出，实际的情况更应该是先并驾齐驱，之后美国因为独立战争等一系列事件落后，然后再次赶超。此外，早期的美国，收入分配状况是比较平等的。

其次，除近代英美外，Lindert 和其他多位学者合作，将不平等程度的研究推向了更长的时间段，覆盖了更多的国家和地区。试举两例：在 2014 年发表的研究中，Lindert 和 Nafziger 合作，系统估算了 1904 年前后，沙俄帝国各省份的收入和土地不平等指数（Lindert and Nafziger，2014）。在此之前，不少学者主张 20 世纪初的俄国贫富差距悬殊，认为这是导致沙俄帝国崩溃、革命成功的动力之一。不过，从 1904 年前后的状况来看，无论是横比——与当时的英美等国比较，还是纵比——与 20 世纪末的俄国比较，当时的不平等状况都不算高。此外，Lindert 还与 Milanovic 和 Williamson 合作，通过已有的社会表数据，估算了 30 个前现代社会的不平等状况（Milanovic et al.，2011）。

再次，随着材料积累，开展比较研究的条件日益充分。基于早期对英美的研究成果，Lindert 很早就开始比较英国和美国，以及“旧世界”和“新世界”不平等趋势的变化（Lindert，2000b，2000c）。总体来看，尽管英美不平等程度的变化趋势有相似之处，但英国的不平等上升，比美国要来得早——英国的贫富差距拉开，更多发生于 1740—1810 年，19 世纪中的变化并不大；而美国的贫富差距拉大，主要发生在 19 世纪。此外，基于英美的经验，库兹涅茨提出的“倒 U 形曲线”的变化模式——一国不平等程度，随经济发展水平先上升再下降——不能成立：尽管英美的不平等程度在 20 世纪初有明显下降，但这只是暂时的。Lindert 和其他多位学者都注意到，20 世纪 70 年代以来，直到今天，发达国家内部的不平等程度一直在上升（Lindert，2000b，

2016a；Atkinson and Piketty，2007；Kristal，2013；Karabarbounis and Neiman，2013；Milanovic，2011，2016；Piketty，2017）。

最后，Lindert 的探索不止于描述不平等——实际上，他的研究，覆盖了这一领域的整个“上下游”：不平等的成因是什么？其他重要的时代现象，如全球化，和不平等有关吗？如果不平等确实是个问题，社会应该如何应对？Lindert 对这三个问题都做了很多思考。首先，在 2000 年的研究中，Lindert 提出 20 世纪 70 年代之后发生的不平等现象，可能有以下六个成因：人口结构变动、劳动力技能变化、有偏技术进步、国内和全球需求结构的变化、包括工会式微在内的劳动力市场结构变化、政府的再分配政策（Lindert，2000a）。其中许多因素都已被后来的实证研究所验证（Kristal，2010）。其次，通过翻检近代全球化浪潮中，欧洲、美洲及东亚一些国家贸易量和生活水平等指标的变化，他质疑了全球化扩大贫富差距的言论（Lindert and Williamson，2003）。即使在发达国家内部，全球化带来的影响也有差异：19 世纪后半叶，通过大量的移民，发达国家间的贫富差距实际上缩小了。同时，各国内部的贫富差距变动，与本身的禀赋结构有关，不能一概而论。类似结论对被迫开放的东亚也成立。

在应对不平等方面，Lindert 侧重思考政策——尤其是再分配和公共开支——的作用。几乎在开始研究英美不平等问题的同时，Lindert 已经开始思考这些话题。在和 Kristov 及 McClelland 合作开展的研究中，他追问：主导发达国家公众开支比例的，究竟是“自上而下”——在位的官员为了投选民所好或获得晋升，操纵公共开支，还是“自下而上”——选民们按照相近的利益，组成一个个压力团体，向政府施压，要求公众利益偏向自己？通过理论和实证分析，Lindert 和其他两位学者发现：首先，“自下而上”有很强的解释力；其次，贫富差距和年龄结构，是凝聚压力团体的两个重要因素（Kristov et al.，1992）。无论是失业率更高的国家，还是年龄结构更偏向老龄化的国家，公共开支占比都更高。

Lindert 在公共开支方面的思考，有助于回答几个极其重要的问题。首先，公平和效率之间，是否真的存在取舍？通过对各国公共开支的细致分析，Lindert 对此提出了质疑，传统的结论显得太过简单（Lindert，1994，1996，2004a，2004b）。例如，尽管压力团体本身的利益确实会影响公共开支，但现实比这更复杂：老年人口占总比上升确实会导致总的公共开支和养老金上升，但 20—39 岁人口上升，也会导致这部分开支增加。总的来看，不能确定公共开支增加，对经济会有显著的负面作用；相反，实证分析显示，公共开支的上升，对经济增长是有轻微的正面作用。其次，这部分研究，直接涉及经济学中一个根本的问题："政府应该要多大？" 2016 年，Bakija、Kenworthy 和 Lindert 等合作出版了一本新著，题目就叫《我们的政府应该有多大？》，其中直言："这一点变得越来越明显，我们需要一个更大的（美国）政府来维持正义、维护繁荣。" Lindert 并不赞成"小政府"的观点，相反，他赞成政府把钱花在刀刃上，投资教育、研究、金融监管等领域（Bakija et al.，2016）。

Lindert 的洞见，来源于他对经济增长的长期研究。实际上，正如开头所言，经济增长问题，可以理解为不平等问题的一个"子集"——聚焦不平等问题中国际不平等的部分。他的研究不仅涉及宏观经济大的层面，如开支占经济总量的比例，还触及其中更加细致的层面，如教育、养老金等。以教育为例，Lindert 2003 年的研究，强调了教育对经济增长的正面作用的阶段性：直至 19 世纪初期，财产权和契约制度对早期经济增长起着相对重要的作用；在此之后，教育的重要性上升，超过了前述因素。然而，民主制度的缺失，有可能妨碍人力资本存量的增长——决策的精英缺乏激励推广普惠的教育（Lindert，2003）。在另一篇研究中，他和另一学者合作，尝试解释国家层面教育水平的差异，得出了 19 世纪时美国北部教育水平领先的三个主要因素：教师工资低廉、地方政府更强的自主、更民主的选举制度（Sun and Lindert，2010）。此外，他还研究过拉丁美洲教育的发展（Lindert，2010）。

总之，我们可以看到：Lindert 对不平等问题的研究相当深入而广泛。他的成果，既有助于我们理解近代史最关键的节点——工业革命前后，究竟发生了什么？谁获利，谁受损？也有助于我们把握近年来其他一系列重要的争论。除了前面已经提到的经济增长、贫富分化扩大、政府规模大小等话题等，他关于教育、制度和增长关系的研究，直至今天，仍是相当高水平的概括，有助于我们理解这一脉络上诸多结论相互不一致的探索（Acemoglu and Robinson，2000；Acemoglu et al.，2001；Glaeser et al.，2004；Acemoglu et al.，2005；Allen，2012；Carlin et al.，2013）。

很自然地，Lindert 的研究与实践联系紧密。由于对增长过程中相互作用的许多变量都有深入的把握，他的研究具有明确的政策含义——有的是明确主张一种政策，有的是主张反思现行的政策。例如，在 2016 年出版的两部专著中，他都强调金融在贫富分化中的作用，强调政府投入金融监管（Lindert，2016a，2016b）。这些结论反映了目前学术界的共识，基于历史的分析，更给这些呼吁添上了几分厚重感（Posner and Weyl，2013；Bell and van Reenen，2014；Piketty，2017）。此外，由于篇幅原因，这篇小文不能尽述 Lindert 的贡献——实际上，他不仅是研究过主权债务方面的问题的专家，还是土壤问题的专家，在这两个领域都有重要的著作发表（Lindert and Morton，1989；Eichengreen and Lindert，1992；Lindert，1999，2000）。

本文接下来的部分将详细介绍 Lindert 的学术贡献。正如前面所说，他多才多艺，研究覆盖多个领域、多个国家和地区、多个时间段。因此，这里的介绍注定是不全面的，只能按笔者个人旨趣，选取一些自觉最振奋人心的例子予以介绍，盼起到“以点带面”的效果。除去引言（第一部分）之外，文章主体将由三个主要部分构成。第二部分是不平等研究的方法论，主要包含指标设计、选取与运用几个方面。第三部分是历史上的收入和不平等，两个问题紧密联结，很难截然分开。这一部分将分成以下六个小节：英国历史上的收入和不平等、美国历史上的收入和不平等、1904 年沙俄的不平等、现代之前的购买力和真实不平等、现代之前的全球不平等估算、全球化和不平等。第四部分将简单介绍 Lindert 对公共开支的研究，同时总结全文。

一、不平等研究的方法论

量化历史研究，绕不开这样的问题：指标怎么构建？为什么选择了这样一些指标，而不是另外一些？选择的这些指标，究竟有怎么样的含义？研究古代的不平等状况，这几点尤为重要：一方面，古代社会，能够用来估算不平等状况的材料相当有限。如果选择的指标要求对计算要求太过严苛，很可能因此损失很多有用的信息。另一方面，如果指标的选择不够恰当，不同社会计算出的不平等状况可能因此无法比较，也会损害结论的有效性。近年来，不少学者尝试研究比较跨国、长时间的不平等状况。针对这一难题，他们的方法各有不同（Milanovic et al.，2011；Fochesato and Bowles，2014，2015；Scheidel，2017）。其中，由 Milanovic 在 2006 年率先提出的社会表法颇具潜力（Milanovic，2006）。之后，Lindert、Milanovic 和 Williamson 一道，用这一方法估算了 30 个前现代的不平等状况。

反映社会不平等状况，最常用的指标是基尼系数（Hirschman，1964）。不过，理论上精确计算基尼系数，首先需要了解社会收入或财富分布对应的洛伦兹曲线，而这又意味着要了解整个社会的收入财富分布信息。在前现代社会，这一点几乎不可能实现：哪怕是率先建立现代统计体系的发达国家，也要到 19 世纪才有系统的、覆盖全体的调查数据。一般来说，我们能从历史信息中找到的，只有类似“社会表”的信息。社会表这个概念，由 Petty 在 1676 年提出。思路是将整个社会分成几个阶层，分别探讨每个阶层的生活状况，然后据此探讨整个社会的分配。怎么弥补两者之间的鸿沟呢？用 Lindert 等三位学者的方法：只要有类似社会表的信息——整个社会可以按收入或财富的高低分几层，每层的人数已知，且每两层之间的重叠不大，这些信息就足以近似计算整个社会的基尼系数。已有学者用这一方法估算了其他数个前现代社会的基尼系数，拓展了已有的数据库（Lindert and Williamson，2017）。

在前述 2011 年的研究中，Lindert 和其他两位学者还提出了以下两个指标：“不平等可能性前沿”和“攫取率”。为什么要定义这样的新指标？原因在于：历史上，很多社会中的居民，尤其是占人口多数的低收入阶层居民，生活水平离生存线并不远。如果整个社会的经济水平很低，产出只能让大部分人维持在糊口水平上，不平等不可能达到一个很高的程度。借用一个原文的例子：一个社会中有两个阶层，精英和平民。精英只有 1 人，剩下 99 人都是平民。假设现在一共有 1050 单位的产出，每个人糊口需要 10 个单位。如果精英掠夺了平民糊口之外的所有产出——他/她独自占有 60 单位，剩下的人每人占有 10 单位，此时，按照定义计算出的基尼系数只有 0.047，不可思议地低。假定精英仍然掠夺平民除糊口之外的所有产出，但社会总产出增加到 2000 单位，此时，基尼系数也会相应上升到 0.495。

因此，如果完全按定义使用基尼系数，在生产力水平很低的前现代社会中，这一点可能掩盖精英掠夺甚多的事实——计算出来的基尼系数之所以低，是因为糊口之外，整个社会的剩余产品并不多。三位学者提出的指标旨在解决这个问题。“不平等可能性前沿”，是将当时整个社会的平均收入和普通人糊口所需的收入比较，计算整个社会理论上允许的最高的不平等程度。在此基础上，通过比较这个理论上可能的基尼系数和实际的基尼系数，可以算出当时社会的攫取率：如果攫取率是 100%，这意味着这个社会的不平等程度已臻极点。不平等再增加，就有人达不到生存所需了。原文的主要发现之一，是尽管现代社会的不平等程度很高，但前现代社会的攫取率更高。实际上，很多前现代社会的攫取率都接近 100%，已接近了理论上能达到的最高值（Milanovic et al.，2011）。

Lindert 对不平等指标的理解不止于此。除参与提出和运用新指标外，他还指出了运用和解读不平等指标中需要注意的许多问题。尽管这些分析很少单独构成文章，但对不平等领域的后来者，注意这些要点，将会少走很多弯路。仅以个人见到的为例，至少有四个点相当重要。第一，在分析不平等状况变动时，年龄结构的变化非常重要（Lindert，2000）。以 Kuznets 为代表的、老一辈研究不平等问题的学者，很多就没有注意到这一问题。这一偏误会造成什么影响呢？简单举一个例子：如果一个社会的生育率上升，18 岁以下的青少年增加。即使社会的收入分配格局实际上没有发生变化，但因为有许多人口没有收入——仅仅是由于他们太年轻，个人层面数据算出的不平等程度也会因此上升。在 2000 年的研究中，Lindert 特意指出：如果仅仅看每个人终生消费的差异，美国的不平等状况确实是十分严重，但其中大部分都是婴儿死亡率的“功劳”。如果控制住婴儿这一点，实际的不平等状况会轻很多（Lindert，1991）。在估计 19 世纪美国不平等状况时，这一点也会有影响：当时的美国，生育率居于发达国家中最高水平，这一点应该在研究不平等时纳入考虑。

第二，将这一要点进一步一般化，可以得到这样的结论：在研究不平等变化的成因时，要注意是不同群体内部的不平等程度变化，还是不同群体在总体中的权重发生了变化。这一原则的灵活运用有奇效：一方面，为什么可以用社会表类型的信息，反过来计算基尼系数？原因在于，社会整体的基尼系数本身可以通过代数变换，分解成加权的组间不平等、加权的组内不平等和组间重叠三个部分。当每两个阶层间重叠都很小时，第三项可以忽略。而社会表的信息已经包含了前两者，接着就可以计算整体的基尼系数。在此之前，已经有学者利用类似的思路，通过国别收入信息，估计 1820—1990 年世界范围的收入分布（Bourguignon and Morrisson，2002；Milanovic，2002）。另一方面，把握这一原则，可以避免在解读不平等变化时出现谬误——像前面关于年龄的例子，就是一个纯粹的权重变化，而非组内不平等或组间不平等的变化。自 Lindert 开展研究，并指出这一问题以来，学术界已经发展出了许多分解不平等指标的技巧（Shorrocks，1984；Lambert and Aronson，1993）。

第三，不平等指标可能"名不副实"。所谓"名不副实"，指的是指标的名称，有可能误导我们对指标意义的解读。这一点最好的例子是"税前收入"（Lindert，2000）。许多学者将税前收入的不平等和考虑税收及转移支付后的不平等进行比较，来反映政府在收入分配中体现的角色。尽管如此，所谓的"税前收入"，未必真的纯粹是"税前"的收入：上一期的税收政策，可能对当期的税前收入造成很大的影响。因此，探讨政府在收入分配中所起的作用，仅仅依靠比较税前税后的状况是不够的。第三点与此有密切联系：许多不平等研究侧重政策视角，因此侧重收入等政府可以直接干预的指标。可是，有很多其他指标和个人与家庭的生活状况联系更加密切，如预期寿命、婴儿死亡率、营养摄入等（Lindert，2000；Lindert and Williamson，2016）。尽管政府干预对这些指标的影响，未必有干预收入来得直接，但这并不代表收入是比这些更加值得追求的指标。近年来量化历史对各项生理指标——包括身高、营养摄入、预期寿命等——不平等研究，验证了 Lindert 的说法（Steckel，2009；Floud et al.，2011）。这一方向的研究，近年已经深化到了"感知不平等"的层面。

第四，如果我们重视“名义工资”和“真实工资”的差别，那么，我们也应该重视“名义不平等”和“真实不平等”间的差别。这一点与上一点的要求一致：在数据允许的范围内，学者应该使核算出的不平等指标，尽可能贴近真实的生活不平等程度。因此，在统计收入不平等的时间趋势时，应该考虑不同收入的个体所消费商品篮子的差异：如果高低收入者消费的商品类别差异很大，而两类商品价格的变化趋势又有系统性差异，那么，仅仅用名义收入计算的不平等状况，可能和实际变化有很大出入。尽管这一点相当重要，但针对这一题目开展研究着实不易：前现代社会，系统的收入数据尚且不易获得，更不要说用来计算真实收入的商品篮子和价格数据了。幸运的是，依靠在这一领域的多年积累，Lindert 和其他多位学者合作，在这一领域开展了深入的研究，得到了许多令人耳目一新的结论（Hoffman et al.，2002；Lindert，2016）。例如，欧美各国不平等在 20 世纪初的消弭，收入的日趋平等是一方面，高低收入者消费篮子的趋同是另一方面。在此之前，高收入者更多地享受着全球化带来的福利：消费占比较高的奢侈品，包括佣人服务等的价格在下降。普通民众从全球化中得到的要更少，食品等必需品的价格相对还上涨了。20 世纪初，富人穷人的消费篮子日益趋同，双方都能更充分地分享发展带来的红利。有趣的是，类似的境况在当代也在发生：20 世纪 50 年代以来，相对于高收入家庭，低收入家庭受通货膨胀的影响更严重——他们购买的商品，平均的价格增速，比高收入家庭购买的商品价格增速要高 30%左右。

总之，要注重各个指标之间的相互比较。实际上，仅仅是“比较常用”的反映不平等的指标，就有数十种之多（Hao and Naiman，2010）。每个反映不平等的统计量，都捕捉到了分布整体某些方面的信息——自然，也遗漏了一些其他方面的信息。归功于多年的数据积累，以及对各项指标的深入了解，Lindert 在研究中频繁地使用比较不同指标的方法。例如，收入这种间接影响消费质量的指标，可以和消费这种直接影响生活质量的指标，或者主观幸福程度、死亡率等直接反映生活质量的指标进行比较；基尼系数这种反映整个分布的统计信息的指标，可以和前 1%人群的收入和财富、前 10%人群的收入和财富等反映尾部信息的指标比较；10、50、90 分位点处人群的信息重要，反映 10/50 分位点、50/90 分位点之比的信息也很重要，同样可以相互比较。如果不去比较“名义不平等”和“真实不平等”的区别，研究者也许很难发现：在不平等程度下降的过程中，商品篮子的趋同原来也有功劳。前面提到的二、三、四点，其实都可以看作对一部分特别重要的指标的比较。

二、历史上的收入与不平等

建构理论的基础，是准确地描述事实。尽管历史典籍中充斥着激动人心的故事，但把握社会的全景，更重要的是全面、系统地收集相关的材料，然后用准确、可靠的方式叙述出来。这正是 Lindert 数十年来一以贯之的工作。在这一部分中，笔者挑选了一些影响最大的研究——有的是领域内的开创之作，有的已经成为领域内不言自明的讨论基础——做更加细致的介绍。这些研究大致可以归入六个小节，每个小节可能包含不止一个研究。首先是近代史三个大国的收入和不平等状况核算：英国、美国和俄国，其中还会介绍一些 Lindert 对英美进行比较的成果。其次是两个沿不同路径进行的、对前现代世界各地不平等状况进行的估算，一是基于名义收入、物价和消费篮子计算的购买力平价和真实不平等；二是前面介绍过的、基于社会表进行的估算；三是一个非常重要的专题，全球化和不平等，尤其是当代金融危机之后的不平等问题及其对策。言说不平等，这些材料不可或缺。

（一）英国历史上的收入与不平等

英国是世界近代化进程中最重要的国家之一，理解英国近代以来的收入和不平等状况，无疑具有重要的意义。Lindert 20 世纪 80 年代在这一话题上着力颇多，其成果集中体现在对英国职业构成及财富不平等的估算方面（Lindert，1980，1982，1983，1985）。总体来看，他的研究得到了以下结论：首先，19 世纪 60 年代前后，是财富分配格局的一个重要转折点。在此之前，最富有的 10%获得了更多的收入。他们的财富占社会总财富的比例，从 50%左右上升到 60%。在此之后，最富的 10%占有的财富比例直线下降，在第一次世界大战前夕回到 50%的水平，并一直下降到 20 世纪 70 年代的不足 30%，此后开始回升。表 1 给出了其中部分数字。

表 1　1688—1867 年英格兰和威尔士前 10%家庭的平均财富和收入状况估计

（单位：%）

年份	1688	1759	1803	1867
持有财富占社会总财富的比例	50.6	53.9	59.1	58.6
获得收入占社会总体的比例	44.1	44.1	48.8	53.4

注：由笔者根据 Lindert（1985）一文表 5 中数字制作。财富及收入单位为镑

其次，不同的职业，都分享到了近代化成果，但比例并不相同——获利最多的无疑是商人。如表 2 所示，1670—1875 年，他们平均的财产总额增加了近 40 倍，从 296 镑翻到了 11 804 镑。土地贵族同样在近代化进程中获利良多：他们平均的财产总额，从 1670 年的 552 镑，增加到了 1875 年的 9855 镑，增加了近 17 倍。相比之下，尽管职业人士、小商店主和工人也从中获利不少，但比起商人和贵族就逊色不少了——平均只增加了 5 倍，大致是社会平均水准。最后，财产增幅最小的是农民——200 年间，他们的财富平均只增加了 3 倍多一点。1670 年时，商人的平均财富是农民的不到 3 倍；1875 年时，这个数字是接近 20 倍。

表 2　1670—1875 年英格兰和威尔士部分职业平均财富状况估计

（单位：镑）

职业	1670 年	1700 年	1740 年	1810 年	1858 年	1875 年
土地贵族	552	453	563	2 032	3 036	9 855
商人	296	307	573	608	5 917	11 804
职业人士				607	1 063	1 201
农民	120	117	164	220	411	581
小商店主	149	160	195	304	641	606
工业	101	101	110	345	687	523
建筑业				160	316	330
劳工	22（估）	22（估）	27（估）	101	81	143
总体	100	108	135	303	571	636
女性家长的家庭	37	37	67	173	382	405

注：由笔者根据 Lindert（1985）一文表 1 数字及附录整理。其中，空白部分无数据，带（估）字指这一估计所基于的样本数量太少，仅作为初步的参考。

此外，Lindert 还尝试估计了国民收入按要素的分配结构。如表 3 所示，与 20 世纪 70 年代的英国相比，19 世纪 70 年代之前的英国，收入分配结构呈现以下特点：第一，尽管地租占国民收入的比例已经在下降，但仍有 5%的比例。在最富有的 10%人群中，地租收入更是占据了总收入的 13%。相比之下，20 世纪 70 年代的英国，地租在国民收入中几乎可以忽略。第二，无论在 19 世纪 70 年代还是 20 世纪 70 年代，利润和工资都是国民收入的重要部分，但工资相比利润的比重大大上升。在 19 世纪 70 年代的英国，前 10%的富人，一多半收入来自利润。利润在剩下的群体的收入中，也占据几乎三分之一；工资则恰好相反，最富有的 10%，只有不到三分之一的收入来自工资，而剩下的群体，收入有三分之二来自工资。到了 20 世纪 70 年代，即使是最富有的 10%，工资收入也占据了总收入的五分之四；剩下的 90%，工资几乎是他们全部的收入来源。利润的地位也相应下降了。这一变化，体现出人力资本在现代经济增长中的地位日益重要。

表 3　1867 年英格兰和威尔士以及 1970 年联合王国的要素分配结构

（单位：%）

项目	1867 年，前 10%	1867 年，后 90%	1867 年，总体	1970 年，前 10%	1970 年，后 90%	1970 年，总体
地租	13	1	5	0—1.5	0—0.1	0— 0.5
利润	51—87	26—35	36—55	8.5—22	3—16	4.5—18
工资	0—36	64—73	40—59	78—90	84—97	82—95
总数	100	100	100	100	100	100

注：由笔者根据 Lindert（1985）一文表 6 中数字制作

总之，Lindert 对近代以来英国收入和不平等状况的初步估计，为讨论英国近代化进程中的收入分配结构奠定了良好的基础。值得一提的是，上述提到的估计结果，已经控制了年龄结构变化这一可能的干扰因素。同时，多个反映不平等的指标也呈现相同的变化趋势。一些最新的经济史研究也验证了 Lindert 的估计结果：在 2009 年发表的研究中，Allen 批评了 Clark 2005 年完成的英国长时段工资序列估计，指出在 19 世纪 50 年代之前，英国工人的真实工资变化十分缓慢。同时期的要素分配结构更偏向资本——利润占国民收入的比重一度超过了资本（Clark，2005；Allen，2009）。这一结果也与 Lindert 的估计吻合。19 世纪下半叶，英国国民经济的分配结构出现了明显的变化，这反映了背后推动增长的力量的变化。

（二）美国历史上的收入与不平等

毫无疑问，理解美国的经济增长和收入分配，对理解整个近代化进程有不可或缺的重大意义。Lindert 在美国问题上投入的精力、做出的成果，比他在英国问题上的投入与成果兴许还要多——与 Williamson 合作，在 20 世纪 70 年代写成相关报告后，他在 1980 年出版了一部系统谈论这个问题的专著；2000 年后，两位学者又在这个话题上发表多篇开创性的论文，并将其整合为第二本专著（Lindert and Williamson，1976，2012，2013，2016a，2016b；Williamson and Lindert，1980）。可以说，这是目前对美国历史上——尤其是美国历史早期——的收入和不平等状况最完整的估算。对早期的美国经济而言，独立战争是个非常重要的节点。

如表 4 所示，独立战争之前，美国的人均收入体现出两个非常明显的特点：高水平、不均衡。按照两位学者的估计，大致在 1700 年左右，美国的人均收入已经明显高于宗主国英国——美国的人均收入是 13.1 镑，英国则只有 11.5 镑。不过，十三个殖民地的发展水平相当不均衡。仍以 1700 年这个节点为例：作为今日美国经济核心之一的新英格兰地区，当时的人均收入只有 7.7 镑，明显低于英国；相反，南部地区的平均收入在 20 镑左右，比英国高出一大截。事实上，如果考虑殖民地的少数大城市，这一不均衡的格局更加明显：1725 年时，尽管中部地区人均收入只有 10 镑左右，费城的人均收入已经超过了 20 镑。18 世纪 70 年代初的独立战争是一明显节点：短短 4 年间，由于战争破坏，美国各地的人均收入都出现了倒退，英国的人均收入再次超越了美国。在另外一篇研究中，两位作者对 1774—1860 年美国人均收入的增长率做了估算：1774—1800 年，美国经济快速发展，年人均收入增速约 1.5%；然而，由于内战等因素，如果统计 1774—1800 年的年人均收入增长，这个数字是-0.8%。作为比较，同期西欧的人均收入增速是 0.8%，英国则是 1.27%。因此，美国和英国的人均收入之间，并不是简单的“落后-赶超”关系。实际上，美国的人均水平在一开始就高于英国，部分城市的生活水平位居当时世界最前列。和平年间，美国的人均收入增速也明显快于包括英国在内的各主要西欧国家。不过，两次战争，明显使美国发展的脚步减缓了。

表 4　1650—1774 年美国各地平均收入与英国初步比较

（单位：镑）

地区	1650 年	1675 年	1700 年	1725 年	1750 年	1770 年	1774 年
新英格兰	7.0	7.2	7.7	8.3	10.3	11.6	11.3
中部地区			10.1	10.5	11.7	14.7	13.5
南部地区（北部）		18.4	18.3	16.0	16.0	18.4	16.5
南部地区（南部）			24.3	24.3	23.8	24.1	24.1
13 个殖民地			13.1	12.7	14.2	16.5	15.6
英国	7.6	9.3	11.5	11.9	12.9	15.2	15.7

注：由笔者根据 Lindert 和 Williamson（2016）中表 7A 中数字制作，空白部分无数据。值得注意的是，作者坦言这是“猜测性的估计”。

值得注意的是，美国不仅在相当长一段时间内享有比英国更高的人均收入水平，财富分配也比英国要公平。以表 5 为例，在长达一个世纪的时间内，美国最富有的 10%家庭，财富占社会总体的比例都没有超过 40%。在前现代社会，这已经相当平等了。以英国为例，即使是不平等程度开始上升前的 18 世纪 60 年代，前 10%家庭占有的财富也超过了 50%。至 1867 年，这一数据上升至 58.6%，比美国高出 20%有余。尽管 1860 年时的美国，规模比 100 年前扩大了许多，但即使只比较 13 个殖民地，1860 年时，前 10%的家庭也只占有总体财富的 31.4%，100 年间只变化了 0.6%。不过，美国的平等程度也存在显著的区域差异：北方整体比南方要公平。分配最公平的新英格兰地区，1774 年时前 10%家庭的财富只占社会总财富的 20%，这甚至超过了今天北欧地区政府再分配后的公平程度（Fochesato and Bowles，2015）！即使是南部分配最不公平的亚特兰大，1860 年时前 10%家庭也只占有 45.6%的财富。

表 5　英美不平等程度对比：最富有的 10%家庭拥有财产占社会总财富的比例

（单位：%）

项目	1774 年美国	1860 年美国	1759 年英国	1867 年英国
财富占比	30.8	37.7	53.9	58.6

注：由笔者根据 Lindert（1985）、Lindert 和 Williamson（2013）中数字整理

总之，从 Lindert 等学者的最新估计看，美国的发展达到高水平的时间很早，同时保持了分配格局的公平。此外，尽管在绝对时间上不完全一致，美国和英国的不平等程度还是经历了大体相同的变化：先上升，在 19 世纪末 20 世纪初下降到比较低的水平，在第二次世界大战后 30 年左右保持稳定。不过，英国的不平等程度，在起点时就比美国高，上升的时间段也比美国要早。20 世纪 70 年代之后，两国的不平等程度均经历了明显的上升，这一趋势一直延续到今天，已经完全抵消了前一个下降的势头（Lindert，2000；Lindert and Williamson，2016a）。纵观历史，英国的不平等，离历史上的最高峰还有距离，而美国目前的贫富分化已经越过了历史的顶点。无怪乎有经济学家追问：“孕育美国梦的土地，去哪了？” Lindert 等学者的呼吁是对的：应对不平等，是美国最紧迫的问题之一（Chetty et al.，2014；Putnam，2016）。

（三）1904 年沙俄的不平等

20 世纪，俄国走向了一条与欧美诸国不同的发展道路——这一事实，几乎参与塑造了 20 世纪所有的历史大事件，其深远影响一直延续到今天。20 世纪初，俄国的经济呈现什么格局？学术界众说纷纭。一部分持传统观点的学者认为：此时俄国的农村贫富差距极大。地主拥有大量的土地和地产，而村社压抑了农民生产的积极性；也有一部分经济史学者认为：自 19 世纪 90 年代以后，俄国农民的生活水平得到了显著提高——农民的生活水准并不低，农村的贫富差距也在可接受的范围内；以恰亚洛夫为代表的学者，又持有另外一种主张：尽管在俄国的农村可以观察到显著的不平等，但个体生命周期中的重大事件——如结婚、生育等，才是不平等的主要成因（Lenin，1964；Chayanov，1986；Gatrell，1986）。

19 世纪末 20 世纪初，沙俄开始在全国范围进行系统的调查。Lindert

和 Nafziger 合作，结合 1897 年人口普查等多个数据来源，系统估算了 1904 年俄国欧洲部分各省的人均收入和不平等程度。如表 6 和图 1 所示，如果讨论整体的不平等程度，沙俄在当时的世界上属于较低的水平：以收入基尼系数为例，除了准确度成疑（见表 6 所注）的 19 世纪 80 年代中国外，沙俄的不平等程度低于当时世界上几乎所有的主要国家，包括相对平等的美国。考察最高的 1%和 5%的家庭所获得的收入，沙俄也几乎是世界上最平等的，仅次于 1872 年的巴西。即使将殖民地也算进来，当时世界上，比沙俄更平等的也只有 1914 年的肯尼亚、1922 年的印度与 1924 年的爪哇。考察分省的统计数据：除了莫斯科、圣彼得堡等少数富裕的省份，俄国欧洲部分，大部分省份的收入基尼系数都在 0.3 或以下。实际上，除最东端的奥伦堡省外，基尼系数大于 0.34 的，恰恰是莫斯科、彼得堡，以及黑海周边的几个较早开始发展

表 6　1904 年俄国（欧洲部分）不平等程度与其他国家的比较

地区及时间	前 1%家庭的收入占比	前 5%家庭的收入占比	家庭收入基尼系数
俄国（欧洲部分），1904 年	13.5%	22.7%	0.362
英格兰与威尔士，1967 年	28.6%	41.2%	0.490
瑞典，1903 年	27.0%	35.3%	
芬兰，1922 年	14.9%	32.0%	
美国，1917 年	17.6%	30.3%	
日本，1907 年	18.3%	32.3%	
中国，19 世纪 80 年代	19.7%		0.239（疑）
巴西，1872 年	11.2%		0.387
秘鲁，1876 年	20.8%		0.413
南非，1914 年	20.5%		
俄国，1997 年			0.393

注：由笔者根据 Lindert 和 Nafziger（2014）表 7 数字整理，空白部分无数据。其中，带有（疑）字记号为笔者所加：如果 19 世纪 80 年代的中国，前 1%家庭已经占有了几乎 20%的收入，则 0.239 的基尼系数显然属于低估。0.2 的基尼系数，对应相当平等的收入分配

工业与商业，因而比较富裕的省份。中部的农业省份人均收入较低，收入分配也相对平等。

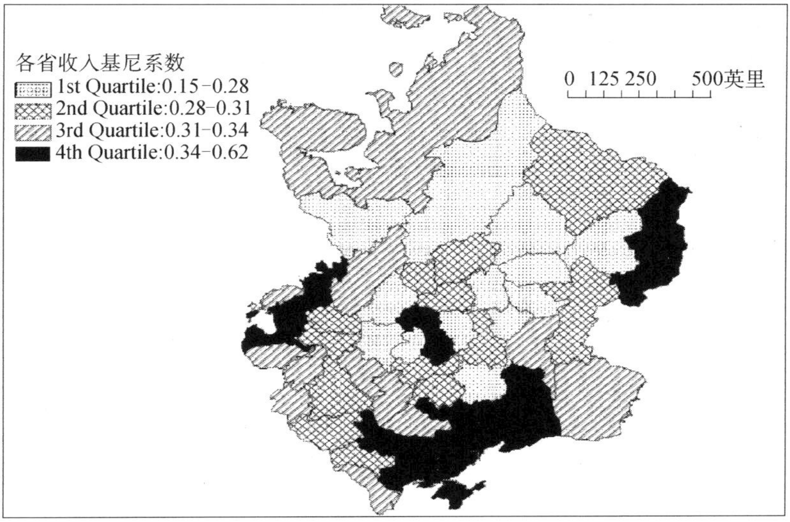

图 1　1904 年俄国（欧洲部分）分省的家庭收入基尼系数示意图

注：此图来自 Lindert 和 Nafziger（2014）图 3。其中，点状图案标示省份，家庭收入基尼系数在 0.15 至 0.28 之间；格状图案标示省份，基尼系数在 0.28—0.31 之间；斜纹状图案标示省份，基尼系数在 0.31 至 0.34 之间；黑色标示省份，基尼系数在 0.34—0.62 之间

因此，俄国境内各省份收入分配格局的差异，反映了各省份产业结构的差异。1904 年的沙俄，收入不平等程度还要低于 1997 年的俄罗斯（1991 年后称俄罗斯）。直到 2000 年后，俄罗斯的收入公平程度才和 100 年前持平。此外，两位学者对当时俄罗斯各省人均收入的估计也值得注意。当时俄国的收入格局，呈现明显的“西高东低”态势：西部各省，户均年收入普遍在 600 卢比以上，有的甚至高达 1300 卢比。中东部省份的户均收入则普遍在 433—600 卢比。这符合 Mironov 的推断：考虑到当时的粮食价格相对便宜，即使是比较穷苦的农民，他的收入，支撑一家三口的用度也绰绰有余。最后，Lindert 和 Nafziger 的估计，还是对近年来俄罗斯经济史中以下问题的补充：首先，革命前

的沙俄，经济发展水平究竟如何？二位学者的估计，与对 20 世纪前 10 年研究新进展相呼应，更支持“较高经济水平”的论点（Markevich and Harrison，2011）。其次，具体的估计结果也与 Gerschenkron 1962 年的推断相符：村社制度限制了农业生产力进步和劳动力流动，进而阻遏了当地和全国的经济进步（Gerschenkron，1962；Cheremukhin et al.，2017）。

（四）现代之前的购买力和真实不平等

20 世纪之前，世界市场远没有实现今天这么充分的整合。不同的地区，同样的商品，无论在价格水平还是变动趋势方面，都有明显的差异。此外，不同地区消费的商品篮子，差异也要大于今天。因此，单纯考虑名义收入，可能无法完全解释个体面临的收入不平等和收入波动。估计真实购买力，并在此基础上估算真实不平等很有必要。近年来，Lindert 致力于研究这一问题，先后估计了现代之前世界多国的购买力和西欧多国的真实不平等状况。首先，从购买力的角度看，已有的估计——如 Maddison 项目的估计——很可能低估了欧亚之前的差距。导致这一偏误的是 Gerschenkron 效应：使用时间上更靠近当代的商品篮子，会高估过去的消费篮子中廉价的现代商品的比重，进而低估发达国家和不发达国家之间的差距（Gerschenkron，1955）。如表 7 所示，以日本和英国的比较为例，整体上时间越靠近过去，两国差距的低估越明显。17—18 世纪时，如果不考虑商品篮子的调整，估计结果显示日本人的平均购买力在英国平均水平的一半左右；调整以后，这个数字只有三分之一。

表 7　Lindert 估计和 Maddison 项目估计的对比：日本和英国的购买力之比

年份	Maddison 项目估计	Lindert 估计
1600	53.0	34.4（1602 年）

续表

年份	Maddison 项目估计	Lindert 估计
1650	60.4	42.1（1648 年）
1700	41.6	
1713		28.3
1750	35.3	24.6
1800	30.6	21.4
1820		
1850	29.2	25.0
1870	23.1	19.3
1880	24.8	
1888	23.4	19.6
1900	26.3	
1912	29.1	21.0

注：由笔者根据 Lindert（2016a）表 2 数字制作，空白部分无数字。括号中标出了部分估计所对应的年份

其次，如表 8 所示，相比西欧地区，东亚地区在购买力上的落后来得更早，幅度也比之前的估计要大。以日本为例，早在 17 世纪初，人均的购买力已经不足英国的一半；19 世纪中叶前的中国，人均购买力大致是英国的四分之一。另一值得注意的事实是之前的估计普遍低估了美国和澳大利亚的购买力。以美国为例，Maddison 项目组 2016 年的估计结果显示：1725 年时，美国的人均购买力只有英国的 53%；1773 年前后，这个数字是 68%。Lindert 的估计大幅向上修正了这些数字：1725 年时，美国的人均购买力要比英国高 55%；即使是独立战争前后，美国的人均购买力仍然比英国高 27%。此外，1868 年时，澳大利亚的人均购买力也已经显著高于英国——比英国要高 21%。对英国殖民地经济发展的重估，是购买力指标带来的新发现。最后，西欧内部发展轨迹的差异也很明显：19 世纪后半程，法国的人均购买力逐渐超过英国；相比之下，处于南欧的意大利，逐渐被英国拉开了差距。

表 8　现代之前的购买力估计

国家、城市和地区	年份	购买力与英国的比值
中国	1840	0.26
中国	1885	0.11
法国	1820	0.56
法国	1870	0.66
法国	1910	0.74
印度	1595	0.26
印度	1870	0.15
日本	1602	0.37
日本	1648	0.44
日本	1713	0.29
日本	1750	0.24
日本	1800	0.23
日本	1850	0.26
日本	1888	0.20
日本	1912	0.21
爪哇	1820	0.44
爪哇	1830	0.45
爪哇	1840	0.35
爪哇	1850	0.22
爪哇	1870	0.18
爪哇	1890	0.13
爪哇	1910	0.08
意大利北部	1525	0.99
意大利北部	1575	0.95
意大利北部	1625	0.90
意大利北部	1675	0.69
意大利北部	1725	0.64
意大利北部	1775	0.56
意大利北部	1820	0.56
意大利北部	1870	0.38

续表

国家、城市和地区	年份	购买力与英国的比值
意大利北部	1910	0.39
尼德兰	1820	0.93
尼德兰	1870	0.76
尼德兰	1910	0.65
澳大利亚	1868	1.21
开普敦	1861	0.15
墨西哥	1800	0.36
美国	1725	1.55
美国	1772—1774	1.27
美国	1800	0.92
美国	1850	1.41
美国	1860	1.50
美国	1870	1.03
美国	1900	1.31
美国	1912	1.18

注：由笔者根据 Lindert（2016a）表 4 数字制作

西欧各国，真实不平等的变化趋势也有差异。如表 9 所示，尽管这 300 年间，诸如肉桂、豆蔻等奢侈品的价格大幅上涨，但相比于收入最低的 40%的家庭，最富有的 20%家庭的生活成本下降速度更快。主要原因在于：部分只有特定阶层才会大量消费的商品，物价出现了剧烈变动。以英国为例，尽管普通家庭面对的房租一直在上升，富裕家庭雇佣人的价格却明显下降了；普通人经常消费的面包和谷物等食品价格变化不大，丝织品、糖等相对昂贵的商品价格却明显下降了。因此，在 19 世纪中期，在英格兰、法国和荷兰，真实不平等都在加重——如果用收入前 20%的家庭的生活成本，除以后 40%家庭的生活成本，在英国和法国，这个数字都从 1.5 左右下降到了 0.8 左右。在荷兰，则是从 1 下降到了 0.9。不过，19 世纪中期之后，英国的真实不平等趋势开始逆转。法国和荷兰没有这样的现象。

表 9　1500—1790 年欧洲各地不同商品相对面包/谷物的价格变化

价格变化的趋势	商品等	城市或地区	价格变动的中位数
大幅上涨	肉桂	英格兰南部、荷兰、新卡斯蒂利亚	>70%
大幅上涨	房租	英格兰、巴黎、荷兰	>40%
小幅上涨	燃料	16 个城市或地区	14%
保持不变	肥皂	5 个城市或地区	−1%
保持不变	葡萄酒	7 个城市或地区	−3%
保持不变	蜡烛	西布拉班特、爱丁堡	−6%
保持不变	肉	7 个城市或地区	−11%
大幅下降	非熟练工人工资	13 个城市或地区	−37%
大幅下降	纸	8 个城市或地区	−53%
大幅下降	丝织品	9 个城市或地区	−56%
大幅下降	啤酒	4 个城市或地区	−61%
大幅下降	封蜡	英格兰南部	−65%
大幅下降	银	13 个城市或地区	−69%
大幅下降	糖	巴塞罗那、格但斯克、新卡斯蒂利亚	−85%

注：由笔者根据 Hoffman 等（2002）表 2 数字制作

总之，起码在 19 世纪中期之前——对大部分西欧国家，可能要到 20 世纪初——所谓经济增长会逐渐惠及全社会的“涓滴效应”并不明显。少数社会阶层赚取了较多的收入，从物价角度看，富裕阶层也更早、更多地享受到了增长的成果。同时，欧美发达国家和东亚等地区的生活水平差距，也比我们想象的要更大。这些结论和 Milanovic 的观察吻合：19 世纪初，是一个国际不平等和国内不平等同时上升的年代（Milanovic，2016）。类似的情况，21 世纪初会再次出现吗？一方面，确实有研究发现：2004—2015 年，美国不同收入阶层的民众，面对的物价变动趋势不相同。富裕阶层消费更多的专业服务、生鲜食品等产品价格的涨幅，比贫困阶层消费更多的冷冻食品等产品的涨幅要低。按 Jaravel 的估算，这 10 年间，年收入 3 万美元以下的家庭，面临的消费者价格指数是 1.9；年收入 10 万美元以上的，则只有 1.2。另一方面，尽管许多国家的国内不平等程度在上升，国际不平等程度却明显下降了。中印两国居民生活水准的改善，使全球分配格局变得更加公平（Bourguignon and Morrisson，2002；Milanovic，2016）。这一问题，还需要更多的材料做更充分的比较研究。

（五）现代之前的全球不平等：基于社会表的估算

直到这里，本文叙述的关于不平等的研究，主要范围仍然是少数发达国家。那么，有没有办法，把更多的国家、城市和地区纳入核算范围呢？前面提到，Lindert 和其他学者合作，正在推进这方面的研究（Milanovic et al.，2011；Lindert and Williamson，2017）。利用第一部分中提到的社会表方法，他们成功估算了公元 14 年罗马、公元 1000 年拜占庭等社会的收入基尼系数。那么，在前现代社会，有哪些因素与不平等状况有关呢？如表 10 所示，回归分析发现：人均 GDP 与基尼系数的相关性是非线性的——随着人均 GDP 增加，基尼系数倾向于先上升后下降；城市化与基尼系数有显著的正相关，当地的人口密度则与基尼系数有显著的负相关；该地受殖民统治，与更高的基尼系数显著正相关。尽管他们没有识别这些因素的因果性，但这些相关因素，还是指出了未来需要探索的方向。

表 10　基于社会表法估算的各前现代社会不平等程度

国家、城市和地区	年份	城市化率/%	人均 GDP/1990 年国际元	收入基尼系数
罗马帝国	14	10.0	633	0.379
拜占庭	1000	10.0	533	0.410
塞尔维亚南部	1455	2.0	443	0.200

续表

国家、城市和地区	年份	城市化率/%	人均 GDP/ 1990 年国际元	收入基尼系数
英格兰和威尔士	1290	14.5	639	0.360
英格兰和威尔士	1688	13.0	1418	0.450
英格兰和威尔士	1759	1.0	1759	0.459
英格兰和威尔士	1801	34.0	2006	0.514
那不勒斯王国	1811	15.6	637	0.282
荷兰	1561	45.0	1129	0.560
荷兰	1732	39.0	2035	0.611
尼德兰	1808	36.9	1800	0.567
旧卡斯蒂利亚	1752	10.0	745	0.524
安达卢西亚	1752	21.0	1230	0.250
帕伦西亚	1759	14.9	988	0.485
法国	1788	12.0	1135	0.552
托斯卡纳	1427	97.2	978	0.461
俄罗斯欧洲部分	1904	12.3	1237	0.370
波兰（克拉科夫）	1578	20.2	810	0.530
波兰	1929	27.2	2117	0.279
印度（莫卧儿）	1750	11.0	530	0.437
印度（比哈尔）	1807	10.5	533	0.332
英属印度	1938	16.5	617	0.489
中国	1880	7.0	540	0.242
爪哇	1880	3.0	661	0.393
爪哇	1924	3.0	988	0.319
暹罗	1929	10.0	793	0.485
日本（长州藩）	19 世纪 40 年代	15.0	788	0.200
日本	1886	15.0	916	0.370
东京	1931—1941	2.0	1650	0.310
交趾支那	1931—1936	1.0	625	0.420
新西班牙	1790	9.1	755	0.635
巴西	1872	16.2	721	0.410
秘鲁	1876	15.0	653	0.418

续表

国家、城市和地区	年份	城市化率/%	人均 GDP/ 1990 年国际元	收入基尼系数
智利	1861	29.0	1295	0.637
新英格兰	1774	14.4	1339	0.367
美国十三州（中部）	1774	9.1	1534	0.376
美国十三州（南部）	1774	2.2	2207	0.464
马格里布	1880	14.5	694	0.570
埃及	1960		991	0.766
肯尼亚	1914	3.9	456	0.331
肯尼亚	1927	4.3	558	0.439
英属博茨瓦纳	1921	3.0	129.13	0.250
英属博茨瓦纳	1946	3.0	349	0.340
博茨瓦纳	1964	4.0	430	0.540

注：由笔者根据 Lindert 和 Williamson（2017）表 1 数字整理，空白部分无数据。年份均为公元后

另一项相关的发现，是前面提到的攫取比。这方面的发现可以简单概括为以下三个部分：首先，大多数前现代社会的分配状况，都接近不平等可能性前沿。也就是说，这些社会几乎已经达到了可能达到的、最高的不平等程度。其次，相应的，世界范围内的攫取率平均来说随时间下降。最后，如果研究同一个社会攫取率的变化，如英国或荷兰，尽管收入基尼系数可能没有下降，甚至还在上升，但由于人均 GDP 的快速上涨，这些国家的攫取率也是一直在下降。也就是说，尽管基尼系数可能在上涨，但这些国家离不平等可能性前沿的距离更远了。总之，无论是比较不平等指标，还是解读不平等指标，都需要注意这个国家或地区本身的发展水平。公元 1000 年的拜占庭和 2000 年的中国，基尼系数都在 0.4 左右。但是，考虑到前者距离生存线并不远，可以说二者平等程度相仿吗？恐怕是不行的。

（六）全球化与不平等

国门该打开还是封闭？近代以来，自由主义和保护主义的争辩，从来都没有停止过。双方争论的焦点之一，就是全球化具有分配效应。尽管根据比较优势原理，参与贸易的国家“整体”上总能够获利，但开放前拥有不同禀赋的个体，从贸易中获利的幅度不同，有的甚至可能受损。还有学者因此主张：全球化会扩大国内的不平等。这是近年来学术界争论的焦点之一，此时，回顾经济史的研究成果很有必要。Lindert 和 Williamson 合作，在 2003 年对此作了系统的阐释（见表 11）。关于全球化和不平等，有以下几点需要注意：首先，在 19 世纪 20 年代之前，尽管全球不平等在上升，但这主要是因为国际不平等在上升。各国的国内不平等几乎没有受到全球化的影响。因此，即使没有全球化，全球不平等也会发生变化。

表 11　1820 年以来全球化的影响

时间	洲际商品市场价格差异的变化	变化的原因	移民流入国移民份额的变化	变化的原因	资本市场整合程度（Feldstein-Horioka 斜率）
1820—1914 年	降低 81%	运费下降占 72%，1870 年前的关税下降占 28%	上升	人口流动成本大幅下降，拉力和推力（移民政策基本没有影响）	上升了 60%，从完全分散走向市场整合
1914—1950 年	扩大 1 倍，回到了 1870 年的水平	新的贸易壁垒是仅有的原因	下降	限制性的移民政策	回归分散的局面
1950 — 2000 年，尤其 1970 年后	降低 76%，低于 1914 年的水平	新的自由贸易政策占 74%，运费下降占 26%	上升	交通成本下降，拉力和推力（移民政策变化不大）	再次上升 60%，从分散市场迈向市场整合
1820—2000 年	降低 92%	政策占 18%，运费下降占 72%	美国基本不变，其他国家上升	政策抵消了交通成本下降的效应	上升了 60%，从完全分散走向市场整合

注：由笔者根据 Lindert 和 Williamson（2003）表 5.1 内容制作

其次，全球化对国内不平等和国际不平等的效应并不确定。整体来说，全球化可能增进了全球不平等，但充分全球化的世界，很可能是更加平等的世界。以1820—1914年为例，这段时间的自由贸易，对大西洋两岸的“旧世界”和“新世界”有截然相反的影响。如果以租金和非熟练工人工资的比例来衡量国内不平等程度，在土地相对稀缺的旧世界，自由贸易降低了国内的不平等——租金相比工资下降了；在土地丰富的新世界，自由贸易提高了国内的不平等——租金相比工资上升了。如表12所示，尽管资本的流动偏向提高不平等，但西欧相对贫困的爱尔兰等国的大量移民流出，又抵消了这部分效应，甚至还有多余。因此，这段时间，全球化倾向于降低大西洋两岸总的不平等程度，对不同国家影响的大小则由该国禀赋结构的决定。同样的事实也在亚洲发生：加入全球化后，土地稀缺的日本等国，租金相比工资降低了，国内分配变得更加平等。同时，尽管当时许多国家并非“自愿”加入全球化，但整体来看，这些国家的生活水准因全球化而提高，又起到了降低全球不平等的作用。没能参与全球化的边缘国家，和其他国家的差距更大了。对比国际贸易壁垒提高的1914—1950年，可以看到全球化并非国际不平等的“元凶”：在壁垒高筑的年代，国际不平等不但没有下降，反而是上升了。相反，20世纪50年代以来，包括中国和印度在内的许多发展中国家，生活标准在开放全球化之后显著提升，大大降低了国际不平等程度，并因此降低了全球不平等。许多限制性的政策，如限制移民，部分抵消了全球化将会带来的消解不平等的作用。

表12　全球化对全球不平等的影响

时间	全球不平等趋势	国际不平等趋势	国际不平等：全球化效应	国内不平等趋势	国内不平等：全球化效应
1500—1820年	上升	上升	无明显影响	上升（西欧）	无明显影响
1820—1914年	上升	上升	参与者从不参与者处获利。参与者内部，移民减弱不平等的效应大于资本流动增加不平等的效应。自由贸易可能减弱了不平等，有例外	无明显趋势	全球化提高了新世界的不平等程度，降低了旧世界参与者内部的不平等程度

续表

时间	全球不平等趋势	国际不平等趋势	国际不平等：全球化效应	国内不平等趋势	国内不平等：全球化效应
1914—1950年	无明显趋势	上升	全球化逆转加大了国家间的差距	下降（经济合作与发展组织国家）	无明显影响
1950—2000年，尤其1970年后	轻微上升	轻微上升	国际贸易和移民减弱了参与者之间的差距。不参与者更加落后	轻微上升（经济合作与发展组织国家）	全球化提高了经济合作与发展组织国家内部的不平等程度。在其他国家，不参与全球化的地区落后了
1820—2000年	上升	上升	国际贸易和移民减弱了参与者之间的差距。不参与者更加落后	无明显趋势	无明显影响

注：由笔者根据Lindert和Williamson（2003）表5.5内容制作

总之，从经济史的视角看，简单地断言全球化将带来不平等，并不合适。首先，更充分的全球化会降低国际不平等，进而降低全球不平等。不参与全球化的国家会被落在后面。其次，尽管全球化可能有分配效应，但国内的不平等，还与国家本身的禀赋结构有密切关系。此外，一国通过筑构壁垒来缓解国内不平等，本身也会阻碍全球不平等的下降。再次，这一点特别值得强调：移民对缓解国际不平等的作用不能忽视——1914年之前，移民可以解释大西洋两岸总体不平等程度下降中的相当一部分。在保守主义回潮，多国尝试出台限制性移民政策的今天，注意来自经济史的教训非常关键。最后，如Lindert和Williamson总结：总的来看，在当代，更多的全球化，意味着更少的全球不平等；尽管完全整合的世界仍然可能有很高的不平等程度，但这样的一个世界，不平等程度将会比分裂的世界要低。

三、结 语

写到这里，文章长度已经接近两万字，但这里的介绍仍然是不全面的。例如，Lindert 在公共开支方面有很多原创性研究，本文都没有介绍。特别值得一提的是他在 2004 年由剑桥大学出版社出版的两卷本著作 *Growing Public*，其中发现：无论是现代之前的济贫法，还是当代的福利国家表达权的差异，都可以很好地解释公共开支的规模和方向（Lindert，1996，2004a，2004b）。因此，政府应对经济不平等的措施和力度，也会反映出这个社会的公民在政治上是否平等。以美国为例，北方和南方，地方政府的自主程度和选举的公平程度有明显的差别：北方的地方政府自治程度更高，而选举制度更公平。相应的，北方投在教育事业上的资金更多，每 100 个学生对应的教师数量也更高，接近南方的 2 倍。实际上，当时的北方在教育事业方面发展的程度，在全世界都是最高的。这无疑是美国发展中的有利因素（Sun and Lindert，2010）。类似地，选举权普及程度的差异，也能够解释现代之前，各国在济贫事业方面投入的比重（Lindert，1998）。总之，尽管决定公共开支的因素和公共开支的实际影响，看起来与不平等关联不大，但它们之间有千丝万缕的联系——社会的不平等程度会塑造政府公共开支，而公共开支又会真切地影响将来的社会不平等程度。因此，在 2003 年发表的研究中，Lindert 追问：丘吉尔关于“民主是最不坏的制度”的说法，有根据吗？答案是有。无论是经济增长依赖财产权和契约制度的近代，还是增长更依赖人力资本的现代，民主制度都对增长有直接的影响。现代社会，精英专制的社会对教育事业的投资偏低，最终会阻碍整个社会的发展。而缺乏公平的教育事业，最终也会导致社会内部人力资本的分化，加剧贫富分化（Lindert，2003）。

综上所述，如果要用两个词来概括 Lindert 的研究，那就是基础性和实用性二者兼具。有关前一点，除了前面提到的诸多研究外，Lindert 还参与发起了“国际价格与收入数据库”（Global Price and Income History Database，GPIH），整理并汇总历史上世界各地的物价与收入数据。前面提到的诸多对收入和不平等的研究，都离不开这个数据库。随着这些数据日益系统而完备，经济史对过去世界发展轨迹的了解得以日益加深。而当时社会的收入与不平等，又是探索许多其他问题的基础。从这个意义上说，Lindert 做了许多非常重要的基础性研究。那么，为什么要说有实用性呢？一方面是他研究的问题本身十分重要——不平等问题，可称当代的主旋律之一。而讨论不平等，常用的许多材料都要归功于他的研究。另一方面是他的研究覆盖了政策层面的许多问题：不仅关注政策出台的政治过程，也关注政策的长期影响。实际上，他的许多文章和著作，本身就会在政策层面提出意见，如 2016 年出版的两部著作都强调政府的角色，同年写作的新论文为“福利国家”辩护，等等（Lindert and Williamson，2016a；Lindert，2016b）。经济不平等的问题重要，但解决这一问题，同时与政治上的平台，以及更合适的政府角色定位有关。这是他的研究给予我们的启示。

整理人：朱悦，香港大学亚洲环球研究院

参考文献

Acemoglu D，Johnson S，Robinson J A，et al. 2005. “From Education to Democracy?” *American Economic Review* 95（2）：44-49.

Acemoglu D，Johnson S，Robinson J A. 2001. “The Colonial Origins of Comparative Development：An Empirical Investigation.” *American Economic Review* 91（5）：1369-1401.

Acemoglu D，Naidu S，Restrepo P，et al. "Democracy Does Cause Growth." Forthcoming，*Journal of Political Economy*.

Acemoglu D，Robinson J A. 2000. "Why did the West Extend the Franchise? Democracy，Inequality，and Growth in Historical Perspective." *The Quarterly Journal of Economics* 115（4）：1167–1199.

Allen R C. 2009. "Engels' Pause：Technical Change，Capital Accumulation，and Inequality in the British Industrial Revolution." *Explorations in Economic History* 46（4）：418–435.

Allen R C. 2012."Technology and the Great Divergence：Global Economic Development Since 1820." *Explorations in Economic History* 49（1）：1–16.

Atkinson A B，Piketty T. 2007. *Top Incomes Over the Twentieth Century：A Contrast Between Continental European and English-Speaking Countries.* Oxford：Oxford University Press.

Bakija J，Kenworthy L，Lindert P，et al. 2016. *How Big Should Our Government Be?* Berkeley：University of California Press.

Bell B，van Reenen J. 2014. "Bankers and Their bonuses." *The Economic Journal* 124（574）：F1–F21.

Bourguignon F，Morrisson C. 2002. "The size distribution of income among world citizens，1820–1990." *American Economic Review* 92（4）：727–744.

Carlin W，Schaffer M，Seabright P. 2013. "Soviet Power Plus Electrification：What is the Long-run Legacy of Communism?" *Explorations in Economic History* 50（1）：116–147.

Chayanov A V，Chayanov A V. 1986. *The Theory of Peasant Economy.* No. 338.1 C33.

Cheremukhin A，Golosor M，Guriev S，et al. 2017."The Industrialization and Economic Development of Russia through the Lens of a Neoclassical Growth Model." *The Review of Economic Studies* 84（2）：613–649.

Chetty R，Hendren N，Kline P，et al. 2014."Where is the Land of Opportunity? The Geography of Intergenerational Mobility in the United States." *The Quarterly Journal of Economics* 129（4）：1553–1623.

Clark G. 2005. "The Condition of the Working Class in England, 1209–2004." *Journal of Political Economy* 113（6）：1307–1340.

Eichengreen B, Lindert P H. 1992. The International Debt Crisis in Historical Perspective. Cambridge：MIT Press.

Floud R, Fogel R W, Harris B, et al. 2011. *The Changing Body: Health, Nutrition, and Human Development in the Western World Since 1700*. Cambridge：Cambridge University Press.

Fochesato M, Bowles S. 2014. Wealth inequality from prehistory to the present：Data, sources and methods. Online database, Dynamics of Wealth Inequality Project, Behavioral Sciences Program, Santa Fe Institute .

Fochesato M, Bowles S. 2015. "Nordic Exceptionalism? Social Democratic Egalitarianism in World-historic Perspective." *Journal of Public Economics* 127：30–44.

Gatrell P. 1986. *The Tsarist Economy：1850–1917*. London：BT Batsford Limited.

Gerschenkron A. 1955. "Soviet Heavy Industry：A Dollar Index of Output, 1927/28–1937. " *The Review of Economics and Statistics* 37（2）：120–130.

Gerschenkron A. 1962. *Economic Backwardness in Historical Perspective：A Book of Essays*. No. 330.947 G381. Cambridge：Belknap Press of Harvard University Press.

Glaeser E L, La Porta R, Lopez-de-Silanes F, et al. 2004. "Do institutions cause growth?." *Journal of Economic Growth* 9（3）：271–303.

Gregory P R. 2004. *Russian National Income, 1885–1913*. Cambridge：Cambridge University Press.

Hao L, Naiman D Q. 2010. *Assessing Inequality*. Vol. 166. Thousand Oaks：Sage Publications.

Hirschman A O. 1964. "The Paternity of an Index." *The American Economic Review* 54（5）：761–762.

Hoffman P T, Jacks D S, Levin P A, et al. 2002. "Real Inequality in Europe Since 1500." *The Journal of Economic History* 62（2）：322–355.

Jaravel X. 2016. "The Unequal Gains from Product Innovations：Evidence from the US Retail Sector." Forthcoming, *Quarterly Journal of Economics*.

Karabarbounis L, Neiman B. 2013. "The Global Decline of the Labor Share." *The*

Quarterly Journal of Economics 129（1）：61–103.

Kristal T. 2010. “Good Times，Bad Times：Postwar Labor’s Share of National Income in Capitalist Democracies.” *American Sociological Review* 75（5）：729–763.

Kristal T. 2013. “The Capitalist Machine：Computerization，Workers’ Power，and Thedecline in Labor’s Share Within U.S. Industries.” *American Sociological Review* 78（3）：361–389.

Kristov L，Lindert P，McClelland R. 1992.“Pressure Groups and Redistribution.”*Journal of Public Economics* 48（2）：135–163.

Lambert P J，Aronson J R. 1993. “Inequality Decomposition Analysis and the Gini Coefficient Revisited.” *The Economic Journal* 103（420）：1221–1227.

Lenin V I. 1964. *The Development of Capitalism in Russia*.Moscow：Progress Publishers.

Lindert P H，Morton P J. 1989. “How sovereign debt has worked.” *Developing Country Debt and Economic Performance，Volume 1：The International Financial System*. Chicago：University of Chicago Press，1989. 39–106.

Lindert P H，Nafziger S. 2014. “Russian Inequality on the Eve of Revolution.” *The Journal of Economic History* 74（3）：767–798.

Lindert P H，Williamson J G. 1976. “Three Centuries of American Inequality.”

Lindert P H，Williamson J G. 1982. “Revising England’s Social Tables 1688–1812.” *Explorations in Economic History* 19（4）：385–408.

Lindert P H，Williamson J G. 1983.“Reinterpreting Britain’s Social Tables，1688–1913.” *Explorations in Economic History* 20（1）：94–109.

Lindert P H，Williamson J G. 1985. “Growth，Equality，and History.” *Explorations in Economic History* 22（4）：341–377.

Lindert P H，Williamson J G. 2003. “Does Globalization Make the World More Unequal?” *Globalization in Historical Perspective*. Chicago：University of Chicago Press.

Lindert P H，Williamson J G. 2012. “American Incomes 1774–1860. No. w18396.” National Bureau of Economic Research.

Lindert P H，Williamson J G. 2013. “American Incomes Before and After the

Revolution." *The Journal of Economic History* 73（3）：725–765.

Lindert P H，Williamson J G. 2016a. *Unequal Gains：American Growth and Inequality Since 1700.* Princeton：Princeton University Press.

Lindert P H，Williamson J G. 2016b. "American Colonial Incomes，1650–1774." The *Economic History Review* 69（1）：54–77.

Lindert P H, Williamson J G. 2017."Inequality in the Very Long Run: Malthus, Kuznets, and Ohlin." *Cliometrica* 11（3）：289–295.

Lindert P H. 1980. "English Occupations，1670–1811." *The Journal of Economic History* 40（4）：685–712.

Lindert P H. 1983. "English Living Standards，Population Growth，and Wrigley-Schofield." *Explorations in Economic History* 20（2）：131–155.

Lindert P H. 1985. "English Population，Wages，and Prices：1541–1913." *The Journal of Interdisciplinary History* 15（4）：609–634.

Lindert P H. 1986. "Unequal English Wealth Since 1670." *Journal of Political Economy* 94（6）：1127–1162.

Lindert P H. 1991. "Toward a Comparative History of Income and Wealth Inequality." *Income Distribution in Historical Perspective*，edited by YS Brenner，Hartmut Kaelble，and Mark Thomas：212–231.

Lindert P H. 1994."The Rise of Social Spending, 1880–1930."*Explorations in Economic History* 31（1）：1–37.

Lindert P H. 1996. "What Limits Social Spending?." *Explorations in Economic History* 33（1）：1–34.

Lindert P H. 1998. "Poor Relief Before the Welfare State：Britain Versus the Continent, 1780–1880." *European Review of Economic History* 2（2）：101–140.

Lindert P H. 1999. "The Bad Earth? China's Soils and Agricultural Development Since the 1930s." *Economic Development and Cultural Change* 47（4）：701–736.

Lindert P H. 2000a. *Shifting Ground：The Changing Agricultural Soils of China and Indonesia.* Cambridge：MIT Press.

Lindert P H. 2000b."Three Centuries of Inequality in Britain and America."*Handbook of Income Distribution* 1：167–216.

Lindert P H. 2000c. "When did Inequality Rise in Britain and America?" *Journal of Income Distribution* 9（1）：11–25.

Lindert P H. 2003. "Voice and Growth：Was Churchill Right?" *The Journal of Economic History* 63（2）：315–350.

Lindert P H. 2004a. *Growing Public：Volume 1，The Story：Social Spending and Economic Growth Since the Eighteenth Century*. Vol. 1. Cambridge：Cambridge University Press.

Lindert P H. 2004b. *Growing Public：Volume 2，Further Evidence：Social Spending and Economic Growth since the Eighteens Century*. Vol. 2. Cambridge：Cambridge University Press.

Lindert P H. 2010. "The Unequal Lag in Latin American Schooling Since 1900：Follow the Money." *Revista de Historia Economica-Journal of Iberian and Latin American Economic History* 28（2）：375–405.

Lindert P H. 2014. "Making the Most of Capital in the 21st Century. No. w20232." National Bureau of Economic Research.

Lindert P H. 2016a. "Purchasing Power Disparity before 1914. No. w22896." National Bureau of Economic Research.

Lindert P H. 2016b. "Real and Imagined Threats to the Welfare State" .

Markevich A，Harrison M. 2011. "Great War，Civil War，and Recovery：Russia's National Income，1913 to 1928." *The Journal of Economic History* 71（3）：672–703.

Markevich A，Zhuravskaya E. The Economic Effects of the Abolition of Serfdom：Evidence from the Russian Empire. Forthcoming，*American Economic Review*. Forthcoming.

Milanovic B，Lindert P H，Williamson J G. 2011. "Preindustrial Inequality." *The Economic Journal* 121（551）：255–272.

Milanovic B. 2002. "True World Income Distribution，1988 and 1993：First Calculation Based on Household Surveys Alone." *The Economic Journal* 112（476）：51–92.

Milanovic B. 2006. "An Estimate of Average Income and Inequality in Byzantium around year 1000." *Review of Income and Wealth* 52（3）：449–470.

Milanovic B. 2011. *Worlds Apart：Measuring International and Global Inequality.*

Princeton：Princeton University Press.

Milanovic B. 2016. *Global Inequality：A New Approach for the Age of Globalization.* Cambridge：Harvard University Press.

Mironov B. 2012. *The standard of living and revolutions in Imperial Russia，1700–1917.* London：Routledge.

Petty W. 1992. *Political arithmetick，or a discourse concerning the extent and value of lands，people，buildings.* R. Clvel.

Piketty T. 2017. *Capital in the Twenty-first Century.* Cambridge：Harvard University Press.

Posner E A，Weyl E G. 2013. "An FDA for Financial Innovation：Applying the Insurable Interest Doctrine to 21st Century Financial Markets." *Northwestern University Law Review* 107：1307.

Putnam R D. 2016. *Our Kids：The American Dream in Crisis.* New York：Simon and Schuster.

Scheidel W. 2017. *The Great Leveler：Violence and the History of Inequality from the Stone Age to the Twenty-first Century.* Princeton：Princeton University Press.

Shorrocks A F. 1984. "Inequality Decomposition by Population Subgroups." *Econometrica：Journal of the Econometric Society* 52（6）：1369–1385.

Solt F. 2009. "Standardizing the world income inequality database." *Social Science Quarterly* 90（2）：231–242.

Solt F，Hu Y，Hudson K，et al. Economic inequality and class consciousness. Forthcoming，*the Journal of Politics.*

Steckel R H. 2009. "Heights and Human Welfare：Recent Developments and New Directions." *Explorations in Economic History* 46（1）：1–23.

Sun G，Lindert P. 2010. "The Uneven Rise of American Public Schools to 1850." *The Journal of Economic History* 70（1）：1–26.

Williamson J G，Lindert P H. 1980. *American inequality：A macroeconomic history.* Academic Pr.

The Past and Future of Global Inequality

Peter H. Lindert

Abstract: As the gap between the rich and the poor has been widening around the world, it is increasingly important for us to investigate the inequality issue. Peter Lindert makes contributions to works on inequality in three different ways. First, he points out the possible misunderstandings and fallacies when researchers attempt to describe and interpret inequality. Second, he completes state-of-the-art estimations of the inequality indexes for various countries. Based on these estimations, he publishes many papers covering a long duration or comparing different countries, which are helpful of the analysis of current problems. Third, from historical and international perspectives, he carries out plenty of research on public spending, especially on the connection between public spending and inequality. In a word, Lindert's works are inspiring as they bring us new knowledge about the cause of, description of and solution to the inequality issue. In addition, he has expertise in agricultural economics as well, especially in the soil conditions of China and southeastern Asia.

Keywords: inequality, economic growth, public spending, human capital, literature review

打开金融稳定的钥匙

——1929—1933 年美国金融危机研究

Kris Mitchener①

摘要：在金融危机中，政府应该采取怎样的救助行为？为预防金融危机，相关部门应该怎样进行监管制度设计？这些一直是人们非常关注的话题。对危机史的研究，有利于我们更加清楚深刻地理解这些基本因素在金融危机中起到的作用，从错误中学习，了解制度的缺陷，也是金融制度不断前进的重要经验来源。Kris Mitchener 教授在第三届量化历史讲习班上，为学员们系统地介绍了他对 1929—1933 年美国金融危机的研究结果，向学员们介绍了危机的救援、防范危机的制度设计，并详细剖析了政策的影响渠道和参与主体的激励变化。

关键词：金融危机，救助行为，监管制度

① Kris Mitchener（克里斯·米切纳）是美国圣塔克拉拉大学的经济学教授，还担任过华威大学的经济学教授，同时还是日本银行、圣路易斯和旧金山联邦储备银行、加利福尼亚大学洛杉矶分校等科研机构、院校的客座教授。Mitchener 教授的研究集中在经济历史、国际经济学、宏观经济学、货币经济学等方面，是金融危机研究的专家。他有多篇文章发表在 *American Economic Review*，*Journal of Political Economy*，*Journal of Economic History* 等经济学期刊。

一、引　言

在金融危机中，政府应该采取怎样的救助行为？为预防金融危机，相关部门应该怎样进行监管制度设计？这些一直是人们非常关注的话题。回顾 2008 年爆发的金融危机，其实有很多原因，如宽松信贷条件刺激出来的信贷或房地产泡沫，影子银行起到了传播风险、隐藏风险的不良作用，评级机构和监管机构没有合理地评估风险，金融系统（或政府）的制度设计鼓励了相关从业者的风险行为；等等。这些因素，在历史上的危机中也曾经出现。对危机史的研究，有利于我们更加清楚深刻地理解这些诱因在金融危机中起到的作用，从错误中学习，了解制度的缺陷，也是金融制度不断前进的重要经验来源。Kris James Mitchener 教授在第三届量化历史讲习班上，为学员们系统地介绍了他对 1929—1933 年美国金融危机的研究结果，向学员们介绍了危机的救援、防范危机的制度设计，并详细剖析了政策的影响渠道和参与主体的激励变化。

二、银行危机与救援行动

简单地来看，银行危机有两种，一种是偿付能力引起的危机，一种是流动性紧缺引起的危机。偿付能力引起的危机往往与银行资产的快速贬值有关，而流动性紧缺引起的危机则往往来自于储户挤兑。中央银行或者最后贷款人往往需要先搞清楚流动性不足和偿付能力不足在危机中扮演一个怎样的角色，才能制定相应政策。如果仅仅是流动性问题，那么中央银行就应出手相救，一般会允许银行延展贷款期限来渡过危机。然而，这种救助措施也可能会引起道德风险，所以，对于那些偿付能力不足的银行，中央银行倾向于让其破产从而维护整个银行系统的健康。

但事实上，流动性和偿付能力两者总是相互影响的。假设极端情况下，储户突然集中向某一银行取回存款，那么该银行在得不到足够流动性支持的情况下，只能抛售资产，资产价格降低，紧接着就会带来偿付能力下降。同样的，假设另一个极端情况，银行大量贷款突然超预期贬值，储户意识到这一信息之后，为保证自己资产不受损失，会立刻去银行取回存款，进而造成银行的流动性短缺。那么问题在于，如果一场危机中，流动性和偿付能力相互影响，都扮演着危机推动者的角色，中央银行到底应该怎样做？那么历史上有没有这样的先例呢？Mitchener 教授通过展示自己的研究，指出在流动性和偿付能力相互影响的复杂情况下，中央银行或者最后贷款人应该及时给予危机中的银行帮助，防止大范围的资产贬值以及银行系统性破产。

1929 年，佛罗里达州的农业因为虫灾遭到重创，这场虫灾演化成一场横扫全州的银行危机。但是凭借亚特兰大联邦储备银行提供的大量的、及时的流动性支持，这场辖区内的危机得到了及时、有力的处理。Mitchener 教授等（Mitchener et al.，2011）利用银行微观数据进行计量分析和反事实推理，证明这种强力的干预措施挽回了危机中一半的潜在损失，进而引发对大萧条期间美国联邦储备系统的决策和效果的思考。

1929 年 4 月，佛罗里达的柑橘类作物被检出地中海实蝇——这类虫害一旦扩散，会对美国的果蔬种植业造成毁灭性的打击。因而美国联邦政府和相关州共同组建了近 5000 人的防疫队伍，在州内销毁所有果实，对往来交通工具进行消杀处理；在州外禁止从佛罗里达进口果蔬，严防虫害蔓延。尽管这场虫害被很快扑灭，但虫害过后佛罗里达的柑橘种植和加工业毁于一旦。果农损失能否获得政府补偿迟迟无法确定，赔偿数额达到了佛罗里达银行业净资产的 40%（Mitchener et al., 2011），银行贷款安全的担忧愈演愈烈。最终，美国国会未能在休会前对赔偿案达成一致，由此促发了当年 6 月末的银行危机。

这场危机起源于虫害，虫害使得果农难以偿付银行贷款，银行资产端产生了严重的贬值，银行的偿付能力出现了严重的问题。而且银行的偿付能力问题愈演愈烈，进一步演化成了严重的流动性危机，两者相互影响，使这场危机的范围不断扩大。

在 1929 年 5 月开始的挤兑面前，柑橘类种植区内的银行率先倒下。Citizens Bank 作为这些银行的代理行被大量提款，资金告急，一个月内就被拖垮。银行恐慌以这家与柑橘种植区往来密切的关键银行为中心，沿着银行间的代理行网络不断扩散——危机在 7 月 17 日 Citizens Bank 倒闭的 48 小时内席卷全州，8%的银行停业（Mitchener et al., 2011），恐慌已经威胁到与虫害疫区关联较小、运营更健康的银行的生存。银行一旦现金枯竭，就只能低价甩卖流动资产。如果仍不能满足挤兑的储户，就只能按照州银行法，以跌落的市价破产清算。

亚特兰大联邦储备银行决定迅速出手，把 600 万美元现金迅速运往银行业中心坦帕，支援银行业网络中的两个关键代理行——First National Bank 和 Exchange National Bank，并当日派副行长亲自声明美国联邦储备系统对两家银行的现金支持。这种政策宣告的透明性、一次性把巨额现金部署到位的大手笔、瞄准危机中心和银行网络中心的针对性，为市场注射了强心剂，在两天内就遏止了挤兑潮的蔓延。接下来的一个月内，亚特兰大联邦储备银行在佛罗里达跟进了 2500 万美元现金储备，彻底平息了这场银行危机。

在文章中，作者利用来自 Rand McNally 的 *Bankers' Directory* 和 Polk 的 *Bankers Encyclopedia* 中的 1929 年佛罗里达的银行资产负债表数据，来自美国联邦储备系统、佛罗里达州银行局档案和年报中的银行间关联数据，构建微观面板数据集进行分析。研究显示，存款大规模流出的确是银行危机演进的第一步：统计分析表明，虫害疫区的银行的存款流失是疫区外银行的两倍；与疫区银行关系密切的代理行Citizens Bank在危机爆发之前就已经蒸发了12%的存款。存款大量被提取会导致现金和流动资产流失，挤兑一旦爆发，没有银行能撑过两天。

Kris Mitchener教授通过计量手段，揭示了这场挤兑潮的机制。他首先分析挤兑爆发之前，佛罗里达州各银行的健康状况。以危机前银行的停业作为因变量，用logit模型对能反映银行营利能力、流动性状况和企业特质的自变量做回归，获得对危机前各银行的健康性的估计值。接下来，在主回归中，文章以危机中银行倒闭为因变量，同样用logit 模型，以上一步估计的银行健康状况、是否在疫区、其主要代理行是否倒闭、同县银行倒闭情况为自变量做回归，并控制了联邦储备支行驻地对流动性的可能影响。回归发现，在疫区的银行，其挤兑概率高4倍；同县银行挤兑、自身初始健康程度不佳，都会增加银行在危机中的倒闭概率；几大主要代理行一旦倒闭，会把其客户行的挤兑概率推高10倍——这也是流动性危机和兑付危机在银行系统中从中心节点扩散的表现（Mitchener et al.，2011）。

根据回归结果，可以进行反事实分析，讨论美国联邦储备系统这次有力的干预所挽回的损失规模。如果亚特兰大联邦储备银行没有救助First National Bank和Exchange National Bank这两家重要的代理行，预期的倒闭银行个数将从实际情况的7家，增加到13家——这是一旦放任这些中心地位的代理行倒闭，将拉下其众多客户银行的恶果；若放任所有9家关键代理行倒闭，最终会压倒59家银行。另外，如果美国联邦储备系统完全袖手旁观，不作为最终借款人，放任存款在危机前已被应对大量提取的银行通过低价甩卖流动资产来完成兑付，就会让这些失血的银行陷入绝境。如果银行的存款流失30%，那么占银行总数一半的139家银行都将耗尽现金，都将低价贱卖流动资产，甚至有

16 家银行将耗尽流动资产从而倒闭（Mitchener et al.，2011）。这比实际情况恶化了一倍，其中疫区的情形更为严重。

总之，亚特兰大联邦储备银行这次卓有成效的救助行动，挽回了近一半的潜在损失。这种强有力的流动性补充措施，也是因为亚特兰大之前有应对局部银行危机的经验的结果。

三、影子银行——银行危机的放大器

银行危机实际上是一种传染病，它往往开始于少数几个银行的破产，然后通过一定的渠道，传染到整个银行系统，引起流动性危机、资产抛售与银行破产，信贷总量大幅减少，投资下滑，严重影响实体经济。而在这一传染过程中，金融网络无疑起到了重要的作用。搭建起这一网络的主要“线路”就是金融机构互相之间的同业负债（包括同业存款、同业债券等），这一网络中最受人关注、最难被监管结构掌握的，就是影子银行。Mitchener 和 Richardson 教授发表在 *The American Economic Review* 上的文章（Mitchener and Richardson，2013），探索了同业存款与影子银行在银行危机中起到的放大器作用。

美国银行网络如图 1 所示，其中虚线代表准备金流动，实线条表示银行同业存款流动。美国联邦储备系统统一持有联邦储备系统成员的准备金，以便在成员出现流动性紧缺时可以进行支持；而对于那些不在联邦储备系统内的影子银行（包含所有可以吸收短期存款进行长期投资的且不是联邦储备系统成员的金融机构），他们在城市储备银行、中心城市储备银行存有大量的同业存款。

影子银行有多大的规模？他们在联邦储备系统成员银行的同业存款有多大呢？按照 1929 年的数据来看，影子银行持有了美国银行系统 50%的存款，联邦储备系统内部 90%的同业存款都来自于这些非成员银行。

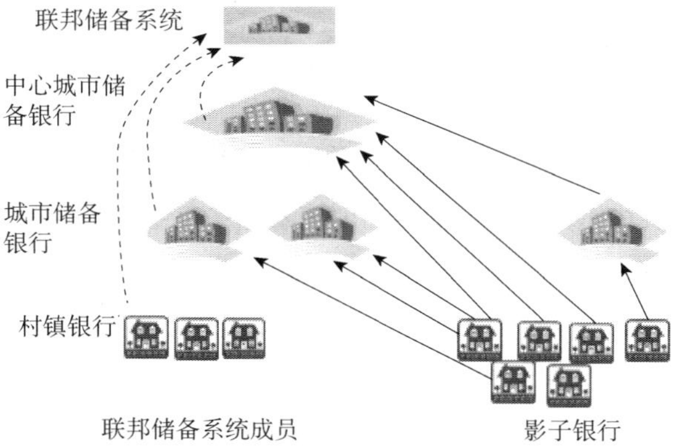

图 1　美国银行网络概览

资料来源：Shadowy Banks and Financial Contagion during the Great Depression：A Retrospective on Friedman and Schwartz. *American Economic Review* 103（3）：78.

根据以上的事实与对 20 世纪 30 年代银行危机的观察，Mitchener 教授提出了放大器假说。假设影子银行受到流动性冲击，影子银行就不得不取回他们存在联邦储备系统成员银行中的同业存款，这就会造成成员银行准备金减少。为保证准备金满足法定要求，成员银行也会取回自己的同业存款。Mitchener 教授注意到，影子银行在整个银行系统同业存款的比例非常大，这一过程将流动性冲击传导到整个银行系统，造成系统性的流动性紧缺，银行不得不减少对私人部门的贷款来增加储备，投资随之下降，实体经济受到冲击。

为了检验这一假说，Mitchener 教授搜集了 1921 年 1 月—1932 年 12 月的银行数据库，这个数据库包括了 100 多个城市银行的准备金、同业存款、停业率等数据，并进行了严谨的分析。经过计算，城市储备银行每减少 1 美元存款，中心城市储备银行的资产就会减少 0.59 美元，同业存款每减少 1 美元，新增贷款就会下降 0.52 美元（Mitchener and Richardson，2016）。那些被影子银行流动性冲击影响到的银行，持有了全国 40%的贷款。在 1930 年 4 月—1932 年 4 月的这段银行危机期当中，Mitchener 教授发现一个影子银行的破产清算会引起纽约储备银行同业存款减少 87 万美元、芝加哥储备银行同业存款减少 13 万美元。与危机开始时相比，危机结束时所有类型银行对于私人部门的借贷都减少了，中心城市如芝加哥、纽约储备银行减少的比例最大。这种放大器效应引起的信贷减少占到了整体信贷减少的 8.4%（Mitchener and Richardson，2016）。据测算，纽约储备银行的同业存款每减少 100 美元，发放的商业贷款就会减少 117 美元，之所以贷款减少的幅度比存款减少的幅度还要大，是因为银行既要防止储户挤兑，又要为未来影子银行继续撤回同业存款做好准备（Mitchener and Richardson，2016）。

之所以将影子银行称为危机的放大器，是因为影子银行在美国银行系统中的特殊地位。联邦储备系统的最后贷款人制度以及其他必要的流动性支持，可以缓解成员银行的储备金压力，给成员银行平衡资产负债的空间，从而降低信贷收缩的幅度。但是对于影子银行来说，他们不能直接从储备系统获得流动性支持，在遇到流动性冲击的时候，只能考虑回收资产，如同业存款等，但是一旦他们回收同业存款，就将自己的流动性冲击放大到了整个系统。影子银行与联邦储备系统的安全性有着密切的关系，但却不在联邦储备系统的管理之下，他们将一直是银行系统的巨大风险。

四、风险共担与制度设计

银行盈利的根源就是期限错配与杠杆，但是期限错配与杠杆的背后却隐藏着风险，我们既希望银行系统能够通过期限错配与杠杆为经济发展提供合理的金融支持，同时希望银行控制好这一行为带来的风险。银行的风险最终要由储户来承担，银行的破产往往也伴随着储户的巨大损失。那么让银行股东和储户实现“风险共担”则成为一个很好的选择。

20 世纪初，有限责任制已经成为美国广泛采用的公司制度。在有限责任制下，公司股东只对债权人承担相当于认缴股本金全额的责任，也就是说，如果公司亏损，股东的最大损失就是当时投入公司的所有股本金。然而，美国大部分州的银行采用了“双重负债制”（double liability，见表 1），这是一种让银行股东和储户实现风险共担的制度。区别于“双重责任制”，银行股东除了要承担认缴股本金全额的责任之外，如果银行资产不足以偿付负债，银行股东还要对债权人进行一笔赔偿，这笔赔偿加上认缴股本金的总额不超过银行股东手中股票的全部市值（Mitchener and Jaremski，2014）。这笔赔偿被称为“或有负债”。在这种负债下，股价越高的时候，银行股东就要对自己的经营行为更加谨慎，一旦银行破产，股东对债权人的赔偿是极高的。

表 1　美国各州采用双重负债制情况统计表

编号	州名	1910 年银行公司制度	加入双重责任制的时间（针对 1910 年非双重功能责任制的州）	取消双重责任制时间		退出双重责任制后是否加入存款保险公司
				新发股票	存量股票	
1	亚利桑那州	有限责任制	1912	1956	1956	否
2	阿肯色州	有限责任制	1912	1933	1935	是
3	加利福尼亚州	无限责任制		1937	1937	是
4	科罗拉多州	三方责任制		1939	1939	是
5	佛罗里达州	双重责任制		1937	1937	是
6	乔治亚州	双重责任制		1937	1937	否
7	爱达荷州	双重责任制		1923	1923	否
8	伊利诺伊州	双重责任制		1952	1953	否
9	印第安纳州	双重责任制		1940	1941	否
10	爱荷华州	双重责任制		1933	1938	否
11	堪萨斯州	双重责任制		1937	1937	否
12	肯塔基州	双重责任制		1937	1937	否
13	缅因州	双重责任制		1933	1933	否
14	马里兰州	双重责任制		1937	1937	否

续表

编号	州名	1910年银行公司制度	加入双重责任制的时间（针对1910年非双重功能责任制的州）	取消双重责任制时间		退出双重责任制后是否加入存款保险公司
				新发股票	存量股票	
15	马萨诸塞州	双重责任制		1934	1934	否
16	密歇根州	双重责任制		1937	1937	否
17	明尼苏达州	双重责任制				是
18	密西西比州	有限责任制	1914	1934	1934	是
19	蒙大拿州	双重责任制		1936	1936	是
20	内布拉斯加州	双重责任制		1938	1938	否
21	内华达州	有限责任制	1911	1933	1933	否
22	新罕布什尔州	有限责任制	1911	1937	1937	否
23	新墨西哥州	双重责任制		1935	1935	否
24	纽约州	双重责任制		1937	1937	否
25	北卡罗来纳州	双重责任制		1935	1935	否
26	北达科他州	双重责任制		1939	1939	否
27	俄亥俄州	双重责任制		1937	1937	是
28	俄克拉荷马州	双重责任制		1937	1937	否
29	俄勒冈州	有限责任制	1912			否
30	宾夕法尼亚州	双重责任制		1939	1939	否
31	南卡罗来纳州	双重责任制		1935	1935	否
32	南达科他州	双重责任制		1936	1936	是
33	得克萨斯州	双重责任制		1937	1937	否
34	犹他州	双重责任制		1940	1940	否
35	佛蒙特州	双重责任制		1933	issued	否
36	华盛顿州	双重责任制		1940	1940	是
37	西弗吉尼亚州	双重责任制		1938	1938	是
38	威斯康星州	双重责任制		1937	1937	是
39	怀俄明州	双重责任制		1937	1937	是

注：本表依据（Mitchener and Richardson，2013）而制

但是随着时代的发展，这种制度受到了越来越多的银行股东的抨击。随着第一代银行股东的退休，他们的股票被他们的子女继承，而

他们的子女因为自己工作等原因，却并不参与银行的经营，这意味着一方面他们要承担着对债权人的“双重责任”，但是他们却对银行经营活动知之甚少、对经营活动参与极少，出现了权责的不统一，他们希望这种制度可以改变。另外，这种制度对银行的资本重组也产生了不利影响，银行的股价因为这种制度的存在，在市场上被严重低估。同时，1929—1933 年，大量的银行破产，但是债权人却没有得到相应的赔偿，因为这种双重责任制并没有规定在某一个时间储户必须得到相应的赔偿。储户在银行破产之后，其损失没有得到相应的赔偿，因此储户也强烈要求改变制度。综上种种原因，双重责任制逐渐退出历史舞台，各州银行加入联邦存款保险公司。

Mitchener 教授搜集了 1910—1955 年各州监管的制度数据、银行的资产负债表，通过杠杆率变化、贷款比资本金比率变化等，研究双重责任制对银行风险行为的影响。Mitchener 教授发现实行双重责任制可以让银行更好地管控风险行为。具体来说，20 世纪 20 年代至 20 世纪 30 年代早期，实行双重责任制可以让银行杠杆率下降大约 70 个百分点，即使在严格控制其他变量的情况下，实行双重责任制也可以让银行杠杆率下降 50 个百分点。从留存收益与贷款的比例来看，所有银行的平均值约为 10%，方差约为 1.5%，实行双重责任制银行的留存收益与贷款比率比平均值高出约 7 个百分点（Mitchener and Richardson，2013）。

相比于联邦保险存款制度，双重责任制通过让股东承担更大的风险，实现了股东与储户的风险共担。这种制度安排，让股东不得不为自己的行为承担更大的责任，也让他们的经营更加审慎，为储户的安全提供了一定的保障。相对于监管机构对借贷行为的监控，这种制度将对信贷的监管交给了银行自己而不是给予信息经验都较为缺乏的监管机构，执行起来更加方便，避免了银行通过逃避监管增加杠杆的行为。

五、监管、激励扭曲与金融系统的稳定性

在过去的几十年里，随着银行危机的不断发展，监管制度和金融系统稳定性之间的关系成为越来越重要的话题。什么样的监管能提高银行系统稳定性，什么样的监管会起到反作用，这些问题获得了各界的广泛关注。Mitchener 教授以大萧条为背景，研究了监管制度与银行稳定性之间的关系（Mitchener，2007）。

一般来说，金融机构的稳定性总是在经济受到冲击才能够经受真正的检验。这就使对金融机构稳定性的研究受到了更多干扰，如何将银行受到的普遍的、统一的经济冲击独立区分出来，成了相关研究的关键。而美国独特的银行监管系统则为金融稳定性与监管之间关系的研究提供了很好的实证支撑。

美国各地区的国家银行（national banks）需要接受货币委员会的统一管理。而美国的州立银行（state banks）所接受的监管和遵循的规定则在州与州之间有着明显的区别。美国各州在 1920 年在相关利益集团和公众舆论压力下，建立了不同的州立银行（state banking system）稳定性的监管标准。例如，一些州小银行团体势力比较强大，这些小银行为了保证自己在地域内的垄断优势，就会去游说州政府要求禁止银行开立分行；一些保险公司看到银行集团提供保险服务，也游说政府限制银行发展；还有地区的银行监管者认为自己独立性不够，想要获得更长的任期；一些公司经历了 20 世纪 20 年代的农业危机，要求银行有更高的准备金率；等等。与这些现象相适应，不同的州建立了不同的监督标准。

1929—1933 年，美国经历了严重的银行危机。在这四年时间里，

有近 9000 家商业银行不能正常运行，绝大多数都最终倒闭。在 1931 年，美国全国有 8%的银行倒闭；1933 年，这一数字达到了近 20%。Mitchener 教授用国家银行的停业率控制住经济冲击，用州立银行的停业率度量金融不稳定性，一定程度上将经济冲击与金融不稳定性区别开来。

Mitchener 教授从联邦储备系统公告（Federal Reserve Bulletin）中搜集了 1929—1933 年 48 个州的商业银行的停业率数据，这里的停业既指短期停业，也指永久性停业，但是那些因为假期而停业的银行除外。在回归方程中，作者将不同年份各州州立银行的停业率作为因变量，对应年份和州的银行最低资本要求、准备金率、有分行的银行比率、监管者的任期、每个审查员审查的银行数量、监管者是否有给予银行流动性支持的权利作为自变量。将各州国家银行的停业率作为控制变量引入回归方程，以控制各州受到的经济冲击，采用 WLS（weighted least square，即加权最小二乘法）进行回归分析。不同州之间银行的管理规则和监管制度的区别，是造成某些州的州立银行在经济危机中受到更大影响的原因。

那些禁止银行分行制度、有着更高准备金要求、给予监管者更长任期以及限制监管者给予银行流动性支持的州，在 1929—1933 年经历了更加严重的州立银行危机。在监管者可以给予银行流动性支持的州，银行的停业率降低了 3.5 个百分点（Mitchener，2007）。流动性支持可以控制不良信贷的“传染性”，防止危机在未受影响的金融机构中进行传播。更快地给予有效的流动性支持是控制危机传播的良好方案。

而监管者的任期延长一年，州立银行的停业率会提高 1.6 个百分点（Mitchener，2007）。对于较长任期的监管者，他们更可能受到银行的影响，不能独立地进行监管，甚至会实行歧视性的政策，如放松对特定银行的监管标准，这就增加了整个系统的不稳定性。

准备金率越高的州，州立银行的停业率越高。一方面，准备金率越高，客户认为政府的监管让银行更安全，“用脚投票”的激励就越低，银行系统的风险甚至有可能因此增高；另一方面，准备金率越高的银行，为了维持其自身优势，不得不将有限的流动资金投入更高回报当然也对应更高风险的项目当中。

各州州立银行拥有分行的比率每提高 10 个百分点，就可以降低各州州立银行停业率 1.3 个百分点（Mitchener，2007）。分行制度可以加强竞争，淘汰那些效率低的、不稳定性更高的银行，同时可以使银行通过多样化配置资产降低自身的风险。

为了解决监管制度的内生性问题，作者采用了两种方法。一种方法是采用一些社会历史变量作为工具变量。作者发现，那些利益团体组织得比较好的地区，往往引入了更加严格的监管，如禁止分行制度。那些经历过 1920 年乡村银行危机以及试验州立银行存款保险制度的地区，往往有着更高的准备金率。作者根据这一系列历史事实构造工具变量进行回归分析，发现除了准备金率之外，与其他变量相关的结论不变。另一种方法是作者直接采用 1929 年的监管情况作为工具变量进行回归分析，发现所有关键结论都没有变化。

当世界各国都在想怎样改革监管制度来抗击金融危机的时候，这篇文章给了人们一个警示，审慎的监管不一定是一剂解药，甚至有可能是一剂毒药，各国政府在制定更加严厉的监管政策的同时，一定要注意其造成的激励扭曲而带来的其他成本。

整理人：周彭，清华大学苏世民书院

参考文献

Mitchener K J，Carlson M，Richardson G. 2011. “Arresting Banking Panics：Fed

Liquidity Provision and the Forgotten Panic of 1929." *Journal of Political Economy* 119（5）：889–924.
Mitchener K J，Eichengreen B. 2004. "The Great Depression as a Credit Boom Gone Wrong." *Research in Economic History* 22：183–237.
Mitchener K J，Jaremski M. 2015. "The Evolution of Bank Supervisory Institutions：Evidence from American States." *Journal of Economic History* 75（3）：819–859.
Mitchener K J，Mason J. 2010. "Blood and Treasure：Exiting the Great Depression and Lessons for Today." *Oxford Review of Economic Policy* 26：510–539.
Mitchener K J，Richardson G. 2013. "Shadowy Banks and Financial Contagion during the Great Depression：A Retrospective on Friedman and Schwartz." *American Economic Review* 103（3）：73–78.
Mitchener K J，Richardson G. 2013. "Skin in the Game? Risk，Leverage，and the Consequences of New Deal Financial Legislation." CAGE Working Paper 118/2013 & NBER Working Paper 18895.
Mitchener K J，Richardson G. 2016. "Network Contagion and Interbank Amplification during the Great Depression" NBER Working Paper 22074，CEPR Discussion Paper 11164，and Federal Reserve Bank of Richmond Working Paper 16–03.
Mitchener K J. 2007. "Are Supervision and Regulation Pillars of Financial Stability? Evidence from the Great Depression." *Journal of Law and Economics* 50：273–302.

The Key to Financial Stability：A Study of the American Financial Crisis from 1929 to 1933

Kris Mitchener

Abstract： What kind of aid behavior should the government take in a financial crisis? How do a relevant departments design the regulatory system to prevent financial crises? These two questions have been a topic of great concern. The study of the history of crises will help us better understand the role played by these basic factors in a financial crises, learn from mistakes, and understand the defects of the system. This is also a source of important experience for the continuous progress of the financial system. Professor Kris James Mitchener systematically introduced his findings on the 1929—1933 financial crisis in the third Quantitative History Workshop and introduced the crisis rescue and the institutional design of crisis prevention to the participants. He analyzes in detail the influence channels of policies and the incentive changes of participants.

Key words: financial crisis, aid behavior, regulatory system

新历史计量与历史自然实验

李　楠[①]

摘要： 2017年7月李楠教授在第五届量化历史讲习班当中为学员们普及了新历史计量以及历史自然实验这一概念。在课程中李楠教授系统地介绍了新历史计量的研究特点以及发展趋势，并用生动的研究实例阐述了历史自然实验在经济史研究当中的重要作用。本文旨在回顾李楠教授在讲习班上的演讲内容，并更加详尽地介绍李楠教授与合作研究者的两篇研究："Moving to the Right Place at the Right Time: Economic Effects on Migrants of the Manchuria Plague of 1910—11"以及"管治方式转变与经济发展——基于清代西南地区'改土归流'历史经验的考察"。

关键词： 经济史；新历史计量；历史自然实验

---

① 李楠教授现任职于上海财经大学经济学院。此前曾于2008年、2011年先后在香港科技大学获得社会科学（经济学）硕士、博士学位，并于2012年继续在香港科技大学做博士后研究员。李楠教授主要的研究方向是中国经济史与中国的经济发展，并先后在 *Exploration in Economic History*、《经济研究》、《经济学（季刊）》等国内外学术期刊发表论文30余篇。李楠教授具体的研究范围包括太平天国、改土归流、大规模传染病、区域文化差异等。李楠教授还主持过教育部人文社会科学研究项目，对中国早期工业化中童工问题进行了探讨。

一、引　言

2001 年，Daron Acemoglu，Simon Johnson 与 James A. Robinson 三位学者在 *American Economic Review* 上发表了“The Colonial Origins of Comparative Development：An Empirical Investigation”一文，引起巨大反响。这几乎是首次将历史与长期经济发展用计量经济学的方法结合在一起的研究项目。从此以后，大量受该文影响的优秀学术成果脱颖而出，形成了所谓“新历史计量”的发展。

与传统的量化历史分析相比，新历史计量在研究问题上更加偏重对经济学、社会学、政治学等理论的拓展。例如，Acemoglu 等人（2001）利用殖民地国家殖民政策差异，论证了包容性制度与掠夺性制度对经济发展的长期影响，进一步扩展了诺斯关于制度与经济发展讨论。又如 Bai 和 Jia（2016）通过对清末科举废除与辛亥革命历史的考察，探讨了社会流动与社会冲突之之间的关系。在研究方法上面，新历史计量更注重应用微观计量方法，对核心变量之间的因果关系进行论证与解读。在众多市政策略中历史自然实验成为经济史学家常用的实证策略。所谓历史自然实验，前提需具备因为历史原因使一部分人口或地区受到了外生的冲击的影响，而另一些人或地区没有受到影响的情况。若研究者能够证明外生冲击的随机性，则可以通过对比受到冲击与未受到冲击的地区，从而证明自己的研究结论。目前，很多优秀的新历史计量研究成果都用上了历史自然实验。例如 Iyer（2010）利用英国对印度殖民统治时的政策差异，论证了大英帝国对印度殖民统治的长期影响。Feyrer 和 Sacerdote（2009）利用季风对不同地区航海的影响差异，研究了西方殖民统治的影响等。

本文首先回顾李楠教授关于新历史计量与历史自然实验的讲解。随后，本文系统介绍李楠教授的两篇文章，从而理解新历史计量如何从历史自然实验的角度出发，以中国经济史中的现象为背景，诠释了不同的经济学问题。

二、关于量化历史与自然实验的综述

（一）新历史计量的发展

丘吉尔曾经说过，“回首越深邃，前瞻越智慧”，这无疑表达了学习历史、反思历史的重要作用。经济学同其他学科一样，从历史学当中不断地补充给养。作为人文学科的经济史，考察的对象为历史当中的经济现象和问题。有些研究侧重对历史现象的还原和描述（全汉昇，1990；史志宏，2009；Chu，1962），有些则侧重对人物个性与心态的考察（邓广铭，2007）。但这些成果并没有运用社会科学体系进行分析，即并没有提出一个研究问题或者假说，然后运用相关的理论进行系统的分析和验证。而作为社会科学的经济史，虽然研究的对象涉及了历史问题或者现象，但研究的方法采用了系统化的科学推论，即描述性推论或因果推论。这种研究方法的目的是提出一个假说或理论来解释一个历史现象，或者通过系统分析一个历史现象去拓展社会科学的相关理论。

经济史从人文学科到社会学科的跨越主要体现在20世纪中叶的新经济史革命。一批经济史学家将经济学理论与统计方法应用于美国奴隶制、交通史等研究中，得到了与传统历史学方法完全不同的结论（Conrad and Meyer，1958；Fogel，1965；North，1968）。例如，Conrad

和 Meyer（1958）将奴隶视为生产资料，并计算了购买奴隶的投资回报率。他们的结论证明，投资奴隶的回报率是非常可观的，甚至高过当时其他的资本投资，如铁路建设。同时，专门刊登量化历史类的学术期刊也开始在学术界崭露头角，如 *Journal of Economic History*，*Exploration in Economic History*，*European Review of Economic History* 等。此外，关于量化历史研究的学术组织与学术活动也越来越活跃，相关组织有 1983 年成立的历史计量学会（Cliometrics Society），1991 年成立的欧洲经济史学会（European Historical Economics Society），等等。

随着量化历史研究不断地扩大，可研究的素材不断增多，研究的方法也在不断地创新与完善。传统的历史计量学侧重对重大历史现象与问题的讨论，在数据方面主要依托新史料的发现，更多依托时间序列数据进行考察；在研究方法上多采用历史描述性推论，或利用时间序列数据进行趋势性描述和相关性分析等。例如，Allen 等人（2011）通过搜集 18—19 世纪商人账簿、地方志、户部则例等资料，构建中国长时期工资与物价时间序列数据，进而将中国与同时期亚洲与欧洲各国在工业革命之前的人均生活水平进行比较。这一类研究无疑让我们更清晰地了解了历史，也对传统史学起到了相辅相成的作用。

新历史计量学运用系统化的统计学方法，借助历史事件拓展经济学、政治学或者社会学原理。例如，Acemoglu 等人（2001）探究制度与经济发展的关系；Becker 和 Woessmann（2009）探究了新教与经济繁荣的关系；Alesina 等人（2013）探寻了不同文明之间女性在经济、政治方面参与程度的差异。可见，新历史计量更加注重的是历史事件背后的经济学、社会学、政治学理论。在研究方法上，新历史计量强调因果识别，依靠应用微观计量方法加以分析，并且不断地扩展新的研究方法，如工具变量法、断点回归模型、倾向性匹配法以及双重差分模型等。在数据使用方面，随着大量历史文献被发现和整理，包括时间维度与空间维度的面板数据逐渐成为计量经济史学者关注的重点，这些数据从而为更清晰地展示历史事件和检验假说发挥了重要的作用。

此外，新历史计量学一个新的变化是在研究问题和研究领域的拓展，如对不同国家地区之间历史经验差异对当前经济发展的影响的关注。例如，哈佛大学经济学家 Nathan Nunn 在 2009 年就“历史对经济发展是重要的吗？”一题撰写了综述性文章。在文章中，他指出近些年来有大量的新文章用经验分析来证明某些历史事件对后续经济发展起到的重要推动作用。这些文章也让所谓历史发展这一新领域在新历史计量研究中扎下了根基。他着重归纳了三项在这一领域开创性的研究成果，即 La Porta 等人（2008）、Acemoglu 等人（2001）以及 Engerman 等人（2002）的研究。其中 La Porta 等人（2008）从殖民地采用的不同宗主国法系的角度探究了不同国家金融发展差异的根源。他们发现采用英美法系的殖民地在之后的投资者产权保护方面比采用大陆法系的殖民地要好，但这一结论没有得到充分的证实。而 Engerman 等人（2002）的研究虽然未涉及实证依据，却提出了一个很有意思的假设。他们认为那些被用来生产经济作物的殖民地，会因为管理奴隶的原因而采用高压与剥削式的政治制度，这些制度会导致殖民地的经济发展落后。Nunn 的这篇综述性文章还归纳了其他一些的实证类历史计量文献，并尝试对历史作用的机制进行了总结。

正如 Nunn 所说，历史计量学的发展迎来了新的高峰。自本世纪以来，大量的研究成果被发表在经济学顶级期刊上，如 *American Economic Review*、*Quarterly Journal of Economics* 以及 *Econometrica* 等。其中 2004—2014 年 *American Economic Review* 中经济史类文章的比例达到 6.6%，而 *Quarterly Journal of Economics* 刊登经济史类文章的比例达到了 10.8%。此外，我们也不得不注意到，经济史研究的研究范式也越来越偏向新历史计量方法，即运用计量经济学进行因果识别。以 *Journal of Economic History* 为例，2002 年以前基本没有文章运用计量经济学方法，到 2007 年，已有近 30%的文章运用这一方法，而到 2014 年，这一比例已逼近 50%。另一经济史主流期刊 *Exploration of Economic History* 当中，新历史计量的出现率在 2002 年不到 5%，在 2014 年却已飙升到近 70%。这一趋势让我们不得不去重视新历史计量。为什么这一领域如此受到学术界青睐？为何新历史计量的研究方法提高了论述的说服力？

（二）计量经济学原理及其对历史自然实验的意义

新历史计量的说服力之一来自于对计量经济学因果识别方法的运用。在传统的回归估计中，有三种潜在的偏误导致回归系数在统计学上不一致，从而导致回归结果的不准确，甚至是会导致完全相反的结果。这三种偏差分别为缺失变量偏差、度量误差偏差，以及反向因果。而这些偏差导致的不一致问题，也称为内生性问题的主要来源。

缺失变量偏差，是指回归模型中缺失了某些关键变量，而这些变量会同时对解释变量与被解释变量产生影响。举例来说，若研究者要解释教育水平对收入的影响，而忽略能力的作用，那么这样的估计就会出现缺失变量偏差，因为能力有可能同时影响受教育水平与收入水平。又如，Acemoglu 等人（2001）的研究建立了制度与经济发展的关系，认为制度越好的国家经济发展水平越高，但暂时没有考虑人力资本的作用。因此 Glaeser 等人（2004）提出，人力资本才是对经济发展起到决定性作用的因素。他们还认为，人力资本的积累导致更多高素质人口需求更好的制度。解决缺失变量偏差的方法，除了加入更多的控制变量外，使用工具变量也是一个有效的解决方法。

度量误差是指在对核心变量进行测量时观测值与真实值产生的偏离。这是一个在量化历史研究中经常会面对的问题。有些因素可以直接度量，但数据本身因制度、形成机制等原因存在误差，而在量化历史研究中更多的变量缺乏直接度量数据，需要高度相关的指标作为代理变量，如在度量传统经济发展程度中常用到的城镇化率（Bai and Kung，2015）、以税收为来源的工资水平（Becker and Woessmann，2009）、人口密度（Acemoglu et al.，2002）等。若被解释变量存在度量误差，则会导致回归系数的方差增大。而若解释变量存在度量误差，则会导致回归系数不一致。因此如果解释变量存在度量误差，则最好使用工具变量法来避免度量误差导致的内生性问题。

反向因果是指在社会科学研究中，出现作为解释变量的 A 决定被解释变量 B 的同时，又出现 B 决定 A 的一种现象，如制度、人力资本与经济发展之间的关系。若回归模型中出现反向因果，也会出现内生性问题。常见的解决方法有双重差分模型、工具变量法、矩估计法等。

除了来自计量经济学的统计工具之外，新历史计量的另一大特点就是巧妙利用历史自然实验提供的特殊环境来完善因果识别。普通的回归分析不能消除潜在内生性估计偏差对估计结果的影响，因此仅提供变量之间相关关系的分析，而非因果关系的识别。对于深刻的历史问题，人们往往对因果关系更感兴趣，这是简单的“伪回归”无法解释的。而历史自然实验提供的特殊环境则可以。

举一个简单例子。1950 年的朝鲜战争导致了朝鲜半岛朝韩分裂的局面。1953 年 7 月《朝鲜停战协定》将朝鲜半岛以北纬 38 度线划分为朝鲜和韩国两个国家。之后朝鲜采用严格的计划经济，闭关自守，否定市场制度，不承认任何私有财产，政治上也采用集权统治。而韩国承认私人产权为基础的市场经济，特别是 1963 年朴正熙当选总统后，制定一系列企业信贷、补贴出口政策，从专制逐渐转向民主。这两个国家在战前原是一家，拥有同样的制度，人口构成相似，文化相似，地理环境也相似，而战后的政治经济制度可以说是这两个国家唯一不同的因素。这对于研究制度对发展的影响是一个绝好的背景，因为凭研究者一己之力是不可能创造出一个同样的场景的。那么几十年后制度对发展到底有没有影响？我们可以从朝鲜半岛夜间灯光的卫星照片得到启示。研究表明夜间灯光可以反映一个地区经济的经济发展（Henderson and Storeygard，2012）。我们可以看到夜间灯光的强度在朝鲜半岛上有一个严格的分界线。在朝韩边境以北几乎一片黑暗，而朝韩边境以南灯火通明。这一定程度上表明，制度与经济发展是有影响的。

历史自然实验的概念当然远不局限于历史研究当中。其他巧妙的发现还包括 Fisman 和 Miguel（2007）。他们的研究讨论了文化与法制对腐败的制约作用。这一研究有着很重要的学术意义。Mauro（1995）的实证研究曾表明，腐败对投资和经济增长有较强的阻碍作用。该研究主要讨论了腐败是文化本身决定的，还是法律制度不完善的结果。然而每个国家都具有文化异质性，制度环境也千差万别，如何在同样的制度环境下考察文化差异对腐败行为的影响，便成为了这个研究最大的挑战。理想的实验环境，是在法律制度背景相同，但是个人的文化背景有差异的情况下观察人的腐败行为，或者在个人文化背景有差异，并且在制度背景变化的情况下，观察人的腐败行为。然而除非用历史自然实验的方法，否则上面的情景是无法被构建的。即使建立实验，研究者也要面临随机抽样等问题。在这种情况下，研究者从一个简单的法令中找到了历史自然实验的可能性。

研究者以美国纽约联合国外交官违法停车行为作为研究的样本。外交官来自不同国家，行为就有文化异质性。同时，外交官生活在纽约，因此他们生存的制度环境基本相同。之所以选择违法停车行为，是因为外交官拥有外交赦免权，可以免于违法停车的处罚。这个自然实验的关键之处，在于一项政策的改变：2002 年 10 月，新的法案要求外交官需要支付违法停车罚款。研究者的证据表明若外交官来自腐败水平高的国家，那么他的确更有可能违规停车并拒交罚款，这便确认了文化对腐败的影响。而新的法案实行之后，外交官的违规停车而未付罚款的情况大减。这也确认了强化法制对腐败行为的影响。

（三）历史自然实验的基本方法及应用

找到了历史自然实验的背景后，还要辅助以适合的研究方法。这里主要介绍双重差分模型与断点回归模型。

双重差分模型主要利用外生冲击（如政策、战争、天气、瘟疫等），通过历史自然实验设定实验组（亦称“处理组”）和对照组动态比较的方法对外生冲击造成的后果进行因果识别。该识别主要考虑的是两种差别，一种是实验组与对照组在各个时间段的差异，一种是样本在时间层面上的变化趋势。双重差分系数便可以解读为实验组与对照组差异的时间变化。若在两段时间中存在一个唯一的外生冲击，那么双重差分模型的回归系数便可以解读为这个冲击的处理效应。但双重差分模型有一个重要的假设，那就是“冲击前同趋势”假设。该假设要求在外生冲击不存在的情况下，处理组与实验组的变化趋势应该是相同的。换言之，该模型允许实验组与对照组存在差异，但这差异不应该由于外生冲击以外的原因发生变化。同时还应该注意，冲击是外生的，不是内生于研究本身。如果实验组是出于自身原因而自愿进入实验组，那么就会存在选择性偏差问题，从而导致冲击的非外生性。最后，双重差分模型虽然可以进行因果关系识别，也可以消除部分遗漏变量的影响，但不能完全解决内生性问题。为了尽可能减少内生性问题，还是需要配合多种技术手段，如增加控制变量消除异质性或选择工具变量解决内生性等。

特别值得提出的是，若双重差分模型只设有两期，或者每一期之间间隔的时间过长，则有可能存在由于错误设定外生冲击时间而导致的因果关系错误识别。例如，若 T-1 时期恰巧实施了 A 政策，T0 时期实施 B 政策，那么任何在时点 T0 时期所观测到的结果可能是 A 政策带来的影响，而非 B 政策。这种时候就需要其他手段来辅助因果识别的建立。在回归模型中加入多年的观测值是一种方式。回归模型中可加入处理组与冲击前几期的交互项，若该组交互项的回归系数均不显著，则表明外生冲击的确是影响结果的重要因素，因为“未来不能解释历史”。另外，如果实验组变量仅仅用虚拟变量表示，则有可能出现度量误差，因为 0 和 1 所涵盖的信息量太大，因此需要增加具体反映实验组异质性信息的连续变量，也可以将连续变量与虚拟变量做 3 项乘积。

早期的双重差分模型应用，来自于 John Snow 构建的 1855 年霍乱传染模型。1853 年夏天，伦敦爆发大规模霍乱。然而由于缺少研究手段，关于霍乱的传染方式一直不得而知。有人认为伦敦受到污染的糟糕空气是导致霍乱的原因，也有人认为受到污染的饮用水是导致霍乱传播的原因。研究者的设计主要是对比 Lambeth Company（L 公司）与 Southwark and Vauxhaul Company（S 公司）供水区域死亡率的变化。1849 年 L 公司与 S 公司都从伦敦中部卫生条件较差的泰晤士地区取水供给家庭。而 1852 年后 L 公司搬迁至上游较少受到污染的地区取水。研究者的结果表明，1852 年后 L 公司供水区的死亡率明显减少，从而证明了水源是霍乱传染的原因。

Acemoglu 和 Johnson（2004）的研究证明了贸易与经济腾飞的关系，并探索了贸易的影响机制。在 19 世纪西欧实现了快速的经济增长，多数研究认为这一增长以及后续的工业革命均与西欧几个世纪的经济、政治以及社会发展密切相关。事实上 1500—1800 年，西欧已经经历了持续的人均收入的增加，这一区域的人均 GDP 远远高于亚洲和东欧地区。然而关于为什么这一快速经济增长发生在西欧，以及为什么开始于 16 世纪的讨论甚少。基于这样的背景，研究者提出了一个基本假设：大西洋贸易促进了参与贸易国家的经济增长，进而使西欧在 16—19 世纪获得快速发展。研究结果表示，1500 年之后西欧的兴起主要源于大西洋贸易。大西洋贸易与殖民地的发展不仅直接影响西欧发展，而且间接影响了其制度的变迁。崛起的商人集团提出了保护产权的主张，动摇了君主政体。

在这篇研究当中，研究者便运用了双重差分模型来判断大西洋贸易是否是导致经济发展的外生冲击。他们将参与大西洋贸易的欧洲国家（英国、法国、荷兰、西班牙、葡萄牙）定义为处理组，其他国家定义为对照组。研究者还用各国海岸线长度（以各国面积为标准）作为处理组虚拟变量的替代变量，因为该变量既是连续变量，也随时间变化而变化。该研究的时间跨度为1300—1850年，以一个世纪或半个世纪为一期。他们的回归结果显示，参与大西洋贸易的国家，或者一个国家对外贸易的可能性，只有在1600年以后才对发展起到显著的作用。他们还发现，越是一开始便拥有良好经济制度的国家，如英国、荷兰等，大西洋贸易所带来的好处越大。

另一个采用双重差分方法的经典案例来自于 Jia（2014）。她的研究着眼于中国近代通商口岸对区域长期经济发展的影响。通商口岸是在历次中国与西方列强之间战争失利后，通过签订不平等条约被迫开放的，外生于经济发展，为考察历史与经济发展提供了一个近似自然实验。该研究考察了中国从19世纪到今天，由封闭到开放的过程，进而考察历史发展路径对经济发展的作用。研究者以中国清代的府为单位，搜集了从1776年到21世纪初的人口数据并计算出了人口增长率。她将设立通商口岸的府定义为处理组，没有通商口岸的府定义为控制组。为了解决选择性偏差的问题，研究者提出了“在沿海与长江沿岸的地区，通商口岸的建立有随机性”这一假设，并将样本局限于上述地区。

根据这篇研究的主要结论，在1840年以前，处理组与控制组之间的人口增长差异并无区别。而在1840年至20世纪50年代期间，两组之间的人口增长差距不断扩大。随后到20世纪80年代以前，由于中国继续采用了封闭以及非市场化的经济政策，二者的人口增长又一度持平。随着改革开放的展开，几乎所有的原通商口岸都被逐渐开辟为开放城市或经济特区，处理组与控制组的人口增长差距再一次被拉开。为了进一步控制内生性问题，研究者在双重差分的基础上又采用了工具变量。历史资料显示，通商口岸常设立在建立常关的城市，研究者因此又提供了常关不会脱离通商口岸而独立作用于人口增长的证据，从而完善了自己的实证分析。

另一个逐渐被广泛应用在量化历史研究当中的实证分析方法是断点回归。在断点模型的设计中，被解释变量的表现，完全由某种连续变量是否超过某一个断点来决定，然后利用断点两侧样本差异较小、同质等特征进行因果关系识别。例如，在一个简单多数的投票机制中有不同的 A、B 两党，如果一个地区的 A 党支持率为 51%，另一地区为 49%，则我们有理由相信两个地区的政治倾向没有巨大差异，但两个地区日后可能会有完全不同的经济绩效，因为这两个地区所属不同的执政党派。

在进行断点回归设计时，要注意断点是外生于研究问题的，不是内生于实验本身，而且处理组与对照组在外生冲击前必须是同质的，即具有相似的统计属性。传统的断点回归主要被应用在劳动经济学与政治经济学中。如前面所述，来自哈佛大学的 Dell 拓展了空间断点回归。她在研究中采用的断点回归模型是一种基于空间多项式而建立的参数统计法。这种方法现在已经被广泛运用在量化历史研究当中。

Dell（2010）研究了在 1573—1812 年秘鲁与玻利维亚矿区，强制劳动制度对当前该地区消费等经济发展水平的长期影响。研究者识别了历史上矿区的范围，因此矿区边界便可以被作为临界值进行断点回归。矿区内的村庄，在殖民地时期处于强制劳动的征召范围，而矿区外不存在强制劳动。在这篇研究的基准断点回归公式中，被解释变量是居民的消费水平以及儿童发育迟缓的发病率。核心被解释变量为是否在矿区内哑变量。在此基础上，研究者控制了一个“空间多项式”，该多项式以村庄经度和纬度为基础。研究者还将样本限制在距离边界 100 千米内的村庄。进行这样的处理之后，可以有理由相信所有的与地理相关的差异均被控制住，而矿区内哑变量则可以被识别为处理效应。

研究还做出了详尽的稳健性检验。首先，研究者将空间多项式由一次型改为了二次型和三次型。其次，研究者将“带宽”，即样本限制的范围，由边界线 100 千米缩减至 75 千米、50 千米，以及贴近边界线的村庄。最后，研究者将空间多项式内的元素替换为村庄至矿区边界的距离，并以三次型的形式出现。经过这些处理以后，研究者的基准结果依然保持稳健。

另一个案例来自于 Almond 等人（2009）。这篇文章研究南北方冬季供暖政策差异对环境（总悬浮颗粒）污染产生的影响。在中国供暖政策中，秦岭-淮河（北纬 33.6°）以北有冬季供暖，而以南没有供暖。而他们的结果显示，接近秦淮一线靠南的城市，其空气中悬浮颗粒含量要远小于接近秦淮一线但靠北的城市。这样的方法识别出了政策导致的环境差异。

（四）建议与心得

在课程的最后，李楠教授就如何运用历史自然实验法做量化历史研究提出了几点看法。

在选题方面，历史研究要有着很强的现实意义。通过对历史问题和现象的考察，对当前经济社会发展提供经验。同时，那些不得不用历史研究的问题，如文化变迁、战争、瘟疫、自然灾害、疾病对人类社会经济政治的影响等，如果不运用历史研究的方法则很难去考证。对于遗产研究的问题，由于路径依赖和多重均衡的存在，解读重大的历史事件更有利于我们理解社会的发展与变迁。

在研究者的研究阶段方面，存在三个层次。一是最初的规范性研究，研究者应着力于科学的研究设计、扎实的实证方法、规范的文章写作等。二是接地气的研究，讨论的问题与当前社会经济相关联，要对政策相关问题研究有实际意义和作用，而非就历史谈历史。三是思想性的研究，总结人类社会发展规律，从长时段、大视野下思考人类社会发展的内在规律，并根据研究与发现提出指引人类未来社会发展的方向。

数据对于量化历史研究至关重要。对于研究者来说，扎实的史学基础对研究数据的挖掘与辨别大有裨益。好的实证技术可以解决度量误差、选择偏差、反向因果等问题，但所运用的数据不准确，得出结果也就不可靠。研究者应该对史料的有效性与可靠性加以考证，杜绝对历史材料盲目使用。在考察一份史料时，应掌握史料的类别、性质及特点，检查史料文献的出处、年份、版本、内容，查阅同期文献中史料的使用和说明情况，并特别注意史料的引用和评价。同时，还应该查阅与该史料同时期其他相关材料，甚至那些即使质量有些偏差，但高度相关的史料，判断其出入。在规划研究的过程中，针对具体研究问题，缩小有问题史料的度量误差，使史料自身问题引起不良后果的影响降到最小，如多做一些稳健性检验等。最后，应当试图使研究所用史料更具丰富性、多样性与完备性。

三、初始经济环境与移民经济福利

（一）概述

不同的初始生存环境是否会对一个人的经济福利产生后续影响？这是一个在微观经济学领域引起广泛讨论的研究议题。就移民社会来说，迁入地的地理环境以及社会环境很有可能成为移民家庭发展路径的决定因素。同时，迁徙的时机也往往对日后的发展起到重要的作用。早期的研究显示，那些在美国经济状况好的时候移居美国的迁移者往往有着更高的福利水平（Stewart and Hyclak，1984）。

Li 和 Li（2017）利用了中国的历史现象再度阐释了这一研究问题。他们以 19 世纪末开始的东北移民潮以及 1910 年东北鼠疫暴发为背景，解释了迁入地初始环境对日后移民家庭经济条件的影响。东北移民潮，也称为“闯关东”，是中国近代最大规模的移民潮之一。据统计，从 19 世纪末到 20 世纪中叶，东三省的累计净人口流动超过 800 万人。在这篇研究当中，研究者从伪满洲国农业调查以及 1910 年鼠疫调查中搜集数据，并以东北鼠疫为历史自然实验，验证了迁移时间与地点的决定对迁移后财富积累的重要影响。研究者的研究显示，那些在疫病期间迁入疫区的家庭比对照家庭（如在非疫病期间迁入或迁入至非疫区）积累了更多的财富。除此之外，研究者还检验了迁移的内生性问题，并对迁移与财富积累的机制做出了简要讨论。

满族建立清政权后不久，便对东北地区采取了封禁政策。其原因包含对汉人的提防、独占东北经济，以及维持满族传统，等等。严格的封禁政策以及东北严苛的生存环境导致东北的人口一直处于较低水平，大量肥沃的土地未被开垦。而在清朝末期，面对俄国与日本的殖民野心，清政府决定开放东北封禁，从而维护王朝对东北的主权。随着中东铁路与南满铁路的建立，大量的人口从河北、山东等地拥至东北，掀起了闯关东的高潮。然而搬迁东北也并非易事。研究者搜集的资料显示，一个普通的北方家庭若要将一人送去东北，要花掉近一个月的收入。而举家若想搬迁至东北，则要花掉大半年的收入。

大量的人口流动带来了一项致命的问题：疾病。在 20 世纪初期，旱獭皮毛在国际上畅销，从东北出口到国际市场上的旱獭皮毛数量也逐年增多，这就导致了大量迁移到东北的移民为了商业利益加入了捕捉旱獭的队伍。但由于这些人毫无经验，不懂得疾病预防，恰巧蒙古旱獭是鼠疫病毒的主要宿主，疾病传播的风险便逐渐开始扩大。从捕猎队开始，疾病顺着铁路线在各大城市之间传播，并终于在1910年大暴发。而由于春节的返乡流，疾病甚至蔓延到了山东、河北等地。研究者的资料显示，在东北有69个县受到了疾病的影响。在哈尔滨，在出现疫情的短短5个月就有9000人死亡。这场鼠疫于1911年3月因极寒天气而结束。

（二）数据

研究者的主要数据来自于伪满洲国农业调查。在20世纪30年代中期，日本为了巩固在伪满洲国的统治，在农村展开了一项家庭调查。该调查由伪满洲国国务院事业部主导，于1935年对北满地区16个县的19个村庄进行了调查。一年后该调查扩展到南满地区，对另外21个县的22个村庄进行了调查。这份调查资料对东北地区近代农村发展研究来说弥足珍贵。调查资料当中涵盖了家庭与村庄的基本信息。研究者在这篇研究中所利用的信息有：家庭拥有可耕种土地的数量、家庭规模、户主年龄、家庭中农工的数量。研究者还从中采集了家庭迁移的数据，如家庭迁入该地的时间、迁入前的社会地位，以及迁入时该地是否已有亲戚居住。对于村庄的情况，该调查资料提供了村庄的位置、存在时长及户数。鼠疫伤亡情况的数据则来自于日本人柴山五郎的《1910年东北肺鼠疫流行情况》，其中详细记载了伪满洲国各个村县由鼠疫引起的伤亡人数。重要的是，由于1920—1921年在东北地区还发生了一场规模较小的鼠疫，为了避免这场鼠疫影响回归分析中的因果识别，研究者将样本局限于1921年以前迁移到东北地区的家庭。

该调查显示，居住在疫区村镇的家庭的土地占有量，无论是以每人还是以每户计算，都要远低于非疫区村镇，而其他的属性，如性别比例、家庭规模等，在数量级上并没有明显的差别。研究者处理移民情况的方法遵循了 Myers（1976）建议，将移民前的社会地位分为从高到低的四档：地主、富农、佃户、雇农。研究者将这四种状态分别赋值为 4、3、2、1，并在统计分析中发现迁移到非疫区村镇的家庭的基础条件要好一些。调查数据还显示，在非疫区村镇中 70%的家庭在迁移之前就有亲戚在该地落户，而在疫区村镇中只有 60%。由于调查中附上了地图，因此研究者可以利用地理信息系统提取重要的地理变量。研究者在研究中区分了南满与北满，并计算出了村镇距最近的大城市以及铁路设施的距离。他们在地理数据中发现，受灾村镇往往离大城市以及铁路更近，这也证实了人群聚集与流动加快了疫病传播的说法。

（三）回归分析

研究者在这篇文章当中主要运用双重差分法作为基准的回归模型。该模型考察了家庭占有土地情况在空间上与时间上的差异。空间上是对比居住在疫区村庄与非疫区村庄中的家庭，前者为处理组而后者为控制组。而时间上是对比不同时期迁入东北地区的家庭。研究者将迁入东北地区的家庭分为了 9 个群组。第一个群组为对照组，包含了 1905 年及以前迁入东北地区的家庭。之所以选择这个年份是因为 1905 年后随着日俄战争的胜利，日本加强了对中国东北地区的控制并开始了满铁的建设，而铁路的开通为移民潮起到了巨大的推动作用。随后，研究者将余下的家庭样本按迁入年份分为了 8 组，即 1906—1921 年每两年为一组。研究者的回归方程如下：

$$y_{irt} = \beta_0 + \sum_{t=2}^{t=9} \beta_{1t}\mathrm{mc}_{it} + \beta_2 \mathrm{Plague}_{ir} + \sum_{t=2}^{t=9} \alpha_t (\mathrm{mc}_{it} \cdot \mathrm{Plague}_{ir}) + \lambda X + \varepsilon_{irt} \quad (1)$$

在方程（1）中，y_{irt}是研究者度量家庭财富水平的变量，即 t 时期迁入村庄 r 的家庭 i 拥有土地的公顷数。由于东北地区在 20 世纪 30 年代仍为农业社会，依照马尔萨斯人口论的推断，绝大多数家庭仍会把财富投资到土地与农业生产当中，因此家庭财富的积累与土地持有量息息相关。除了观察每户的土地占有量外，研究者还计算出了家庭中每人的土地占有量（每户土地数量除以家庭规模），从而确保回归结果不会受到家庭规模的影响。mc_{it}是一组确定家庭迁移年份的哑变量，若家庭 i 在 t 时期迁入，则相应的 mc_{it} 为 1。$Plague_{ir}$ 是确认村庄 r 是否为鼠疫疫区村庄的哑变量，若村庄 r 受到鼠疫的影响则该变量为 1。该模型的核心变量为 $mc_{it} \cdot Plague_{ir}$，其将家庭土地占有情况的时间、空间差异进行了再次差分，从而能够识别出鼠疫对迁入后家庭财富的影响。由于样本中部分家庭的土地占有量为 0，研究者还采用了受限因变量模型进行分析。回归的结果见表 1。

表 1 展示了基准回归的结果。以第一列为例。首先，我们发现 1906—1907 年以及 1908—1909 年这两个双重差分变量的系数并不显著，这说明在上述时间段中实验组与控制组财富差异，与对照组（其他时间段），即 1905 年及以前迁入的家庭，相比并没有显著的区别。然而，回归结果显示从 1910—1915 年这 5 年间的三个双重差分变量的系数是显著的。这说明，在这一时间段内发生的外生冲击，即鼠疫，给实验组造成了巨大的影响。这一结果不仅在统计上显著，在数量上也很惊人：研究者的统计结果显示，1905 年以前实验组与控制组的每户土地占有差距为 44%，而由于鼠疫的冲击，1912—1913 年两组的差异已有将近 156%。同样的情况还发生在 1914—1915 年以及 1916—1917 年这两个组群当中，但数量级稍小。在之后的组群中鼠疫对财富积累的效应消失了。

除了我们感兴趣的双重差分变量外，该回归结果中的其他控制变量也值得研究。家庭规模对家庭的土地占有量有着正相关的关系。回归结果显示家庭规模增长 1%会导致土地占有量提升 0.08%—0.09%。这一结果符合农业社会的特点，更多的家庭成员会提供更多的劳动力

表 1　1910 年鼠疫与移民经济福利——基准回归

被解释变量	(1)	(2)	(3)	(4)
	普通最小二乘		受限因变量	
	家庭土地持有（对数）	人居土地持有（对数）	家庭土地持有（对数）	人居土地持有（对数）
家庭特征				
家庭规模（对数）	0.96*** (0.07)	0.08** (0.04)	0.98*** (0.07)	0.09** (0.04)
男性比例	0.68*** (0.20)	0.41*** (0.14)	0.70*** (0.23)	0.42*** (0.14)
户主年龄	0.22* (0.11)	0.13** (0.06)	0.24* (0.14)	0.14* (0.08)
非农业劳力	−0.74* (0.38)	−0.31 (0.25)	−0.95*** (0.19)	−0.46*** (0.12)
迁移前社会地位	0.29*** (0.09)	0.15*** (0.05)	0.34*** (0.05)	0.19*** (0.03)
亲戚	−0.09 (0.11)	−0.07 (0.07)	−0.09 (0.09)	−0.07 (0.06)
居住时长(对数)	0.18* (0.11)	0.16** (0.08)	0.18** (0.07)	0.16*** (0.04)
村庄特征				
户数（对数）	0.04 (0.28)	0.09 (0.16)	0.05 (0.16)	0.09 (0.10)
村庄年龄(对数)	0.08 (0.15)	0.04 (0.10)	0.08 (0.09)	0.03 (0.05)
北方地区	0.59** (0.23)	0.35** (0.15)	0.64*** (0.12)	0.38*** (0.08)
距离城市(对数)	−0.11 (0.19)	−0.08 (0.12)	−0.08 (0.09)	−0.07 (0.06)
距离铁路(对数)	0.10* (0.05)	0.08** (0.03)	0.10** (0.04)	0.09*** (0.02)
双重差分				
1906—1907	0.67 (0.71)	0.33 (0.36)	0.88 (0.77)	0.46 (0.46)
1908—1909	−0.35 (0.59)	−0.39 (0.45)	−0.35 (0.74)	−0.37 (0.47)
1910—1911	0.60* (0.35)	0.40 (0.25)	0.64 (0.55)	0.43 (0.35)
1912—1913	1.56*** (0.48)	1.09*** (0.30)	1.55*** (0.41)	1.09*** (0.26)
1914—1915	0.69** (0.34)	0.48** (0.19)	0.65** (0.29)	0.46** (0.18)
1916—1917	0.84 (0.54)	0.59* (0.32)	0.84** (0.37)	0.60** (0.23)
1918—1919	0.02 (0.33)	−0.00 (0.21)	0.03 (0.36)	0.00 (0.22)
1920—1921	0.25 (0.49)	0.14 (0.32)	0.20 (0.45)	0.10 (0.23)
常数项	−2.63* (1.49)	−1.46 (1.10)	−3.00*** (1.05)	−1.72*** (0.66)
时间固定效应	是	是	是	是
疫区村庄哑变量	是	是	是	是
F 统计量/卡方统计量	131.58	153.15	384.82	222.01
拟合优度/伪拟合优度	0.43	0.61	0.17	0.14

***、**、*分别表示在 1%、5%、10%水平上显著

注：①样本容量为 677。②时间哑变量与疫区村庄哑变量的回归系数在此表中省去。③第一列与第二列为普通最小二乘估计，第三列与第四列为限制因变量模型估计。④小括号中为稳健标准误。

来进行耕作，也需要更多的土地来供养。男性成员比例与土地占有量也成正相关，这也符合农业社会特点，因为男性成员更有可能会投入农业生产活动中。户主年龄与土地占有量正相关，是因为户主随着年龄增长会积累更多财富。若家庭中从事非农业生产的人员比例较高，则该家庭占有土地的数量也较小，其原因可能是该家庭更有可能从事其他经济活动维持家庭生计。家庭迁入前的社会地位对日后的财富积累也有着很强的联系。若排除其他因素，一个家庭每提高一个身份档次，在迁移后的土地占有量都能提高 29%。而一个家庭迁移前是否有亲戚居住则对日后的财富积累没有影响。

村庄的特点也可以成为影响家庭财富积累的因素。研究者在这里用村庄的户数来度量村庄的经济生产能力，因为人口越多的村庄规模效应越强。村庄的存在时间被用来衡量村庄制度的完善程度。一种可能是存在时间越长的村庄风俗与制度可能越完善，产权保护制度越好，另一种可能是新的村庄对外来家庭更加包容。然而回归结果显示村庄特点与财富积累并无统计上的关系。

从地理位置来考虑，北满村庄家庭的土地持有量比南满村庄家庭要高出 59%。这是因为北满村庄开拓的时间要比南满村庄晚。距离铁路越近的村庄，其家庭拥有的土地也越多，这很有可能是因为铁路降低了交易成本。村庄距离大城市变量的系数并不显著，很可能是由于该变量与铁路距离变量共线性。

最后，无论是用普通最小二乘模型还是受限因变量模型，上述基准结果都很稳健。同时，当把因变量改为家庭人均拥有土地数量时，结果也并没有显著变化。

表 1 考察的是村庄受到疫病传染这个事实本身所造成的影响，而研究者接下来进行了下一步的扩展，考虑疫病严重程度是否也对之后迁移家庭的财富积累造成影响。研究者以死亡人数为依据，将各个村庄受疫病传染的严重程度从重到轻标识为 4 至 1，并将此变量代替方程

（1）中的 $Plague_{ir}$。运用了连续变量之后的结果显示，1912—1913 年群组的双重差分变量的系数显著不为 0。然而在接下来的两个群组，即 1914—1915 年群组以及 1916—1917 年群组的回归系数并不显著。综合之前的结果，研究者发现如下几点：首先，在疫病刚刚发生后移入疫区的家庭，即属于 1912—1913 年群组的家庭，积累了最多的财富。其次，在上述组群的家庭中，那些迁移至受疫病传染最严重的地区的家庭反而拥有更多财富。最后，对于 1914—1915 年以及 1915—1916 年迁移至疫区的家庭来说，该地区受疫病传染的严重程度对财富积累并不重要了。

然而上述证据还不足以完全建立因果关系，因为移居本身并非外生。如果某种未被观测到的属性同时决定着家庭的移居以及财富积累的能力，那么之前的结果很有可能受到选择性偏差影响，进而导致回归系数在统计学上不一致。在这篇文章当中，研究者在内生性的问题上具体考察了刚刚在疫病结束后迁移至疫区的家庭在属性上和其他类型家庭的不同之处，也考察了导致家庭迁入至某个地区的具体原因。

首先，研究者对比了不同时期迁移至疫区与非疫区家庭的基本属性。研究者发现，迁移至疫区村庄的家庭要多于迁移至非疫区村庄的家庭。同时，在疾病暴发的前后五年，即对比 1906—1911 年与 1912—1917 年，迁移至疫区的家庭的初始地位始终要高于迁移至非疫区家庭的初始社会地位。这一结论符合双重差分模型中的同趋势变化的假设条件。其次，研究者假设更多的家庭迁移前的属性可以从 1930 年前后的家庭属性中判断出，以便可以通过对比迁移后家庭的属性来判断迁移前家庭的特点对迁移位置的影响。这里研究者选取的变量是家庭规模、家庭中男性的比例及户主年龄，因为这些变量相对不太会随时间变化，或者可以被时间固定效应涵盖。研究者的对比结果显示，这些属性基本上不与家庭迁移至疫区或非疫区相关。

再次，研究者做了个简单的回归来证明迁移前的社会地位与迁移的位置不相关，回归的结果见表 2。在这个回归分析中研究者将疫区村庄与疫病发生后五年迁入的家庭哑变量做了一个交互，并对迁移前的家庭属性做回归，还控制了家庭迁移后的居住时间以及区域哑变量。研究者的回归结果显示，该交互项的系数虽然为负，但在统计学上并不显著。这也证明了疫病发生后迁移至疫区村庄的家庭并没有特殊性。

表 2　迁移至疫区家庭的迁移前属性与迁移时间的关系

	（1）序列 Probit 模型	（2）Probit 模型
	迁移前社会地位	存在亲戚
疫区村庄	-0.21（0.13）	-0.32（0.22）
1912—1917 年组群	-0.01（0.27）	-0.24（0.37）
疫区村庄×1912—1917 年群组	-0.26（0.42）	0.22（0.42）
常数项		-2.26***（0.69）
样本容量	677	677
拟合优度	0.03	0.17

***、**、*分别表示在 1%、5%、10%水平上显著

注：表中还控制了区域哑变量与居住时长（对数）

在这段分析的最后，研究者系统研究了家庭的各种属性对迁移至不同地区的关系，即什么样的因素会导致家庭恰巧在疫病发生后迁移至疫区的村庄。这里研究者建立了一个 probit 概率回归模型，因变量为家庭是否迁移至疫区村庄，1 为是，0 为否。自变量包括了之前分析中使用过的家庭属性、村庄属性及迁移前属性等。表 3 为回归分析结果。

表 3　迁移至疫区村庄的概率估计

项目	（1）	（2）	（3）	（4）
被解释变量为：迁移至疫区村庄哑变量				
家庭特征				
家庭规模（对数）	-0.13（0.12）			-0.05（0.13）

续表

项目	（1）	（2）	（3）	（4）
男性比例		−0.04（0.43）		−0.21（0.44）
户主年龄		−0.11（0.30）		−0.20（0.27）
非农业劳力		0.05（0.41）		0.10（0.45）
迁移前社会地位	−0.18（0.12）	−0.18（0.13）	−0.22*（0.11）	−0.26***（0.10）
亲戚	−0.14（0.18）	0.01（0.18）	0.12（0.18）	−0.18（0.23）
村庄特征				
户数（对数）	1.28***（0.30）	1.51***（0.31）	1.26***（0.30）	1.34***（0.28）
村庄年龄（对数）	−1.31***（0.15）	−1.46***（0.16）	−1.31***（0.15）	−1.32***（0.17）
北方地区	−0.60*（0.34）	−0.59（0.37）	−0.63*（0.34）	−0.49*（0.28）
距离城市（对数）	−1.98***（0.20）	−2.31***（0.06）	−1.98***（0.20）	−2.03***（0.19）
距离铁路（对数）	−0.25***（0.05）	−0.23（0.30）	−0.24***（0.05）	−0.24***（0.07）
群组哑变量				
1906—1907	0.14（0.39）	0.11（0.45）	0.16（0.39）	0.11（1.09）
1908—1909	0.71（0.45）	0.87*（0.48）	0.71（0.45）	0.59（1.09）
1910—1911	−0.34（0.34）	−0.37（0.37）	−0.37（0.34）	−0.42（0.60）
1912—1913	1.53*（0.83）	1.81*（0.93）	−0.09（0.51）	−0.20（0.56）
1914—1915	−0.30（0.37）	−2.01**（0.85）	−0.30（0.37）	−0.36（0.38）
1916—1917	−0.81（0.36）	−0.45（0.95）	−0.80**（0.36）	−1.31***（0.44）
1918—1919	−1.53***（0.34）	−1.39（0.97）	−1.52***（0.34）	−1.92***（0.49）
1920—1921	−0.41（0.51）	3.15（1.37）	−0.43（0.50）	−0.20（0.53）
交互项				
社会地位×1912—1913	−0.60**（0.28）	−0.72**（0.32）		
社会地位×1914—1915		0.76**（0.37）		
社会地位×1916—1917		−0.17（0.31）		
社会地位×1918—1919		−0.11（0.34）		

续表

项目	(1)	(2)	(3)	(4)
社会地位×1920—1921		-1.65^{**}（0.50）		
亲戚×1912—1913			-0.36（0.55）	-0.33（0.74）
亲戚×1914—1915				-0.39（0.54）
亲戚×1916—1917				1.38^{*}（0.58）
亲戚×1918—1919				0.54（0.58）
亲戚×1920—1921				-0.86（0.73）
常数项	15.39^{***}（1.67）	17.54^{***}（2.31）	15.49^{***}（1.65）	16.63^{***}（2.06）
瓦尔德卡方统计量	238.51	333.07	238.53	556.35
拟合优度	0.59	0.62	0.59	0.60

***、**、*分别表示在1%、5%、10%水平上显著

注：①样本容量为677。②括号中为稳健标准误

在表3中，第一列与第三列控制的自变量有迁移前属性、村庄属性、群组哑变量，以及一组迁移前属性与1912—1913年群组哑变量的交互项。在第二列与第四列中，还加入了家庭属性以及迁移前属性与更多组群哑变量的交互项。

该回归结果显示，村庄属性与迁移至疫区村庄有显著的关系。换言之，家庭之所以愿意迁移至疫区的村庄，有可能是因为这些村庄恰巧更大，相对较新，更偏向南方，或者离大城市与铁路线较近。这一推断也符合事实。大部分迁移者并没有打算彻底定居在东北地区，对东北地区的地理情况也不甚了解，在这种情况下，迁移者仅有可能落户在距离大城市较近的地区或者铁路沿线，而不太可能迁移至距离更远的地区，如北满地区。而正如前文所述，鼠疫也正是通过铁路线以及大城市拥挤的人群进行传播，因此，优良的地理位置不仅吸引着外

来者，也促进了疾病的传播。

从第二列的交互项来看，我们发现 1912—1913 年组群交互项系数显著为负，而接下来 1914—1915 年组群交互项为正。这说明在 1912—1913 年迁移过来的家庭，之前的社会地位普遍较低；而在疫病暴发两年之后，那些社会地位较高的人，由于更有可能有文化而容易从报纸中得到信息，开始对疫病放下警惕，并开始意识到疫病导致人口锐减而带来的财富再分配机会，从而决定迁移至疫区的村庄。在 1921 年的小规模疫病中，也是这些地位较高的人能够及时了解疫病的危害并在第一时间避开了疫区，他们的经济能力也允许他们迁移至更远的地方。这一点也可以从 1920—1921 年组群交互项的系数中发现。

第三列的交互项考察迁移前有亲戚居住的情况。亲戚对于移居决定有可能起着重要的作用。在这个实例中，在疫区的亲戚可以将居住地的情况告知打算迁移过来的家庭，尤其是告知对方疫病会导致潜在的财富。然而，如果亲戚并没有意识到疫病会带来潜在的财富福利，那么打算迁移的家庭所注意到的可能仅仅是疫病的负面作用。回归结果表明除了 1916—1917 年迁移的家庭外，迁移前是否已有亲戚定居与家庭迁移到疫区的决定并没有统计上的显著关系。研究者因此得出了两种可能性，一是直到 1916 年居住在疫区的亲戚才意识到有利可图并通知家人迁移过来；二是待迁移的家庭已经从亲戚口中知道了疫病带来的正反因素，但直到 1916 年，家庭普遍认为疫病带来的潜在财富足以打消对疫病的恐惧。

综合上述证据，研究者认为那些在 1912—1913 年，也就是疫病刚刚结束的年份，迁移至东北地区的家庭，并没有基于除了地理位置之外的其他因素来做出迁移决定。这些家庭往往之前比较贫困，获得的信息也有限，因此只能选择那些相对好去的地方。那些之后迁移的家庭，特别是 1914—1917 年迁移的家庭，或多或少是出于对财富的追求才选择疫区村庄，这一点研究者也提供了间接的证据。当然，由于信息的传播以及从众的心态，疫区所带来的潜在财富很快便不复存在。基准回归中也显示，1917 年以后迁移至疫区的家庭与对照组相比已经没有显著区别了。

最后研究者阐述了机制问题。虽然没有数据和资料能够彻底解释机制，但研究者提供了两段推理。首先研究者提出了因疫病使人口减少土地价格大减的假设。但研究者随后认为，这其实并不能严重影响村庄土地的平均价格。于是研究者又提出了第二种假设，认为季节工刻意回避了鼠疫，从而导致疫区村庄的劳动供给短缺，而劳动力价格上升。在这种情况下，迁移至疫区村庄的人便享受到了更高的工资待遇。而疫病结束之后，第一波移民始终保持着初始的优势，从而能够积累更多的财富。

这篇文章以东北鼠疫为历史自然实验，向读者阐述了初始条件对移民财富积累的影响。研究者的核心结论显示，正确的时间与正确的地点对于移民后的福利皆至关重要。

四、改土归流与经济发展

（一）概述

多民族国家如何实现对边疆文化异质性地区的有效管理，促进其发展一直是社会科学家与政策制定者思考的重要问题。若管理政策失效，则多民族会成为经济发展的障碍（Alesina and La Ferrara，2003；Montalvo and Reynal-Querol，2005）。对这一问题系统的考察最早可追述至《君主论》，之后的研究多集中在殖民地社会的历史研究中，前文已多有介绍。可以发现的是，现有研究多数基于跨国数据或殖民主义历史经验的考察，缺乏微观系统化的实证证据。而中国清代西南地区改土归流提供了考察管治方式从间接土司制度向流官制度直接管治转变，并进而对当地经济发展产生影响的历史自然实验。

李楠和林友宏（2016）以西南边疆民族地区管治方式演变为例，考察了清代改土归流政策对当地经济发展的短期与长期影响。研究发现，清代在西南边疆地区实施的改土归流政策对当地经济发展具有显著影响。改土归流后改流地区比未改流土司地区拥有更高的人口密度和人力资本积累，而且该影响直到现在依然存在。其中改流时间越长的地区拥有越高的人口密度、农村人均纯收入，以及较低的婴儿死亡率。此外，本文发现改流后流官体制对人口流动和公共物品的提供是促进当地经济发展的重要因素。这项研究不仅丰富了相关民族国家边疆管治的历史经验和实证证据，也为理解中国边疆民族地区发展不平衡问题提出了新的研究方向。

西南边疆地区历来是中国少数民族主要的聚居地区。尽管目前西南边疆地区管治方式与其他省份无异，但在历史上各王朝对其管治的方式不尽相同。先后经历了一个从“羁縻统治”到“土司管理”，再到“郡县制度”的演变过程。在元朝以前，西南地区（主要指云南、贵州、广西以及四川南部山区）一直是中原王朝行政版图上的“异域”。由于道路险阻，自然条件恶劣，中原王朝只能通过羁縻手段，即军事威慑或贸易依赖，使西南各族在形式上臣服于中央统治。元朝以前，西南地区从未真正纳入中原王朝郡县制度的行政管理之下。西南地区始终作为与中原王朝郡县制度直接管治相异的“异域”长期存在。

西南地区真正受到中原王朝实际的管治是在元世祖忽必烈率大军征服西南以后。元朝在西南地区推行了一套更为有效的行政制度，在经济较发达的地区，同样设立了府、州、县等行政单位；而在边缘地区，则设立了宣慰司、宣抚司、长官司等军事行政一体的组织机构。土司虽然有听从中原王朝军事调遣的义务，但在行政上却拥有对管辖地区极大的权力。面对土司制度的诸多弊端，明朝采取了小规模的改土归流措施，用流官取代当地的土司土官，力图将西南地区纳入中原王朝的直接管治之下。

大规模的改土归流始于清代，这使得西南地区完成了从土司制度间接管治到流官制度直接管治的转变。清初，西南地区的大部分土司归附了清朝，顺治、康熙两朝为谋求西南地区的稳定，主要对反抗清廷的土司进行改流，陆续废除土司数十家，设立流官府、州、厅、县 27 个，使得清朝对西南地区的控制得到加强。雍正四年（1726 年），云贵总督鄂尔泰向雍正上疏："云贵大患，无如苗蛮。欲安民必先制夷，欲制夷必改土归流。"这不仅指出了改土归流的迫切性，而且设计了详细的方案。在接下来的五年里，鄂尔泰采用招抚和武力征剿的方式对西南土司地区进行了大规模改流。

清朝的改土归流不仅加强了国家对于西南地区的管治，也促进了改流地区的经济社会发展。在雍正大规模改土归流之后，改流地区的人口出现了快速增长，人口密度由 1776 年 15.1 人/千米 ^{2} 上升至 1910 年的 29.05 人/千米 ^{2}（Cao，2000）。改土归流能够促进经济发展，可以归功于以下两点。首先，改土归流结束了土司的强权统治，使得土民不再依附于土司，获得了更多的人身自由和财产权力。其次，改土归流结束了西南地区土司割据的局面，加强了西南民族地区与中原地区的联系，从而促进了移民和农业开发。

（二）数据与回归分析

为度量改土归流政策对西南边疆地区经济发展的影响，实证模型设定如下：

$$y_{it} = \beta_1 \text{tusi}_{it0} + \beta_2 \text{tusi}_{it0} \cdot \text{change}_{it} + \gamma X + \varepsilon_{it} \qquad (2)$$

其中，y_{it} 是第 i 个府在 t 时期的经济发展水平；tusi_{it0} 为清初时该府内的土司区域面积占总面积的比例；$change_{it}$ 是该府 t 时期改流面积占清初土司区域的比例；因此，$tusi_{it0} \cdot change_{it}$ 是该府 t 时期清朝改流面积占总面积的比例，用以度量该府在 t 时期的改土归流程度；X 是一组可能影响到经济发展水平的经济社会与地理环境的控制变量。β_1、β_2、γ、ε_{it} 分别是待估计系数与随机扰动项。其中，β_1 识别了清初土司地区与流官地区经济发展水平的差异；β_2 识别了清初土司地区内改流地区与未改流地区在经济发展水平上的差异，反映了改土归流政策对当地经济发展的影响。

研究者用人口密度作为衡量经济发展水平的代理变量。其数据来自于（Cao，2000），研究者选取了 1776 年、1851 年以及 1910 年三个时期的府级人口密度。另外，在发展经济学文献中，人力资本一直被认为是决定经济发展的重要因素，因此，研究者采用进士密度（每百万人口的进士数量）作为当地教育发展水平的代理变量。由于殿试一般每三年一次，且西南地区每科中进士人数相对较少，因此研究者分别选取 1760—1780 年、1830—1850 年、1880—1900 年三个时间段进行分析，以便更好地反映西南不同时期的教育发展状况。

主要的被解释变量，即各府改土归流的程度，来自于多份历史资料，包括《清史稿·地理志》《清史稿·土司传》《续云南通志稿（光绪）·土司传》《贵州通志（民国）·土司传》《广西通志（嘉庆）·土司传》等。研究者通过地理信息技术还原了西南地区（云南、贵州、广西）清初流官区与土司区的地理分布，以及改土归流后设立各流官区域的地点和时间。

除了改土归流外，其他一些潜在的地理环境和社会历史因素也可能影响一个地区的经济发展。首先，西南地区多山的地貌特征与较高的海拔差异会对经济发展产生重要影响，因此地形崎岖程度和海拔作为地理环境控制变量加入到模型中。其次，不同行政区划面积大小往往会影响一个地区的要素禀赋结构，进而对该地经济发展产生影响。

因此不同地区行政区域面积也作为控制变量加入模型中。最后，研究者还控制了不同行政单位至本省督抚衙门所在地的距离。

基准的回归结果见表 4。前三列分别为 1776 年、1851 年以及 1910 年三个年份的截面数据回归，主要考察不同年份中改土归流对人口密度的影响。第四列为随机效应的面板数据回归。通过观察前三列可知，清初土司地区占该府比重越高，当地人口密度越低；而且改流地区占该府比例越大，当地人口密度越高。以 1776 年为例，土司地区占地比例每上升 1%，人口密度将显著地下降 1.028%，而改流比例每上升 1%，则人口密度将显著地上升 0.681%。第 4 列估计结果依然与之前采用横截面数据的估计结果一致。研究者还检验了改土归流政策对西南地区教育发展影响。其结果显示，清初土司地区比例越高的府，其教育发展水平也越低。而在 1780 年之后，改土归流开始对人力资本的积累产生显著的促进作用。

表 4 改土归流对西南地区清代人口密度的影响

项目	被解释变量：清代人口密度（对数）			
	普通最小二乘			随机效应模型
	1776 年	1851 年	1910 年	1776—1910 年
	（1）	（2）	（3）	（4）
核心解释变量				
清初土司区比例	−1.028*** （0.270）	−1.141*** （0.245）	−1.216*** （0.200）	−1.419*** （0.253）
土司区比例×改流比例	0.681* （0.340）	0.685** （0.288）	0.865*** （0.300）	1.122*** （0.263）
控制变量				
行政区域面积	−0.269** （0.129）	−0.208 （0.126）	−0.164 （0.118）	−0.254* （0.133）
至省会距离	−0.087** （0.040）	−0.089** （0.042）	−0.061* （0.034）	−0.076* （0.044）
地形崎岖程度	−0.047 （0.125）	−0.134 （0.122）	−0.111 （0.111）	−0.080 （0.091）

续表

项目	被解释变量：清代人口密度（对数）			
	普通最小二乘			随机效应模型
	1776 年	1851 年	1910 年	1776—1910 年
	（1）	（2）	（3）	（4）
海拔	−0.000 （0.000）	0.000 （0.000）	0.000 （0.000）	0.000 （0.000）
省份固定效应	是	是		
拟合优度	0.633	0.653	0.675	0.407
观测值	50	50	50	150

***、**、*分别表示在 1%、5%、10%水平上显著

注：①第 1、2、3 列为线性回归模型，第 4 列为面板随机效应模型。②括号中数据为稳健标准误

由于改土归流实施可能并非是一个随机过程，经济地理条件较好的地区可能最先成为政策实施的对象，因此选择偏差可能对以上估计结果造成影响。这里研究者考虑用地形崎岖程度来度量经济，尤其是农业的发展水平。这样研究者便可以采用县级样本，对地形崎岖程度与改土归流政策实施时间与次序进行回归分析。该回归显示，清朝改土归流的实施并未显著受到经济地理条件的影响，选择偏差问题并不严重。

但为了更全面地解决内生性问题，研究者接下来采用了工具变量法。研究者选取一府清初土司地区至明朝卫所距离作为改土归流程度的工具变量。因为改土归流需要依靠武力对土司控制地区进行军事威慑或征服，而明朝通过设立军事卫所，加强了对卫所周边区域的军事控制，因而降低了清朝改土归流的困难程度。同时，明朝卫所的设置多出于军事角度的考虑，因此我们有理由相信卫所的设立与经济发展水平无关。

由于工具变量不随时间变动，该二阶最小二乘估计继续采取截面数据的形式。二阶最小二乘的结果在表 5 中显示。面板 A 中第一阶段

回归结果显示，作为工具变量的土司地区至明朝卫所距离与内生变量之间有着显著的负向关系，即一府土司地区至明朝卫所的距离每增加1%，该府的改流面积比例将显著下降11%—18%。面板B给出的第二阶段回归结果显示，在利用工具变量纠正了缺失变量问题后，衡量改土归流政策效果的是清初土司地区比例与改流面积比例的交互项对不同时期人口密度的影响系数依然显著为正，这进一步证明了改土归流政策对经济发展的促进作用。相比普通最小二乘估计结果，此时的估计系数有所增大反映了工具变量纠正了缺失变量问题所导致的对改土归流影响的低估。

表5　改土归流对于西南地区清代经济发展的影响：工具变量法

面板A：第一阶段回归						
被解释变量	清初土司地区比例* 改流面积比例（分府）					
	（1）	（2）	（3）	（4）	（5）	（6）
核心解释变量						
清初土司地区比例×至明朝卫所距离（对数）	-0.186*** （0.042）	-0.169*** （0.046）	-0.117** （0.051）	-0.181*** （0.039）	-0.161*** （0.044）	-0.159*** （0.045）
控制变量	是	是	是	是	是	是
拟合优度	0.812	0.815	0.877	0.802	0.815	0.828
观测值	50	50	50	50	50	50
面板B：第二阶段回归						
被解释变量	人口密度（对数）			进士密度（对数）		
	1776年	1851年	1910年	1760—1780年	1830—1850年	1880—1900年
核心解释变量						
清初土司地区比例×改流面积比例	1.216** （0.583）	1.300** （0.628）	2.550** （1.033）	1.364 （1.551）	3.535** （1.578）	1.128 （1.792）
控制变量	是	是	是	是	是	是
拟合优度	0.601	0.609	0.483	0.208	0.258	0.282
观测值	50	50	50	50	50	50

***、**、*分别表示在1%、5%、10%水平上显著

注：①控制变量包括清初土司地区比例、至省会的距离、清朝行政区面积、地形崎岖程度、海拔。②括号中数据为稳健标准误

接下来研究者考虑了改土归流对西南地区经济的长期影响，并将回归模型做出如下修改：

$$y_{it} = \beta_1 \text{tusi}_{it0} + \beta_2 \text{tusi}_{it0} \cdot \text{duration}_i + \gamma \boldsymbol{X} + \varepsilon_{it} \quad (3)$$

其中，duration_i 是清初土司地区从改流开始至清末（1911 年）的持续时间。其与清初土司地区面积占该地区面积比例的交互项 $\text{tusi}_{it0} \cdot \text{duration}_i$ 反映了清代改土归流程度的差异。该变量越小，则土司制度在该府的存在时间越短，改土归流的作用时间相对越长。对于被解释变量，首先研究者从民国史料以及人口普查数据中得到了各府在 20 世纪 30 年代、1982 年以及 1990 年的人口密度。其次，研究者还选择了 2000 年人口普查提供的识字率和平均受教育年限数据作为教育发展水平的代理变量。最后，研究者还选取了 2000 年农村居民人均纯收入与婴儿死亡率两个指标进行考察，以揭示改土归流政策对当前乡村经济社会的影响。

表 6 的结果显示，无论是民国时期，还是改革开放之后的 1982 年和 1990 年，回归结果均表明清代改土归流政策实施越早的地区，人口密度越高，平均改土归流持续时间每上升 1%，人口密度将显著地升高 0.1%左右。第 5 列回归结果表明，清代改流持续时间越久的地区，2000 年平均受教育年限也会越高。改土归流会显著地促进基层农村收入水平的提高。改流持续时间每上升 1%，居民纯收入显著上升 0.028%，而婴儿死亡率（每千名新生婴儿的死亡人数）将随着改流持续时间的上升而显著下降。上述结果在研究者采用同样的工具变量法进行二阶最小二乘回归后依然保持稳健。

接下来本文采用了空间断点回归。澜沧江中下游两岸在清初时为土司所控制，但在清朝改土归流政策实施时，基本遵循了“江外宜土不宜流，江内宜流不宜土”的原则。在澜沧江以东的“江内”区域，通过改土归流建立了流官的郡县统治，而在澜沧江以西的“江外”区域，则依旧保留了原有的土司管治方式。因此，澜沧江中下游的河段

表 6 改土归流对西南地区经济发展的长期影响

项目	人口密度（对数）			2000 年识字率	2000 年平均受教育年限	2000 年农村居民纯收入	2000 年婴儿死亡率
	20 世纪 30 年代	1982 年	1990 年				
	（1）	（2）	（3）	（4）	（5）	（6）	（7）
核心解释变量							
清初土司地区比例	-0.665^{***} （0.128）	-0.664^{***} （0.115）	-0.696^{***} （0.101）	-7.937^{***} （2.243）	-0.870^{***} （0.181）	-0.344^{***} （0.067）	23.830^{***} （6.658）
清初土司地区比例×清朝改流持续时间	0.107^{***} （0.028）	0.110^{***} （0.025）	0.118^{***} （0.023）	0.588 （0.508）	0.081^{**} （0.039）	0.028^{*} （0.014）	-3.379^{**} （1.623）
控制变量	是	是	是	是	是	是	是
拟合优度	0.736	0.521	0.522	0.522	0.596	0.672	0.424
观测值	275	275	296	287	287	284	279

***、**、*分别表示在 1%、5%、10%水平上显著

注：①控制变量包括清初土司地区比例、至省会的距离、清朝行政区面积、地形崎岖程度、海拔和省份固定效应。②括号中数据为稳健标准误

成为雍正之后郡县制度与土司制度的实施界限。由于澜沧江中下游河段两侧在改土归流的实施时间上存在着明显差异，因而为本文研究提供了断点回归的历史自然实验。

选择镇级的贫困率数据作为衡量农村经济发展水平的变量。断点回归方程设定如下：

$$\text{poverty}_i = \beta_1 \text{inriver}_i + z_i\gamma + f(x) + \varepsilon_{it} \quad (4)$$

其中，被解释变量 poverty_i 是第 i 个镇的贫困等级；inriver_i 指示该镇是否位于澜沧江以内的改流地区（是=1）；$f(x)$是至澜沧江距离的一次多项式；z_i 是该镇的海拔、地形崎岖程度等地理环境控制变量；ε_{it} 是随机扰动项。在进行回归之前，研究者对断点的有效性进行了检验。他们发现，地形崎岖程度与海拔在澜沧江内外均无显著的跳跃性变化，因此可以相信断点的有效性。

表 7 显示了断点回归的结果。其中带宽的选择为澜沧江两侧 50 千

米、40 千米及 30 千米。结果显示，郡县制度的实施将使得贫困率显著地下降近两个等级（最高为 6）。研究者还设计了安慰剂检验，将澜沧江上游缅宁厅和威远厅交接河段当做伪边界。这些地区改流较早，而澜沧江还没有成为政策选择的依据。该安慰剂并没有给出显著的回归系数，因此证明河流并没有对经济发展产生直接的作用，以澜沧江中下游作为断点回归线的估计结果是稳健的。

表 7　改土归流对于西南地区经济发展的长期影响：空间断点回归方法

被解释变量	贫困等级（2000 年）					
	断点两侧			伪断点两侧		
	<50 千米	<40 千米	<30 千米	<50 千米	<40 千米	<30 千米
	（1）	（2）	（3）	（4）	（5）	（6）
是否在澜沧江内（1=是）	−1.860*** （0.619）	−1.751** （0.681）	−1.961** （0.817）	−1.405 （1.027）	−1.694 （1.554）	−0.883 （1.437）
控制变量	是	是	是	是	是	是
一次多项式	是	是	是	是	是	是
拟合优度	0.765	0.806	0.808	0.722	0.754	0.830
观测值	51	39	29	25	18	14

***、**、*分别表示在 1%、5%、10%水平上显著

注：①控制变量包括至省会的距离、地形崎岖程度、海拔。②括号中数据为稳健标准误

最后研究者给出了改土归流促进发展的机制。其一为移民。改土归流为迫于人口压力和生存危机的人们到西南地区谋求发展提供了良好的机会。而且在改土归流后，清政府的维稳措施推动了内地人口移民西南地区的进程，有力地促进了西南地区的经济开发。研究者的分析显示，若一府清初土司地区中建立的移民会馆越多，则该府在 1910 年的人口密度将会越高。其二为公共物品的提供。流官制度下地方官员有为当地提供诸如水利、仓储、教育等公共物品的职能。研究表明改流持续时间较长的地区，显著地拥有更多的水利设施。

基于移民与公共物品这两个方面，研究者认为这些短期的渠道造成了各地区之间初始经济差异，进而对长期经济发展产生影响。

五、结　语

随着新的史料的挖掘、新的数据分析方法的应用，以及计量经济学工具的更新，新历史计量会是一个蓬勃发展的研究领域。而中国作为历史悠久的大国，定会为量化历史研究提供翔实的历史自然实验场景。在不久的将来一定会有更多的关于中国的量化历史研究刊登在国际一流的期刊上。在此之前，还需要研究者们多加深历史学、经济学，以及计量经济学功底，深入挖掘有意义的研究题材，在获得可靠、翔实、丰富的史料基础上，通过反复实践探寻真相，追求科研的准确性与科学性。

整理人：金淦，德国弗莱堡大学经济系

参考文献

邓广铭. 2007. 北宋政治改革家王安石. 北京：生活·读书·新知三联出版社.

李楠，林友宏. 2016. 管治方式转变与经济发展 ——基于清代西南地区“ 改土归流”历史经验的考察. 经济研究，7：173-188.

全汉昇. 1990. 宋代寺院所经营的工商业. 台北：稻香出版社.

史志宏. 2009. 清代户部：银库收支和库存统计. 福州：福建人民出版社.

Acemoglu D，Johnson S. 2004. The rise of Europe：Atlantic trade，institutional change and economic growth. *The American Economic Review*，95（3）：546-579.

Acemoglu D，Johnson S & Robinson J A. 2001. The colonial origins of comparative development：an empirical investigation. *American Economic Review*，91（5）：1369-1401.

Acemoglu D, Robinson J A & Johnson S. 2002. Reversal of fortune: geography and institutions in the making of the modern world income distribution. *The Quarterly Journal of Economics*, 117 (4): 1234–1294.

Alesina A, Giuliano P & Nunn N. 2013. On the origins of gender roles: women and the plough. *The Quarterly Journal of Economics*, 128 (2): 469–530.

Alesina A & La Ferrara E. 2003. Ethnic diversity and economic performance. *Journal of Economic Literature*, 43 (3): 762–800.

Allen R C, Bassino J P, Ma D, Moll-Murata C & Van Zanden J L. 2011. Wages, prices, and living standards in China, 1738–1925: in comparison with Europe, Japan, and India. *The Economic History Review*, 64 (1): 8–38.

Almond D, Chen Y, Greenstone M & Li H. 2009. Winter heating or clean air? Unintended impacts of China's Huai River policy. *American Economic Review*, 99 (2): 184–90.

Bai Y & Jia R. 2016. Elite recruitment and political stability: The impact of the abolition of China's civil service exam system. *Econometrica*, 84 (2): 677-733.

Bai Y & Kung J K. 2015. Diffusing knowledge while spreading god's message: protestantism and rconomic prosperity in China, 1840–1920. *Journal of the European Economic Association*, 4 (13): 669–698.

Becker S O & Woessmann L. 2009. Was Weber wrong? A human capital theory of Protestant economic history. *Quarterly Journal of Economics*, 124 (2): 531–596.

Cao S. 2000. *History of population in China, volume 5*. Shanghai: Fudan University Press.

Conrad A H & Meyer J R. 1958. The economics of slavery in the ante bellum South. *Journal of Political Economy*, 66 (2): 95–130.

Dell M. 2010. The persistent effects of Peru's mining mita. *Econometrica*, 78 (6): 1863–1903.

Engerman S L, Sokoloff K L, Urquiola M & Acemoglu D. 2002. Factor endowments, inequality, and paths of development among new world economies. *Economica*, 3 (1): 41–109.

Feyrer J & Sacerdote B. 2009. Colonialism and modern income: islands as natural experiments. *The Review of Economics and Statistics*, 91（2）：245–262.

Fisman R & Miguel E. 2007. Corruption, norms, and legal enforcement：evidence from diplomatic parking tickets. *Journal of Political Economy*, 115（6）：1020–1048.

Fogel R W. 1965. Railroads and American economic growth：essays in econometric history. *Business History Review*, 39（1）：130.

Glaeser E L, La Porta R, Lopez-de-Silanes F & Shleifer A. 2004. Do institutions cause growth? *Journal of Economic Growth*, 9（3）：271–303.

Henderson J V & Storeygard A. 2012. Measuring economic growth from outer space. *American Economic Review*, 102（2）：994–1028.

Iyer L. 2010. Direct versus indirect colonial rule in India：long-term consequences. *Review of Economics and Statistics*, 92（4）：693–713.

Jia R. 2014. The legacies of forced freedom：China's treaty ports. *Review of Economics and Statistics*, 96（4）：596–608.

La Porta R, Lopez-de-Silanes F & Shleifer A. 2008. The economic consequences of legal origins. *Journal of Economic Literature*, 46（2）：285–332.

Li D & Li N. 2017. Moving to the right place at the right time：economic effects on migrants of the Manchuria Plague of 1910-11. *Explorations in Economic History*, 63（November 2016）：91–106.

Mauro P. 1995. Corruption and growth. *The Quarterly Journal of Economics*, 110（3）：681–712.

Montalvo J G & Reynal-Querol M. 2005. Ethnic diversity and economic development. *Journal of Development Economics*, 76（2）：293–323.

Myers R H. 1976. Socioeconomic change in villages of Manchuria during the Ch'ing and Republican periods：some preliminary findings. *Modern Asian Studies*, 10（4）：591–620.

North D C. 1968. Sources of productivity change in ocean shipping, 1600–1850. *Journal of Political Economy*, 76（5）：953–970.

Nunn N. 2009. The importance of history for economic development. *Annual Review of Economics*, 1（1）：65–92.

Stewart J B & Hyclak T. 1984. An analysis of the earning profiles of immigrants. *The*

Review of Economics and Statistics, 66（2）：292–296.

Tung-tsu C. 1962. *Local government in China under the Ching*. Cambridge，MA：The East Asian Research Center of Havard University.

A Review Essay on Cliometrics and Natural Experiments in Economic History

Li Nan

Abstract：This essay reviews the lecture from Prof. Nan Li during the 5th Summer School for Quantitative History in Kaifeng. We introduce the features of cliometrics and the application of econometrics in economic history studies. Then we explain the concept of historical natural experiment and provide examples from empirical economic history studies. At the end，this essay selects and presents two studies in the lecture from Li：“Moving to the Right Place at the Right Time：Economic Effects on Migrants of the Manchuria Plague of 1910–11”，and “Governance and Economic Development：A Historical Investigation on the Southwest China”

Keywords：economic history，ciometrics，natural experiment

群体、地理与中国历史：基于 CBDB 和 CHGIS

Peter K. Bol①

摘要：在第四届量化历史讲习班中，Peter K. Bol 基于 CBDB（China Biographical Database Project，中国历代人物传记项目）和 CHGIS（China Historical Geographical Information System，中国历史地理信息系统项目）两个数据库，讲解了传记信息系统和地理信息系统的构建，以及用计算方法对群体和地理信息进行收集和分析的理论基础和技术操作。本文结合课程资料和相关论文，讨论了 CBDB 和 CHGIS 的构建，以及从群体和地理角度研究历史的理论基础，并以 Bol 教授对宋朝道学兴起的研究为案例，展现 CHGIS 和 CBDB 在实际研究中的应用。

关键词：CBDB；CHGIS；群体传记学；空间分析；社会网络分析；道学兴起；中国古代思想史

① Peter K. Bol（包弼德），现为哈佛大学副教务长和东亚语言文明系教授。其主要研究领域为中国思想史，重点关注 7 世纪到 17 世纪中国国家层面和地方层面的文化精英，其主要著作中，1992 年出版的《斯文：唐宋思想的转型》已被翻译成中文，2008 年发表的《历史上的理学》的中文版已于浙江大学出版社出版。2005 年，Bol 教授被任命为哈佛大学地理分析中心主任，随后指导 CHGIS 和 CBDB 两个数据库的建设。

“Populations are clustered in places.”哈佛大学东亚语言文明系 Peter K. Bol（包弼德）教授用这句话引出地理位置与历史的互动（Bol，2013）。

人群在一个具体的区域内聚集，为了生存采取合作，不同的群体在争夺有限资源的过程中产生冲突，划定相应的领土和疆域；地理条件筛选了适合生存的人群，人群在适应环境的同时改变环境。尽管还有诸如气候等因素的影响，历史这一时间概念，大体而言，产生于空间与群体的互动。历史，作为过去的记载，持续地发生着变化。一直以来，学者试图从各个方面了解历史，解读历史的进程。群体和地理是两个解读历史的核心要素。

从群体角度解读历史有两种方向，其一是集中于精英群体，如美国议员或英国内阁成员（Marvick，1961）、俄国苏维埃领袖或中国共产党领导人等（Lasswell and Lerner，1965），这部分研究一般基于一个假设，世界的运转和历史的形成很大程度是由这部分具有经济和政治权利的群体推动的；其二是关注更一般化的社会群体，如 Plakans 和 Wetherell（1988）考察 19 世纪中期东欧农民群体的亲族关系和社会网络，以分析现代化之前欧洲社会结构，此类研究更希望从群体研究中反映社会结构和社会流动。尽管目标群体不一样，这两种研究思路都基于一个假设：历史由群体意见的变化决定，因此可以通过研究群体的政治和经济利益、关系网络，去解读历史。

从地理角度解释历史则在解释程度上出现了分歧。持地理决定论（geographical determinism）的学者认为，地理条件决定了当地民众的生活和劳动方式，进一步影响人的思维和价值观，从而决定一个地区的发达程度和发展路径。2006 年翻译出版的贾雷德·戴蒙德《枪炮、病菌和钢铁》一书认为，世界上不同地区间，适宜生存并可加以驯化的动植物类型不同，直接影响了后续文明进程。尽管该观点的反对者认为不能忽视人的能动性，但地理条件在塑造历史中的地位是无法忽视的。

总体而言，群体和地理是研究历史的两个重要角度。然而，在过去很长一段时间内，从群体和地理的角度研究历史是受到限制的。一方面是材料的收集和整合程度不高，另一方面是可供利用的技术工具不成熟。在这些限制下，从群体和地理角度研究历史只能局限在很小的范围内进行。到了今天，数据库和地理信息系统（Geographic Information System，GIS）等技术日益成熟，使得大量碎片化的信息可以在一个平台内得以整合，极大提高了历史信息的完整性和系统性，为进一步的研究提供了技术支持。

对于从事中国量化历史研究的学者而言，中国历代人物传记项目（China Biographical Database Project，CBDB）和中国历史地理信息系统项目（China Historical Geographical Information System，CHGIS）是两份核心数据资料。哈佛大学东亚语言文明系教授 Peter K. Bol（包弼德）是这两个重要项目的主编和指导人。在第四届量化历史讲习班中，Bol 教授基于 CBDB 和 CHGIS 两个数据库，讲述了传记和地理信息系统的构建，以及用计算方法对群体和地理信息进行收集和分析的理论基础和技术操作。本文主要分为四个部分，展现 Bol 教授的课程内容和研究成果：第一部分讨论 CHGIS 的构建和应用，第二部分回顾群体分析的两个核心方法，即群体传记学和社会网络分析，第三部分讨论 CBDB 的构建和应用，第四部分以 Bol 教授对宋朝道学兴起的研究为案例，展现 CHGIS 和 CBDB 在实际研究中的应用。

一、地理与历史：理论基础与平台构建

尽管几乎所有人都认可地理和历史存在相互影响，但这两个学科本身在很长一段时间内是相互分割的，因为他们本身就是需要被研究的对象。为了清晰地分析问题，历史学家更倾向于讨论某一时间的变化，而地理学家更倾向于某一空间的变化。现代知识的变革为打破这

一隔阂提供了新的思路。

Bol 教授将现代知识的变革归纳为学科专业化、范式转变和新工具的出现。新的分析工具使我们得以处理大体量的信息，从而同时观察长时段和大范围内发生的变化，这直接对学科专业化和范式转变产生影响。GIS 就是这样一种工具，它是显微镜，同时也是放大镜。HGIS（Historical GIS）将地理和历史联系起来，揭示地理差异随时间的变化。

如何将地理差异沿时间展开？地理一词包含诸多信息，其中气候特征、地貌地形、地质资源等对人类经济社会的影响非常直观，学界对此也有诸多讨论。在地理这一学科中，地点（place）是最为基础的概念，是历史得以与地理直接联系的纽带，也是今天的人得以从地理角度解读历史的基础。地点是历史事件和进程发生的地方，又是群体身份的基础。许多从地理角度解读历史的研究认为，某一历史事件在何处发生比该事件本身更为重要。

在缺乏地图记录的年代，历史信息往往是和具体的地点相联系的，如某地的某人、一个与某地有确定距离的宗教场所、某地税额统计等。人类记载、管理和运用这些地理信息的方法是命名。山川河流或者城镇建筑，名字是人类文化和自然地理可感知的边界。从已有的历史材料中定位某一地名及其相关信息，在地图上定位该地点，从而实现将历史数据在地图中展示。由于某地的名字会随着时间不断变化，因此需要采集不同时间的地名辞典。至此，我们可以把地理时间的某一个点，某一片区域，与其在历史上某个时间点的名字，以及这个名字记载下的相关信息（税收、人口、进士数量等）建立联系。

基于这一思路，CHGIS[①]建立了一个公元前 221—1911 年，中国历

① CHGIS 从 2001 年开始，由复旦大学中国历史地理研究中心和哈佛大学合作建构，2002—2016 年一共公布过 6 个版本，时间序列数据基本覆盖古代中国核心省份，除内蒙古、青海、新疆和西藏之外（这四个地区在 1911 年地图中可见）。CHGIS 的基本构建思路是以 1911 年县域基础地图为基础，向前完善每一地点在不同历史时期的地名和行政状态，目前主要包括 1820 年、1911 年和 1990 年时间片数据和全时段的时间序列数据，可在 https://sites.fas.harvard.edu/~chgis/免费申请下载。

史上连续变化的有人口居住的地区和历史行政单位的基础地理信息库。CHGIS是一个基础GIS平台，同时也是一份地名辞典。

作为GIS平台，CHGIS一项应用最广泛的功能就是用以提取和合并数据。通过确定位置，可以提取某地距最近河道距离、是否为海岸线城市等重要控制变量，与其他数据源等合并可对数据进行可视化操作。如图1所示，将明朝各地区进士数量通过GIS实现可视化之后直观展现了明朝进士的空间集聚现象，通过与其他数据在同一张图内可视化呈现，也可展现各变量间的相关关系。

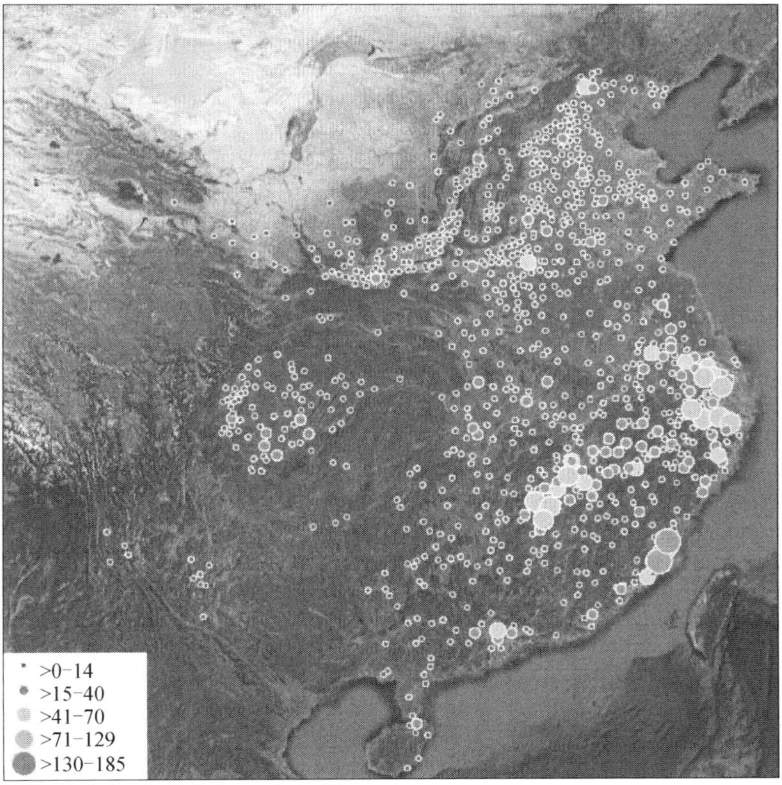

图1　明朝进士数量的空间分布示意图

近几年对量化历史领域影响最广泛的研究中国问题的文章几乎都

引用了 CHGIS。除了提取地点控制变量之外，利用 GIS 提取距离作为工具变量，是应用最为广泛的因果识别方法之一。Bai 和 Jia（2016）研究科举制废除与政治稳定关系的文章采用府级面板数据，CHGIS 提供地点控制变量，并且，文章通过将州府地点与地貌数据合并，提取每一州府内部小河流数量作为进士配额的工具变量。Kung 和 Bai（2015）研究新教对中国民间经济影响的论文，通过计算义和团运动和东南互保区域距离提供了新教传播的工具变量。地理信息相较于社会经济数据具有较强的外生性，是工具变量选择的一大方向。

除了平台功能，GIS 还可作为分析工具。Bol 教授在课程中介绍了如何应用 GIS 工具分析 G. William Skinner（施坚雅）提出的中国地形宏观区域（physiographic macroregions of China）。Skinner（2000）从区域体系角度提出了理解中华帝国晚期城市化的新思路，认为在工业化之前，讨论中国整体城市化率没有意义，而应该分不同区域进行讨论。Skinner 根据河流系统层次，从支脉到干流，将中国分为九个区域：长江下游、岭南、东南、西北、长江中游、华北、长江上游、云贵及东北。基于该宏观区域分区，Skinner 引入了核心边缘区域（core periphery zones）概念——每一个区域都有一个中心地段，人口稠密、交通发达、资源集中，从中心向边缘辐射，人口逐渐稀少，经济逐渐萧条。Skinner 认为 20 世纪中国各区域核心大体不变。

总体而言，CHGIS 作为量化研究的基础性建设，通过整合地理和历史的信息，极大降低了数据整合、可视化、空间分析的难度，为后续的研究做出奠基性的贡献。[①] 如果缺乏这样一个历史地理信息平台，个体研究者难以处理中国这样一个地域辽阔的国家一千多年的历史信息，观察空间模式随时间的变化就无从谈起。目前，大多数研究更多

① 除 CHGIS 外，哈佛大学更致力于构建整个世界的历史地理信息系统，Worldmap 是这一项目的窗口之一。Worldmap 是一个线上开源地图平台，便于研究者检索、查阅、编辑和发布地理空间信息。CHGIS 中所有地图数据均可以通过 Worldmap 进行搜索和下载，并与其他线上地图资源整合。

基于 CHGIS 中 1820 年和 1911 年两个时间片数据，时间序列数据还有更多值得挖掘的空间。

二、群体与历史：理论基础

人，是影响历史发展的另一大动力，我们常有“英雄造时势”抑或“时势造英雄”之辩。在受到多方因素互相制约、互相影响的经济社会中，分析人的作用是相对困难的。而分析历史人物在其所处的时代的作为，乃至对后续社会发展的影响，则更加困难。一般而言，从群体角度分析历史，有两种主要的方法：群体传记学和社会网络分析。

早在 20 世纪 70 年代，通过群体传记研究分析历史人物便已经发展成为最有价值也最为人所熟知的方法之一（Stone，1971）。历史学界称这种方法为群体传记学（prosopography）。群体传记学通过分析历史中某一部分群体的生活，研究该群体共同的背景特征。

通过这样的研究，试图回答历史学中两个基础性问题：其一是政治活动的根源，如揭示政治活动和政治话语背后深层的利益关系、分析政治群体的社会和经济联盟、揭示政治机器运转的方式等；其二是关于社会结构和社会流动，或是关注某一部分群体（通常是精英群体）在社会中扮演的角色及角色的变化，或是关注影响社会流动性的决定因素（如研究家族起源和地位巩固），或是研究思想或宗教变革对社会、地理等其他因素的影响。

群体传记学的发展区分出两个不同的学派。其一是精英学派（elitist school）。这一学派更多关注历史中某一小群体的动态，部分个体间家庭、婚姻和经济联系。精英学派的研究目标一般是具有政治和经济权利的精英，如罗马或美国的议员和英国内阁成员，此类研究基于的假设是：政治是一小部分精英内部的活动，是这部分个体的政治和经济利益在推动世界的运转。通常的研究方法是细致分析该群体的族谱、商业和政治活动，并通过个体分析确定人物关系。这样的研究虽精细但体量小，仅能支持很低程度的统计分析，主要用以揭示相同血缘、背景、教育程度和经济利益联系起来的群体间关系的紧密程度，而无法研究大范围的社会形态。Beard（2012）是精英学派的第一人，其文章最早在 1913 年发表，通过研究美国联邦宪法建立者的阶级和经济利益，认为宪法的建立是由一小群活跃的、直接关注劳动所得的人推动的。随后的研究者继承和发展了这一研究方法，关注不同国家不同的精英群体，该方法在 20 世纪 50 年代正式为学界所接受。

与精英学派相对的是大众学派（mass school），大众学派研究者认为，历史是由公众意见的变化决定的，而不是由小部分大人物决定的，个体的需求也不能完全由政治和经济利益去定义。因而，大众学派更关注社会历史而不是精英历史，更倾向于从一系列案例研究中归纳出变量信息，通过关注这些变量在统计上的关联而理解其所传达历史信息。这种处理方式更接近今天的社会科学。大众学派研究者中一部分关注社会流动，一部分则关注不同变量统计上的关联，如环境和观念等。在后续的发展中，一部分大众学派研究者发展出选举学（现今政治学分支之一）。

精英学派和大众学派均是在 20 世纪 20 年代和 30 年代兴起，均基于三种类型的材料：其一是人物名称与职位、专业和教育背景的统计资料；其二是家族族谱；其三是传记辞典。

Stone（1971）对群体传记学可能存在的局限和问题做了讨论。来自数据方面的局限，其一是数据不足的问题，历史传记不同于今天大规模的细节化的人口普查，局限于少数被着重记录的群体，材料较为碎片化，数据质量和体量均无较高保证，可能导致分析结果的偏差，并且，尽管是被记录的群体，其生活状态也仅有一部分被详细记录，其他则同样缺失。其二可能是数据分类的错误，同一历史人物可能扮演不同的角色，角色定位的错误可能导致对历史事实理解的偏差。其三是数据解读的错误，如样本可能存在偏差，尤其是在精英学派中，假定研究的群体中的大部分成员来自于同一个社会阶级的假设不一定成立。除了数据之外，现当代研究者对历史的理解也存在局限性，如群体传记学家更倾向于将人类行为的激励简单化，这是由于诸如观念、宗教、意识形态等因素的记载不像商业记录和族谱一样易于记载和保存，但实际上，政治激励和宗教激励在实践中可能是难以区分的。

Stone（1971）还提到，群体传记学的进一步发展依赖于计算机。但实际上，计算机对于群体研究的重要作用更多体现在社会网络分析（Social Network Analysis，SNA）中。Bol 教授在课堂上引用 Wetherell（1998）的观点介绍了 SNA 作为社会分析工具的重要原则和 SNA 中根本的历史视角等内容。

社会网络是定义在群体上的概念，群体中人与人之间的关系包括师生、朋友、合作者等，社会网络是所有人与人关系的总和，而社会结构是这些关系的模式。从短期而言，人创造了关系，但从长期而言，关系创造了人（Padgett and Powell，2012）。

SNA 有四个基础命题：①任一社会系统中，个人互相影响，而非互相独立；②个人间的联系或关系形成了信息、情感和其他类型的资源；③个人间的这些联系及其结构同时限制和增强了行为；④个人间的关系的模式定义了经济、政治和社会结构。

基于这四个命题，SNA 发展出与传统社会分析方法有极大差别的分析方法。传统方法更倾向于使用个体间不同的属性（如财富、教育程度）等定义社会结构，而 SNA 以关系为分析单位。与群体传记学类似，SNA 的分析方法同样可以根据关注的群体的规模分为两种。

第一种方法是完整网络（Whole Network，WN）分析方法，该方法要求收集、确定、分析一个社会系统中的所有关系，许多分析现代商业行为和联合董事会结构的研究便使用这一方法（Mizruchi and Bunting，1981）。在 WN 分析方法中，经常用矩阵表示关系，Rutman and Rutman（1984）为 1650—1750 年居住在 Middlesex 的超过 12 000 个人建立了集体档案，以揭示近现代一个社区的社会结构，他们的研究展现了 WN 的好处及所需的数据体量。

第二种方法是自我中心（Egocentric，EC）分析方法，EC 所需的数据量远小于 WN，更关注某一个体与其他个体的关系的本质和质量，以及这些关系如何塑造一个人的生活。因此对于 EC 方法而言，记录关系的重要性比单纯记录数据更重要，在这个基础上，信件、日记等更具体地反映个体关系重要程度的资料对于 EC 而言更加重要。

不管是 WN 还是 EC，在 SNA 方法中，都需要用特定的指标对关系进行测度。这些指标大体可分为四类：密度、距离、中心性和关系强度。

其中，密度（Density）是对网络整体的度量，用以展现社会系统的结构和关系的模式。密度是 SNA 中重要的概念，可以衡量一个社会中成员相互间联系的紧密程度，假设这个社会存在 N 个人，那么潜在的关系数和密度分别为

$$\text{PotentialConnections}=\frac{N(N-1)}{2}，\text{Density}=\frac{\text{ActualConnections}}{\text{PotentialConnections}}$$

如图 2 所示，左图中三个个体，可能存在的关系（Ties）有三个，而实际实现的关系也为三个，因此密度为 100%，而右图中仅实现了两个关系，因而密度为 66.7%。

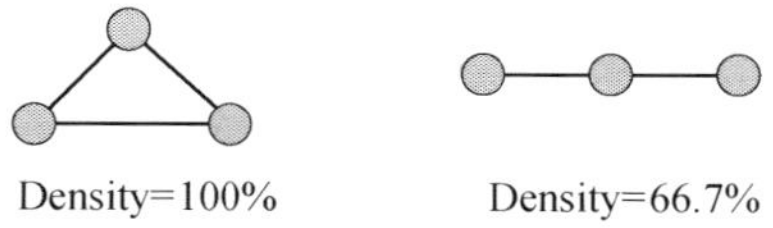

图 2　社会网络密度计算示例

而距离（Distance）指的是两个节点相互联系所需要的最少的关系

数量。

基于距离，我们可以进一步定义中心性。中心性主要有三种测度指标，其一是度中心性（Degree Centrality），即 SN 中某个节点（Node）所拥有的关系数量；其二是中介中心性（Betweenness Centrality），在一个 SN 中，每两个个体间会有建立联系的最短路径，中介中心性测度的是某一个节点作为另外两个节点最短路径的桥梁的次数。如果用 σ_{st} 表示所有从节点 s 到节点 t 的最短路径，$\sigma_{st}(v)$表示这些最短路径中穿过 v 的路径，则节点 v 的中介中心性 $g(v)$可表示为

$$g(v)=\sum_{s\neq v\neq t}\frac{\sigma_{st}(v)}{\sigma_{st}}$$

其三是特征向量中心性（Eigenvector Centrality），这一指标用以测度一个节点在一个网络中的影响，它为每一个节点设置一个相应的分数，对于某一节点而言，连接到高分数的关系对其自身分数的贡献大于连接到低分数的关系。

而关系强度（Tie Strength）则是时间、情感强度、亲密度和相互作用的结合。

以上指标是针对网络中的节点而设置的，实际上，通过社会网络我们还可以观察网络中的群体，如帮派（Cliques）可以定义为一个网络中由两两互相连接的节点组成的子集，此处的帮派的概念会较之我们一般认为的帮派的概念更强。

除了此类测度方法，我们还可以对社会网络的规模（Size）、组成成分（Composition）、空间分布（Spatial dispersion）、互连（Interconnection）和支持程度（Support）等进行分析。其中规模指的是每个节点平均有的关系数量；组成成分指每个节点与其他节点关系的类别，如百分之多少为亲缘关系，百分之多少为朋友或邻居关系等；空间分布可以观察关系对于地理距离的依赖程度；互连类似于密度；而支持程度则类似于关系强度。分析此类相关信息可以了解一个群体、一个社区的社

会结构，如一个政党内部亲缘关系的比重。

三、群体与历史：平台构建和应用

在了解了用群体解读历史的两种主要分析方法及其相应的测度工具之后，我们再来讨论如何搭建利用群体信息研究中国历史的平台。在中国有较成熟文字资料记载的一千多年时间里，为大众熟知的人已经数不胜数，更别提那些默默推动历史进程的我们所不熟知的先人。实际上，中国有大量的古籍对历史中的人进行了记载，但真正实现从这些记载到分析历史，从轶事到数据，还有很大一段距离，CBDB 做的正是这样一项工作——对历史人物传记进行编码，其目标在于系统性地收入中国历史上所有重要的传记资料。[①]

CBDB 经过对史料的筛选，确定了五类主要的数据来源：

- 现代学者对人物资料的整理：宋人传记资料索引、元人传记资料索引、明人传记资料索引、清代人物生卒年表、宋元明清登科录；
- 传统史料：正史列传、墓志铭、墓表等、地方志中列传；
- 文集中关于“社会关系”的资料：文集之祭文、序、记、书信等；
- 包含职官信息的史料和参考书：郡守年表、方镇年表，九卿考、地方志、会要、实录等；
- 来自其他数据库的人物数据。

基于这些数据源，CBDB 对某一个具体的历史人物做了如下的信

---

① CBDB 创始人为 Robert M. Hartwell（郝若贝，1932—1996 年），目前该数据库开发工作由哈佛大学费正清中国研究中心、“中央研究院”历史语言研究所和北京大学中国古代史研究中心三方合作进行。截至 2016 年 4 月，CBDB 共收录约 370 000 人传记资料，主要出自 7 世纪至 19 世纪的中国。目前，该数据库主要有三种使用方式：一是线上输入系统，用以增加新数据，编辑旧数据；二是线上查询系统，可直接检索姓名、关系类型等关键词；三是 MS ACCESS 单机版数据库，该数据库数据最全，功能最完善。

息收集分类：

（1）人名（Name）：包括姓名和字（Courtesy name）、号；

（2）时间（Time）：生卒年；

（3）地址（Place）：出生地、实际住址、登记住址、埋葬地区和其他；

（4）职官（Offices）：职官名称及等级，所处位置；

（5）入仕途径（Modes of entry into office）：科举考试，特权或其他；

（6）著作（Writings）：作品名称和类别；

（7）社会区分（Social Distinctiveness）：社会对该人物的定位，是诗人、商人还是官员等；

（8）社会关系（Social associations）：包含思想、文学和政治等方面的关联；

（9）亲属关系（Kinship）；

（10）财产（Possessions）；

（11）事件（Events）。

CBDB 目前收录的历史人物的时间分布如表 1 所示。数据收集整

表 1　CBCB 收录人物数量的朝代分布

朝代	人数
唐	5 2751
五代十国	2 900
宋	45 199
辽	325
金	300
元	19 915
明	163 522
清	62 226
民国	3 222
其他	20 366

理的第一个步骤是将传记文本中的“事实点”用正则表达（regular expression）转化为数据，首先是对事实点的提取，以《宋史》中为宋朝官员吕祖谦所作的《吕祖谦传》中的一段话为例：

> 吕祖谦字伯恭，尚书右丞好问之孙也。自其祖始居婺州。祖谦之学本之家庭，有中原文献之传。长从林之奇、汪应辰、胡宪游，既又友张栻、朱熹，讲索益精。初，荫补入官，后举进士，复中博学宏词科，调南外宗教。

从这段话中可以提取出吕祖谦的姓名、字、家庭关系、社会关系、入仕途径和官职等，可见，对传记资料进行第一步的阅读和数据提取需要掌握文言文阅读基本技能以及对当朝官职设置和行政体系有较为完整的认识。[①]将事实点提取之后需要转化为数据进行记录，以“至元十八年为东阳县丞”一句为例，需要做如表2所示转换。

表 2　事实点转换为数据示例

年号	年号代码	年	年份	地名	地名代码	官名	官名代码
至元	623	18	1281	东阳	18340	县丞	841

在 CBDB 收集的十一类信息中，需要着重介绍的是“社会关系”一类，这是 CBDB 数据库的亮点所在，也是群体传记学和 SNA 中最为关注的部分。CBDB 对社会关系的收录不仅仅来源于史书记载中的人物传记，还包括其他来源，如朝堂上反对者的名单、政治组织中相互关联的名单以及文学交流的其他证据。表 3 呈现了 CBDB 中记录数量超过 100 条的社会关系的类型，CBDB 一般称传主为 X，称该条社会关系对应的关系人为 Y。可以看出，绝大部分关系来源于文学作品，如 X 为 Y 写祭文或写序。在考察 X 和 Y 的关系时，需要注意到，诸

① 在 2008 年之前，CBDB 收录数据的方式是手动输入，这就要求收录数据的编辑发现史料中相互矛盾的地方并结合原始材料解决这一矛盾，2008 年之后，CBDB 收录数据的方式改为文本挖掘（text-mining），吸收了其他与现有数据不一致的数据，以期反映史料间的差异。

如写序这种关系有可能是Y委托给X的，也有可能是在Y去世很久之后才完成的，可能是一种事后实现的关系，在解读这些关系的内涵时需特别注意区分方向和关系类型。

表3 CBDB社会关系中超过100条记录的关系类型

记录条数	社会关系	记录条数	社会关系
8039	为Y作墓志铭	355	从Y游
3936	为Y所著书作跋	350	欣赏/器重
3815	为Y所著书作序	254	从Y学
2471	为Y作祭文	237	为Y作世系碑记
2235	为Y作临别赠言（送别诗、序）	231	同僚
2034	为Y之建筑物题咏、记、命名	226	弹劾
1366	赠诗、文	223	向Y致贺
1011	为Y之诗文作跋	217	元符上书入籍者
987	友	217	同年友
928	推荐	203	为Y所作诗文作序
868	为Y作墓表	203	诗文序由Y所作
811	为Y作传	188	论学
772	为Y之书、画作跋	176	反对/攻讦
626	为Y之门人	172	排挤
586	为Y作神道碑	167	同学、同门
564	为Y作行状	164	为Y作谥议
556	相唱和	146	为Y之门客
546	为Y之学生	132	为Y之弟子
503	为Y作画赞（画像记）	127	称道Y之政绩
491	为Y作佛寺记	125	致书
433	为Y作字说、名述	120	入元祐党籍者
430	为Y作挽诗、词	119	为Y学派的成员
407	为Y作哀辞	117	为Y作斋、堂铭
401	学记（书院记）由Y所作	112	为Y之部将
400	为Y作学记（书院记）	112	是Y的恩主
370	为Y作祠记	104	与Y游

至此，仅仅是将传记文字资料分类为数据资料，CBDB 作为关系

型数据库，更重要的是对数据进行重新编排，通过对实体关系建模将传记资料的特征抽象化，并基于实体关系模型建立相互关联的资料表。以司马光为例，在完成对司马光传记的事实点整理和正则化表达之后，表4表现了初步整理后的司马光的任官和社会关系数据。

表4　初步整理后的司马光任官及社会关系数据

姓名	生卒年	任官	社会关系
司马光	1019—1086	（1）1059年，度支勾院； （2）1085年，门下侍郎； （3）1086年，左仆射兼门下 ……	（1）元祐党； （2）安惇，不合； （3）晁补之，祭文由Y所作； （4）陈荐，祭文由Y所作； （5）陈敏，受Y之弟子礼； （6）程颐，推荐； （7）丁度，为Y作祭文； （8）范纯礼，是Y的恩主……

对司马光数据的重新建模，需要将姓名、生卒年、任官和社会关系分为三张表格。第一张表格仅记录姓名和生卒年，将不同传主的姓名和生卒年汇总后，可为每一个传主设置一个独有的ID，此后该传主在其他人的社会关系中出现则全部用ID进行表示。而第二张表格则记录司马光姓名、任官时间和官名，同样的，通过收集所有传主的官名，我们可以为每一个官职设置ID。第三张表格将社会关系和社会关系人分为两列，并且同样对社会关系的种类进行编码。在完成这一系列编码之后，表4所记载的信息如图3所示。

将数据重新编排成关系型数据库使得检索数据库中所有相关信息更加便利，并且可以不同学者不同的关注重点，设置不同的检索重心，也便于同时设置多个检索条件进行高级检索。例如，除了常规检索“查找籍贯为A地所有人物”“查找生活在B年到C年的人物”此类问题之外，还可以检索“通过D方式获得官职的人”“获得某种功名的人群间的亲疏关系 E”等。而在数据库维护方面，关系型数据库也有利于数据的纠正。

人物 ID	姓名	生卒年
1	司马光	1019—1086
2	安惇	
3	晁补之	
4	陈荐	
5	陈敏	
6	程颐	
7	丁度	
8	范纯礼	

官职 ID	官职
1	度支勾院
2	门下侍郎
3	左仆射兼门下

社会关系 ID	社会关系
1	元祐党
2	不合
3	祭文由 Y 所作
4	受 Y 之弟子礼
5	推荐
6	为 Y 作祭文
7	是 Y 的恩主

→

人物 ID	官职 ID	启任时间
1	1	1059
1	2	1085
1	3	1086

社会关系 ID	人物 ID	社会关系人人物 ID
1	1	−1
2	1	2
3	1	3
4	1	4
5	1	5
6	1	6
4	1	7
7	1	8

图 3　重新编码后的司马光任官及社会关系

至此，我们已经大体了解 CBDB 的整体构建思路。对该数据库的简单应用之一是将人物传记数据匹配其地点观察空间分布，如我们可以观察 CBDB19 万个人物籍贯的分布，或者观察每一朝代官员的籍贯分布，并通过 SNA 分析是否由籍贯决定党派分布。第二项主要的简单应用是对人物属性的统计分析，如可以计算人物死亡年龄的平均数和中位数、进入仕途的平均年龄等。除了描述性统计之外，也可以利用人物属性进行回归分析观察相关关系，如直系祖先是否拥有官职对晋升速度的影响等。

使用较为复杂的工具方法对 CBDB 进行分析，主要为前文提及的群体传记学视角和社会网络分析视角。从群体传记学的角度，古代中国的精英群体主要为取得官职的人及他们的亲属，以及参与科举考试的士人，而大众群体的记录主要依据古代户籍登记和当地税收统计等资料。图 4 展现了对于宋朝精英群体的一项分析，从图中可以看出，北宋时期考取进士的人中直系祖先中有官职的比重不断降低，而在南宋该比重呈上升趋势，拟合曲线整体呈 U 形，在 1148 年取到最低点。该图反映了直系亲属关系对于进入仕途的影响在南北宋之间的转变。图 5 同样是从亲缘关系角度分析精英群体，关注的地区是福建莆田，上图为 1050—1100 年莆田进士社会网络中一级亲属关系，下图为 1200—1250 年的情况。可以发现，1050—1100 年，亲族关系比重大，到了 1200 年后比重降低，但主要集中在两个亲族群体间，从中可以感受到当地社会结构的变化。

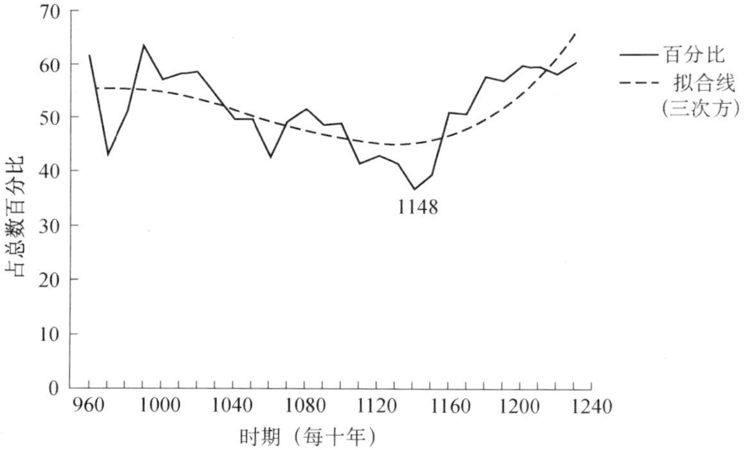

图 4　960—1238 年进士中直系祖先有官职的百分比

除了直系亲属关系之外，CBDB 还包含政治伙伴等其他社会关系，为我们提供许多的研究思路。例如，我们可以通过研究某一政党领袖的社会交往了解其主要合作伙伴及其合作伙伴间的关系，以了解该政

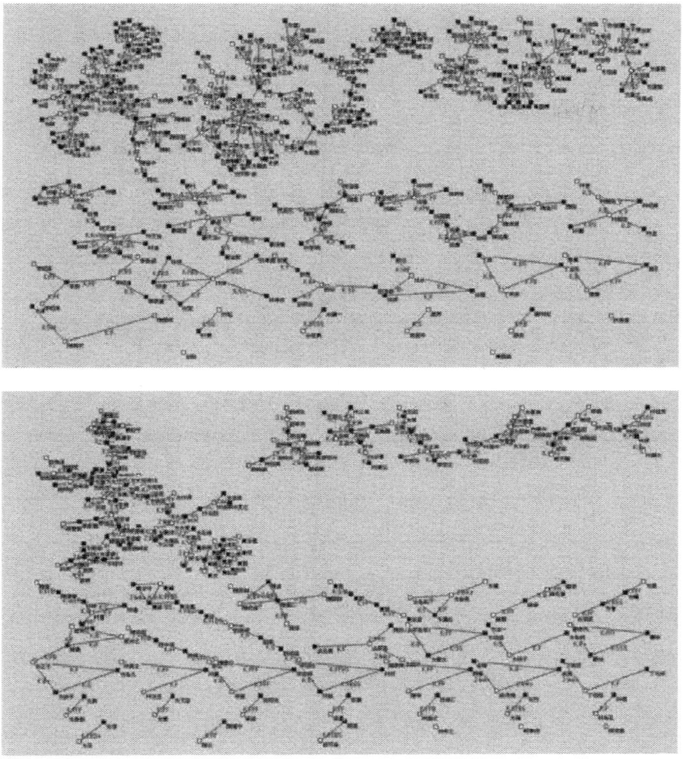

图 5　莆田进士间一级亲属关系社会网络图：1050—1100 年，1200—1250 年

党的整体层次体系。以朱熹为例，CBDB 收录了朱熹的 2717 封信件，来自 453 个人，剔除掉在数据库中其他社会关系人小于两个人的人，剩下的与朱熹有书信交往的人见图 6。可以看出，与朱熹有书信交往的人彼此之间交往也颇紧密，可以猜测这些人之间存在政党或者帮派之类的关系，并且，张栻、吕祖谦在该网络图中都为关系数量较多的节点，可以猜测这两个人也为这一“帮派”的核心人物。

之前讨论过的 SNA 分析的诸多测度方法，如中介中心性，同样可以在 CBDB 中得到应用。例如，分析宋朝官员间的联系，通过查找苏轼和程颐之间的关联，可以发现司马光是他们之间唯一中间人，通过这种分析方法可以了解某个历史人物在当朝人际关系网络中的重要性等。

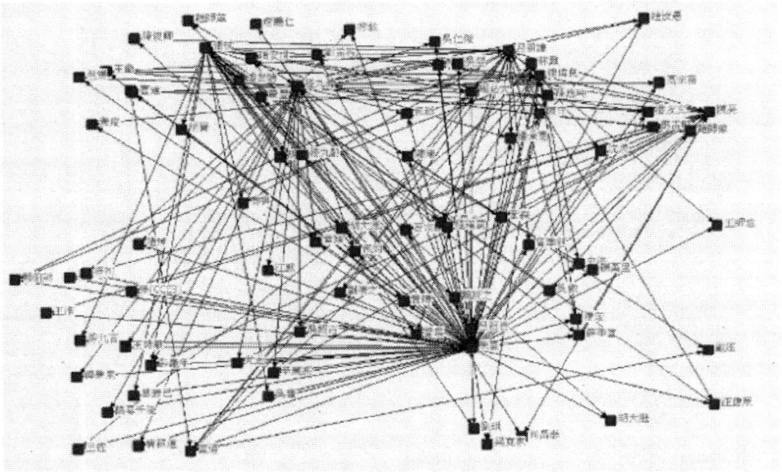

图 6　朱熹书信交往网络（剔除边缘样本）

总体而言，CBDB 包含历史人物的属性和社会关联，并将这些数据资料高度抽象化，研究人员可根据自身的兴趣，结合群体传记学和社会网络分析的相关方法，对该数据库进行应用。在课程中，Bol 教授结合其自身对宋朝思想史的研究，以婺州府为例展现如何应用 CBDB 和 CHGIS 系统地研究一个具体问题。

四、从社会网络讨论道学兴起

在 12 世纪，道学[①]作为一种新的儒学思想流派在中国兴起，迅速在地方文人精英群体间传播，Bol 教授称其为新儒学（Neo-Confucianism）。在其收录在《当代西方汉学研究集萃（思想文化卷）》（张聪和姚平，2012）中的《宋明理学与地方社会：一个 12—16 世纪

① 此处的道学即我们今天通常所说的“程朱理学”，均基于程颐和朱熹的哲学思想。由于程颐和朱熹两人以及元、明间参与该学派运动的人，乃至《宋史》的编撰者都称其为“道学”，Bol 教授的文章中便沿用道学这一称呼。

间的个案》一文里，Bol 教授提到，南宋末年的科举考试将道学的教义、概念和重要文本纳入考试范围，元、明两朝延续这一做法，道学也成为宋与以后各代政治和社会延续性和思想文化发展的主线之一。道学是否仅仅是正统思想的延续？道学的传播有什么特点，是否与其观点主张相契合？这是本节将要讨论的问题。

与之前的儒家思想不同的是，道学的兴起有明显的思想领袖，如朱熹、张栻和吕祖谦，他们共同的目标是建立一种新的道德秩序（如三纲五常），一种新的学习方式（如格物致知），并且通过办学推广思想。道学的传播发生在南北宋交际之时，在这个时期，文人精英的本质发生变化，仕宦家族逐渐将自身转变为地方精英，他们参与地方政治，有较高文化道德水平，对道学的传播产生极大影响，使得道学不仅仅是一场思想运动，同时也是一场社会运动。

古代先贤在缺乏传记数据库和 SNA 分析技术的时候就已经意识到了社会网络在思想文化领域的作用，明末清初理学大家孙奇逢（1584—1675 年）撰写的《理学宗传》有意识地归纳了文人领袖及其门人弟子的学说，被誉为“海内三大鸿儒”之一的黄宗羲先生所著的《明儒学案》更是依据时间次序推移和归纳了学术流派的传承关系，均体现了朴素的社会网络分析思想。宋明时期思想文化的传播和发展是由思想领袖及其门人推动的。依据这一思路，思想文化领袖凭借办学和吸收弟子，与思想的传播有较强的相关关系。但不管是孙奇逢还是黄宗羲，他们的分析均只能着眼于某一个学派的人及其学生，Bol 教授则希望借助 CBDB 中较为完备的文人传记资料，尽可能地分析道学传播大趋势。

从图 7 可知，道学三位领袖的社会关系人的分布有明显的地理集聚现象，这意味着理解道学的传播必须考虑其空间特征。实际上，这与南北宋期间文人的集聚密不可分。Bol（2012）采用一个地区在一段时间内考取进士的学子数量作为该地区对教育投资的度量，以此来定位文人集聚的中心，这是因为在府级层面，进士配额与申请者数量成比例。Bol 教授从 CBDB 中提取出北宋（公元 960—1126 年）年间 4073 个进士，如图 8 中上图，可以观察到进士数量集中在两浙东西、福建、江南东西、四川西部和扬子江中部。同样的，CBDB 中南宋（1127—1279 年）年间 6150 个进士也集聚在大体相同的位置[①]，如图 8 中下图所示，区别仅在于扬子江中部地区的集聚情况消失。CBDB 还提供了南宋期间出版作品的作者和学院所在位置，可以发现同样的空间集聚现象。这些现象意味着，南北宋期间的文人集中于东南地区和四川西部，为了讨论这一时期地方文人思想的变动，可以着重分析这部分州府和县（见图 9）。

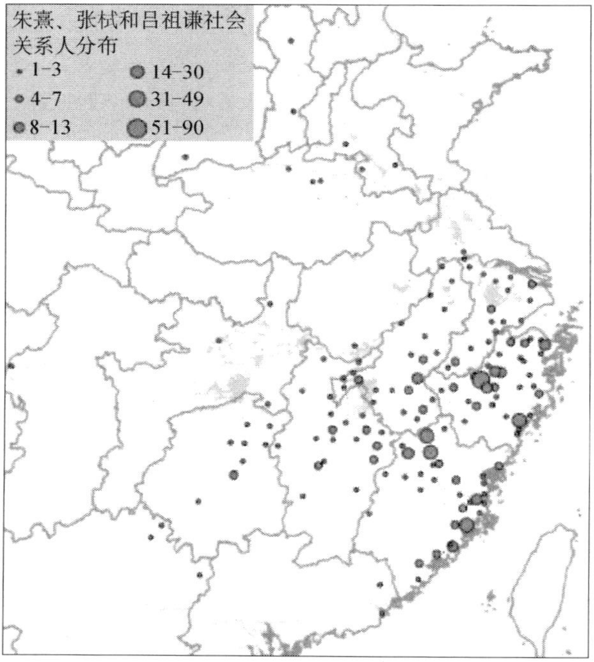

图 7　朱熹、张栻和吕祖谦社会关系人分布示意图

① 南宋地图中北部地区包含金朝进士。

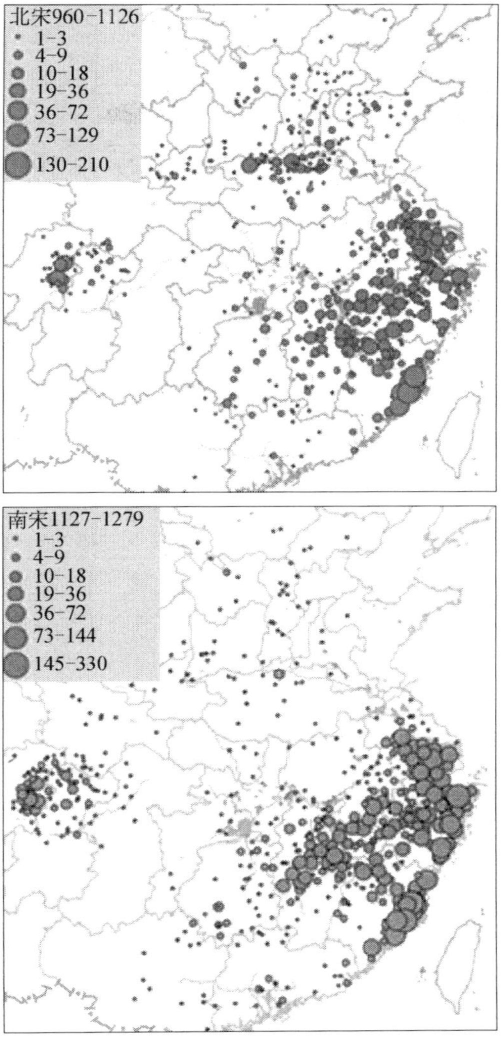

图 8　北宋（960—1126）和南宋（1127—1279）各地区进士数量示意图

将空间和社会网络分析结合起来，可以带来许多新的对当时政治和文化界结构的理解。Bol 教授以北宋的司马光（1018—1086）和王安石（1021—1086）为例进行分析，司马光和王安石分别是北宋新旧党争的代表人，王安石主张推行新法富国强兵，而司马光主张恢复旧制

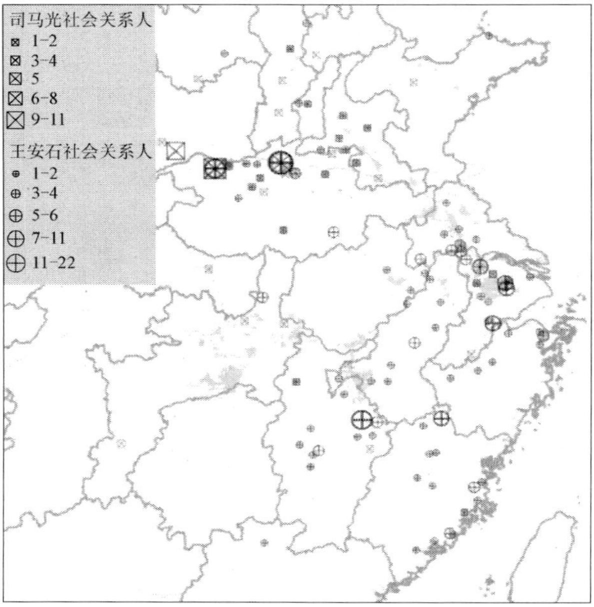

图 9　司马光和王安石社会关系人分布示意图

度。有人认为王安石的政治势力主要在南方，而司马光则在北方，学界对此种说法进行过批评。Bol 教授通过标记司马光和王安石除了反对者之外的社会关系人的位置①，对这一争论提供了新的思路：司马光和王安石在开封和洛阳这两个世家大族居住的中心均有社会关系人，并且两人均有覆盖全国主要地区的社会网络，尽管如此，通过密度分析依然可以发现司马光的重心在北方而王安石的重心在南方。

我们可以用同样的方法分析道学传播的三位领袖：朱熹、张栻和吕祖谦。这三个人间相互认识并且联系频繁，尤其是在教学项目中。从图 7 展现的这三个人的社会关系的分布与图 8 南宋进士数量分布的对比可以看出，这三个人在空间分布上有较高程度的重合。但如果我们进一步放大进行分析，聚焦于进士集中的东南地区，可以发现，这

① 标记出的社会关系人为 1035—1110 年到达 60 岁的联系人，这种筛选是为了确保这些联系人确实大部分是司马光和王安石两人的政治或思想文化伙伴。

三个人的社会关系人在东南地区也不是均匀分布的，在某些地方联系紧密，在某些地方则联系较少甚至没有联系。分别观察这三个人的社会关系人分布可以发现，吕祖谦的社会关系人较多居住在婺州（今金华），张栻的社会关系人多在衡州（今衡阳），而朱熹的社会关系人多在建宁府（今福建省北部）。将这三个人的社会关系分布与司马光和王安石进行对比可以发现，尽管诸如朱熹和吕祖谦在他们所处的朝代都非常有名，并且也均四处游历并在临安府（今杭州）供职，但他们的社会网络的空间范围却远比司马光和王安石小，即使是在他们自身所处的较小范围区域内，也并不是在所有地方都建立了联系。如果我们将与他们建立了关系的地方视为道学开始兴起的场所，则可以发现道学的传播是有区域选择的，那么道学更容易在哪些地方开始传播呢？

为了理解这一过程，首先需要讨论南宋士人阶层的兴起。南宋时期，文人和参与科举考试的考生数量不断增加，而政府规模却没有同步递增，于是考取功名的成功概率降低了，许多家族由此降低了让其子弟进入仕途的期望。与此同时，地方家族中祖上有人当过官的比例不断上升，这使得地方家族把参与政治转移到参与地方社区的建设，如兴办私人书院、组织私人福利组织、组建宗族等。朱熹和吕祖谦在建立自身的社会联系的时候便依赖于这种地方精英家族的力量，通过在其家乡或在其任职的地区教书培养学生，以传播道学。这种传播途径的前提在于，当地有大量愿意接受教育的学生。如图 10 所示，我们可以看出，朱熹、张栻和吕祖谦建立社会联系的地区刚好是进士数量较多的地区，即，在一个更重视教育的地区，这些道学领袖更可能通过教育传播思想。

但同时，我们也注意到了，依然有部分县和府进士数量非常多，但朱熹等却没有成功在那些地区建立联系，这些地方是福建和两浙的沿海城市以及江南的中心地区，从杭州到扬子江区域。在 CBDB，朱熹等三人的社会关系人中有籍贯记载的 545 个人中，仅有 38 个人居住

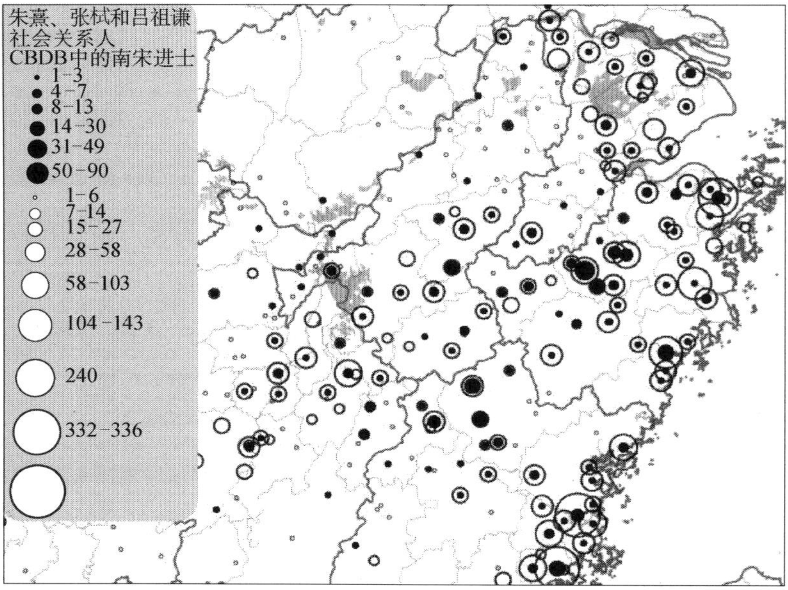

图 10　朱熹、张栻和吕祖谦的社会关系人与 CBDB 中的南宋进士示意图

在两浙西路，这种现象应该如何理解？

为了进一步解释该问题，Bol 教授将朱熹等三人的社会关系人分布与 1077 年府级、县级和市场城镇商业税配额在地图上进行合并。[①] 如图 11，可以发现在商业税配额较高的地区往往伴随着朱熹等三人较少的社会关系。商品经济在南宋期间持续发展，而苏杭地区更是商业中心，在这些区域，朱熹等三人社会关系人较少。由此，Bol 教授认为道学更容易在重视教育的地区传播，而不容易在重视私人商业经济的地区传播，道学的传播更多依赖于在农业经济下的世家大族的支持。这一结果与道学家们的社会经济观点相契合，他们更倾向于推广地方道学家的思想而不是鼓励政府为商品经济的发展提供基础建设的支持。

为了进一步表现这一结果，Bol 教授以 12—14 世纪的婺州（金华府）为例做进一步分析。婺州地处浙江内陆，三面被海拔 1000 米左右

① 1077 年府级、县级和市场城镇商业税配额数据来源于《宋会要辑稿》中“食货”第 16—17 页。

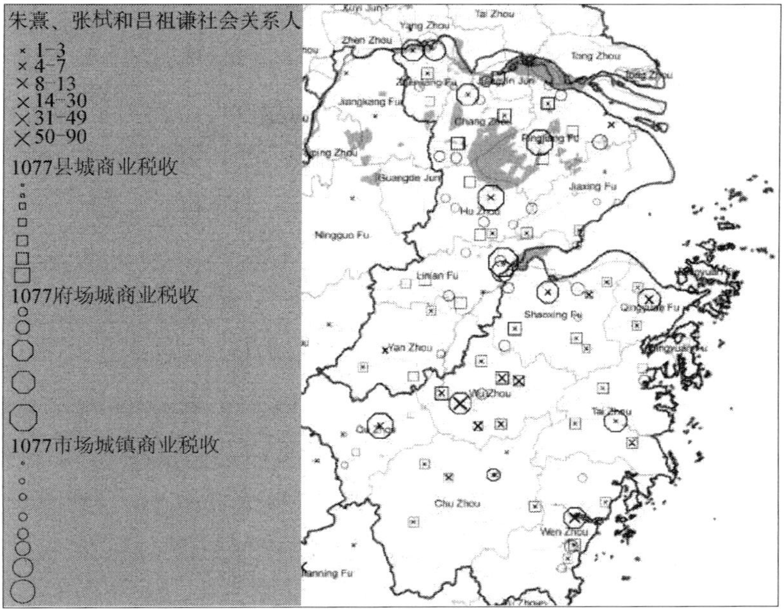

图 11　朱熹、张栻和吕祖谦社会关系人与 1077 年各层级商业税配额示意图

的高山包围，境内也是山陵密布。实际上，婺州在 11 世纪之前一直处于默默无闻的状态，无论是政治还是文化、景观方面都没有在全国范围内能引起注意的东西。

但在 11 世纪后期，各县兴办县学，参与科学考试的人数不断增加。这个地区的发展可以从登记户籍数中得知一二。如图 12 所示，12 世纪中期，婺州府登记在册的人口有 15.4 万户，这一数目在 12—14 世纪不断稳步上升。有关科举人物的传记资料显示，婺州殷实之家子弟的“士人化”正是发生在 12 世纪中期（张聪和姚平，2012），不仅府学县学得到翻修扩建，很多家庭也开始创建私学。道学便是在这个时期在婺州兴起并持续了一代人的时间。吕祖谦在婺州的道学兴起的过程中扮演了极其重要的角色。

吕祖谦的祖父在北宋亡国后逃往婺州，吕祖谦在婺州出生并于隆兴元年（1163 年）登进士第，复中博学宏词科，同时，吕祖谦和朱熹、

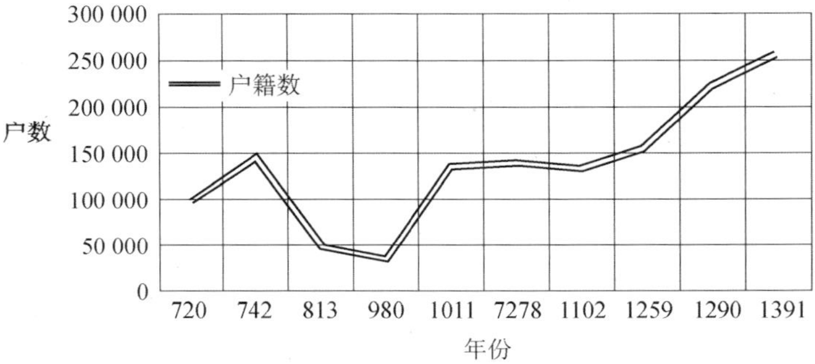

图 12　8—14 世纪婺州登记户籍数

张栻一样，是二程道学的信徒。吕祖谦通过教育传播道学，他为婺州本地学生讲学，并且毫不犹豫地接受贫寒子弟为自己的学生，尽管吕祖谦知道很多学生是以科举考试为目的向他学习。吕祖谦本人并不反对士人们科举入仕，但他希望借此来扩大道学的影响，培养追随者，具体的做法是在教学的内容上有所选择。

吕祖谦的教育成果卓著，首先体现在其学生占该地区进士数量的比重上，如表 5 所示。而他培养追随者，扩大道学影响的努力也取得了一定成效。图 13 所展现的 1100—1300 年婺州地区师生关系图中，上图是所有师生关系的总和，可以看到该地区社会网络集聚现象非常明显，如果我们将集聚的中心放大，可以发现该集聚点是以吕祖谦为中心向外扩散的。即在 1100—1300 年，婺州地区的文人大部分是吕祖谦的学生或是学生的学生。通过计算 1120—1279 年，婺州人在南宋一级社会网络关系中的中介中心性，可以发现吕祖谦以 0.34 的中介中心性排在第一位，其纽带性的作用不言而喻。

表 5　1150—1220 年婺州进士与吕祖谦学生数量

县名	1150—1220 年进士数量	吕祖谦学生数量	吕祖谦学生占总进士比重
金华	55	30	0.55
东阳	43	10	0.23
武义	23	6	0.26

续表

县名	1150—1220 年进士数量	吕祖谦学生数量	吕祖谦学生占总进士比重
义乌	31	6	0.19
兰溪	18	3	0.17
浦江	6	2	0.33
永康	46	0	0.00
总和	222	57	0.26

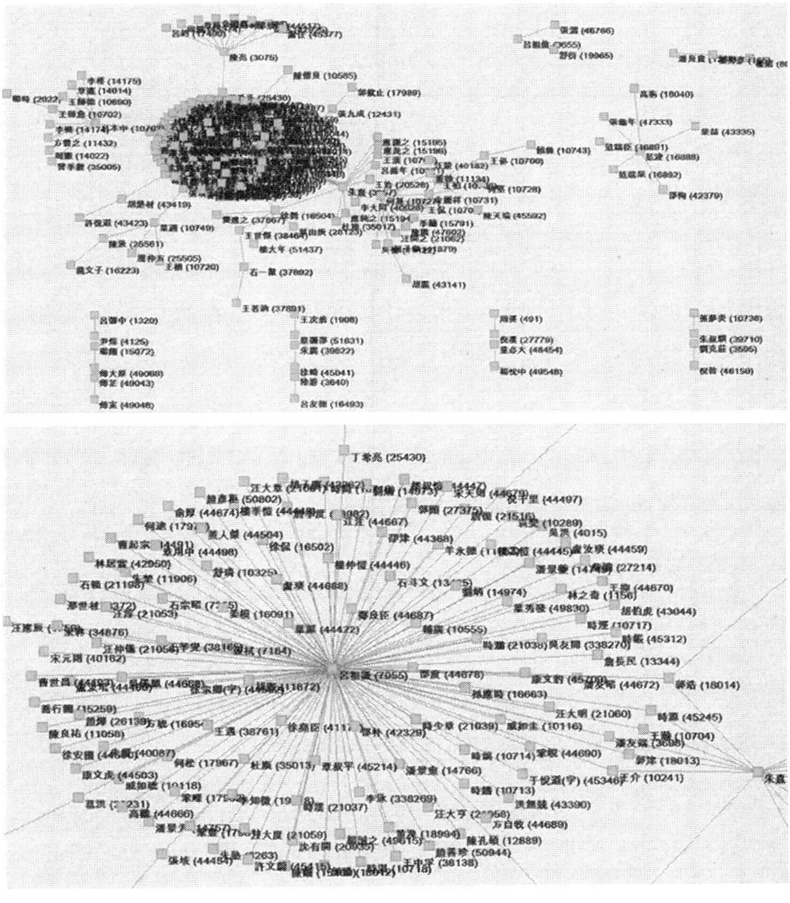

图 13　婺州地区师生关系社会网络图，1100—1300

在婺州的案例中证实了之前的结论，首先是道学更容易在重视教育的地方兴起。婺州从 1050 年开始有人科举得中，从 1150 年开始得中的人越来越多，大概每三年大考都有 9 至 10 人得中进士，成为宋代科举考试最有竞争力的三个地方之一，婺州人在政坛和学术圈也逐渐获得声望。其次是道学的传播依赖地方精英群体以及地方家族。吕祖谦通过办学传播思想，而办学的基础是当地的教育投资，在 1150—1200 年短短五十年的时间里，东阳县创建了七所书院，而金华创建了三所。而道学的传播会进一步强化当地精英对地区的建设，在 1480 年的地名辞典中，婺州地区包括禅院、观、庙等在内的宗教场所多达 764 处，而在吕祖谦学生占当地进士数量最多的金华县，宗教场所最多，共 163 处。

总体而言，Bol 教授在讨论社会网络对道学传播的影响时，核心思路是以朱熹等三人的社会关系人所在的地理区域作为道学传播的考察范围。先从整体上分析这些关系人所在社会关系中的位置和这三位思想领袖的家乡的地理位置，观察到关系人在文人精英集聚的东南地区也呈现不均匀分布，由此引出问题：在什么样的地区，朱熹等三人的社会关系人会更多？通过分析进士数量和商业税配额讨论影响道学分布的原因并得出结论，道学在更重视教育投资的地区更有市场，而在重视商业发展的苏杭地区则无法顺利推广。

五、结　语

中国历史悠久，无数的先人一笔一画地记录下了他们的时代所发生的事情。原本历史似乎就这样封存在那些普通人难以顺畅读懂的文字中，研究历史变成一项专业程度极高的工作。对于历史学研究人员而言，如果缺乏大规模基础事实资料的直观呈现，很难从整个历史发展的趋势上进行讨论，就历史的某一个小细节、某一个局部进行考证似乎是更为可行也更为科学的研究方式。对于社会科学研究人员而言，许多研究受限于对历史的理解，而且在日益要求量化和追求因果识别的现今的研究框架中，历史数据的缺乏是最核心的约束。很多时候，尽管我们观察到现今发生了许多事情都与历史有关，如某地人民的等级观念可能与当地历史上儒家文化有关，如目前沿袭的行政规划可能与历史上战争的分布有关，但定量的、科学的研究依然存在种种限制。

就像 Bol 教授在课堂说的，新的技术的发展会带来学科研究范式的变革。许多之前难以实现的分析方式在工具的帮助下变得非常便利，如数据库实现了复杂条件的检索，而 GIS 实现了依据空间位置合并数据等。而新的理论和测度工具也在引导着人们思考新的问题。Bol 教授及其团队的贡献在于，应用了这一系列新的理论和工具，为历史学、地理学和社会科学等其他学科的研究完成了基础设施的建设，实现了个体研究者难以实现的对大体量数据的处理，为各个学科的对话和互相汲取搭建了桥梁。

回到这两个数据库本身，CHGIS 作为一个地理信息平台，其构建的理论框架较为简单，核心的思路是利用地名词典将位置和地名连接，而历史上的地名可以与无数的历史信息相结合，始终不变的位置则可以通过与今天关于历史地质和气候的研究匹配，获得历史上的除了位置之外的地理信息。这使得一个地方的地理信息可以沿时间展开，而同一个时间点的历史信息可以在一个地图上呈现。这两者的结合蕴含着无数从地理角度研究中国历史的可能。

CBDB 的构建思路较之 CHGIS 则更为复杂。首先是关于历史人物的材料便远比地理材料体量大，许多不同来源的材料可用以反映一个人的信息，如何系统收集此类信息，如何分类，收集后如何规范化表达，规范后又应该如何进行抽象化地组织以提高利用率，对这些技术上的操作，本文做了简单的描述。而关于 CBDB 的应用，主要可以从群体传记学和 SNA 的角度进行，这两种方法又有各自的分类和关注的重点。群体传记学依据研究问题的不同会选择性地关注不同群体，而SNA 则与其他分析范式不同，以关系为研究单位，并且有一系列复杂且较为独立的度量范式。CBDB 将一系列关于人的文字性的信息转化为可供定量研究的数据，而这些数据可以讲出什么样的故事，还有待进一步挖掘。

向以 Bol 教授为代表的，做学术基础建设的学者们致敬，是这些埋首于复杂晦涩的原始材料中辛勤耕耘的人，为后人的研究开疆辟土。

整理人：陈依婷，新加坡国立大学经济学院

参考文献

[美]贾雷德·戴蒙德，2006，《枪炮、病菌与钢铁：人类社会的命运》，谢延光译，上海：上海译文出版社。

[美]施坚雅，2000，《中华帝国晚期的城市》，叶光庭，等译，北京：中华书局。

张聪，姚平，2012，《当代西方汉学研究集萃（思想文化卷）》，上海：上海古籍出版社。

Bai Y，Jia R. 2016. "Elite Recruitment and Political Stability：The Impact of the Abolition of China's Civil Service Exam." *Econometrica* 84（2）：677-733.

Bai Y，Kung J K S. 2015. "Diffusing Knowledge While Spreading God's Message：Protestantism and Economic Prosperity in China，1840-1920." *Journal of the European Economic Association* 13（4）：669-698.

Beard C A. 2012. *An Economic Interpretation of the Constitution of the United States*. New York：Simon and Schuster.

Bol P K. 2012. "GIS，Prosopography and History." *Annals of GIS* 18（1）：3-15.

Bol P K. "*On the Cyberinfrastructure for GIS-Enabled Historiography.*" *Annals of the Association of American Geographers* 103（5）：1087-1092.

Fairbank Center for Chinese Studies of Harvard University and the Center for Historical Geographical Studies at Fudan University（2016），CHGIS，Version 6，http：//sites.fas.harvard.edu/~chgis/.

Harvard University，Academia Sinica，and Peking University，*China Biographical Database*（November 20，2017），https：//projects.iq.harvard.edu/cbdb.

Lasswell H D，Lerner D. 1965. *World Revolutionary Elites：Studies in Coercive Ideological Movements*. Cambridge：MIT Press.

Marvick D. 1961. *Political Decision-makers*（Vol. 2）. Glencoe：Free Press.

Mizruchi M S，Bunting D. 1981. "Influence in Corporate Networks：An Examination of Four Measures." *Administrative Science Quarterly* 26（3）：475–489.

Padgett J F，Powell W W. 2012. *The Emergence of Organizations and Markets*. Princeton：Princeton University Press.

Plakans A，Wetherell C. 1988. "The Kinship Domain in an East European Peasant Community：Pinkenhof，1833–1850." *The American Historical Review* 93（2）：359–386.

Rutman D B，Rutman A H. 1984. *A Place in Time：Middlesex County，Virginia，1650–1750*. New York：W. W. Norton.

Stone L. 1971. "Prosopography." *Daedalus* 100（1）：46–79.

Wetherell C. 1998. "Historical Social Network Analysis." *International Review of Social History* 43（S6）：125–144.

Populations，Geography，and Chinese History Based on CBDB and CHGIS

Peter K. Bol

Abstract: In the 4th Summer School for Quantitative History，Peter K. Bol，based on CBDB（China Biographical Database Project）and CHGIS（China Historical Geographical Information System），lectured on the building of cyberinfrastructure for biographical and geographic data, as well as the theory and operation of the computational approaches to collect and analyze biographical and geographic information. According to lecture materials and relevant literatures, this article discusses the building of CBDB and CHGIS, the theoretical basis of analyzing history from the aspect of population and geography, and practical application of CBDB and CHGIS, using Bol's analysis of the spread of neo-Confucianism in the Song Dynasty as an example.

Keywords: CBDB, CHGIS, prosopography, spatial analysis, social network analysis, the spread of neo-Confucianism, history of ancient Chinese ideology

量化历史研究推文选录

按语：“量化历史研究”公众号由耶鲁大学终身教授、香港大学冯氏基金讲席教授陈志武和清华大学社科院经济研究所教授龙登高及其团队负责。以严肃而又不失活泼的方式，向广大学界和业界朋友，定期推送有关量化历史研究经典文献和前沿文献。此公众号同时作为“量化历史讲习班”信息交流平台，亦及时发送讲习班的最新信息和进展。本刊现选录了几篇介绍以往量化历史讲习班部分授课老师相关研究的推文如下，以飨读者。

科举与帝制中国的社会流动性[①]

许多中外学者认为，中国帝制时期的科举制是领先于英国文官选拔制度上千年的一大发明创举。门多萨将帝制中国的平稳发展归功于竞争性的科举制度，官员的公开选拔而非世袭继承为平民阶层提供了

① 本文为量化历史研究公众号第 73 篇微信推文。推文作者为北京大学燕京学堂赵宇恒。

稳定可靠的上升渠道，这对于增强社会流动性、维护社会稳定与活力起到了重要作用。美国“汉学之父”卫三畏甚至表示：“中国通过卓越的考试制度录用文官武将，这是他们制度唯一不同于古今任何一个伟大的君主国家的地方。”但反对者认为，由于包括财富和人力资本在内的家庭环境对于个人的科举表现有重要影响，科举考试只是权贵阶层的不断复制。香港科技大学龚启圣教授与他的合作者在最新的工作论文“The Making of the Gentry Class：Reconsidering the Ladder of Success in Late Imperial China”中，利用大量的史料建立了相关数据库，检验了个人能力和家庭背景对候选人科举表现的影响。

文章使用的数据主要来源于《清代硃卷集成》和《明清进士题名碑录索引》。前者包含了 4035 位通过乡试的举人履历信息，记录了这些举人乡试的名次、中举年龄、父系和母系的上三代特征信息。这 4035 个举人占同时期举人总数的 8%。后者记录了明清时期所有通过会试得到进士功名的应试者。作者将这两个数据匹配起来，从而能够得知《清代硃卷集成》中的哪些举人通过了进士考试，而且还能知晓这些举人在殿试中的排名和录取等级。作者将是否考中进士、殿试的排名和录取等级作为考察举人是否获得向上流动这一因变量的三个度量指标。

文章利用《清代硃卷集成》中举人履历，构造了核心自变量，这分为两大类：其一是家庭背景，其二是个人能力。家庭背景根据父辈的功名分为四个等级：平民、底层学子、中下层士绅、高级士绅，这又可以进一步细分为父辈的教育水平（人力资本）、官职高低（文化资本）和家庭教师的质量。个人能力包括候选人通过乡试的排名和年龄。此外，作者还控制了作为家庭财富代理变量的候选人父辈的妻妾数量、候选人成为举人前的身份（是否是监生）、兄弟数量及排行、城乡身份以及地域和组群固定效应。

作者根据因变量性质分别选择了 OLS 和有序 logit 模型构建计量模型。实证结果表明，尽管底层学子和中下层士绅的家庭背景相较于平民在进士考试中并没有明显优势，但来自高级士绅家庭的举人考取进士的概率要比平民家庭出身的高出 53.7%。这表明权贵阶层的复制和社会地位的继承性在一定程度上得到了体现。另外，作为个人能力的代理变量，候选人考取举人的排名和年龄都对会试的成功有明显作用。乡试中的排名每提高 10%将使其通过进士考试的概率增加 8.3%，而考取举人的年龄每增加一年会使考取进士的概率下降 4.8%，这一结果支持了科举考试加强了帝制中国社会流动性的假说。总的来说，帝制晚期的中国社会阶层确实是流动的，但阶层中的不平等在进士考试中也体现得十分明显。

文章紧接着从人力资本和文化资本两个层面检验了高级士绅家庭对进士考试的影响。回归结果表明，父亲的教育水平每提高一个水平（共 7 个等级），通过考试的概率增加 4.3%。类似的，三代以内父系长辈的官职每提高一个等级（共 19 个等级），通过考试的概率增加 3.6%。但相反的，家庭财富在各个模型中均不显著，说明在最高等级（进士）的科举考试中，家庭物质资本不如人力资本和文化资本来的重要。

由于进士的排名和所属等级很大程度上决定了候选人能否进入翰林，而这对于个人的仕途起点有着决定性作用，因此，作者进一步将被解释变量从是否考取进士改为殿试的名次和等级。新的估计结果表明，父亲的人力资本和文化资本在殿试的表现中同样起着重要作用，当候选人父亲曾经担任过高级官职（省级及以上）时，这一作用更加显著。

综上所述，该文研究结论既支持传统社会有较高的社会流动性假说，也支持家庭背景的重要性假说。一方面，作者发现能力对于举人是否能考中进士有显著影响，这表明科举制度使帝制时期的中国社会有较高的社会流动性，这一论断因家庭财富对科举表现的影响不显著而得到加强。但另一方面，家庭背景对个人的考试成功同样有重要影响，但这种家庭背景影响主要来自顶层士族，其他的家庭背景则没有明显的优势。

另外，家庭背景中的文化资本——父辈的官职高低，对于殿试的成绩有显著影响。这是由于殿试更多地侧重对国家政务的处理能力而非对儒家经典理解的考察，担任高级官职的父辈的经验对于殿试的发挥具有重要作用。龚启圣教授与其合作者的这一研究发现不仅有助于我们更好地理解科举制在晚期帝制中国社会流动中所起的作用，同时也对更广意义上的代际研究有重要启发。

文章来源：

Jiang Q，Kung J K. 2015. “The Making of the Gentry Class：Reconsidering the Ladder of Success in Late Imperial China” Working Paper.

制度变迁为何可能？大饥荒记忆与中国农业的去集体化[①]

制度至关重要，因而受到经济学者的普遍关注。然而在已有文献中，虽然存在众多重量级的关于制度形成和变迁的理论分析，但受到样本限制，少有制度变迁的经验研究。Ying Bai 和 James Kai-sing Kung 于 2014 年发表在 *Explorations in Economic History* 上的文章“The Shaping of an Institutional Choice：Weather Shocks，the Great Leap Famine，and Agricultural Decollectivization in China”，利用 1978—1984 年中国不同省份农业集体化解体过程差异这一社会实验，就制度变迁的经验分析做了尝试。

如图 1 所示，为了实现社会主义工业化，中国从 20 世纪 50 年代就开始进行农业集体化。短短的几年内就实现了从农业互助组到初级合作社再到高级合作社的跳跃。到 1958 年更是实行了全面的人民公社化的

① 本文为量化历史研究公众号第 49 篇微信推文。推文作者为清华大学人文学院温方方。

“大跃进”运动。当时官方的理由是：人民公社有利于更大规模动员农业剩余劳动力实施更大规模公共项目，如灌溉基础设施，降低不利天气冲击，从而增加农业产出。从效果来看，“大跃进”确实导致了农业灌溉亩数的大幅增加（见图2），但是农业产出却没有得到相应增加，随之而来的却是1958—1961年的“三年困难时期”。1961年后，人民公社虽有所松动，但是去集体化却要等到“四人帮”的倒台后。农业制度从集体农业转向家庭农业正式开始于1978年——安徽小岗村实行包产到户。这之后去集体化在各省各自的权衡下渐次展开，到1984年基本完成。

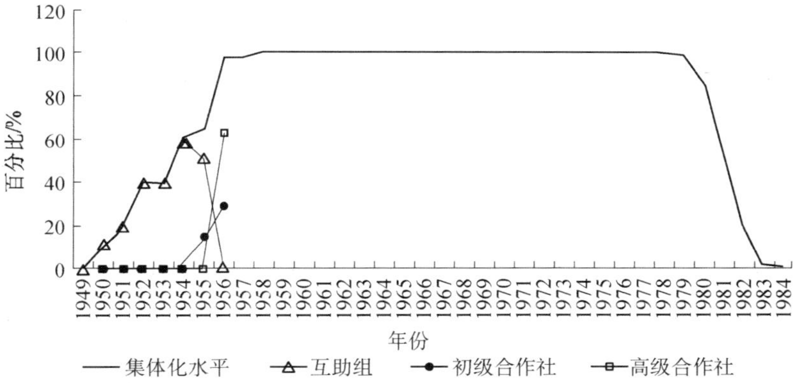

图1　不同集体化形式的家庭比率，1949—1984年

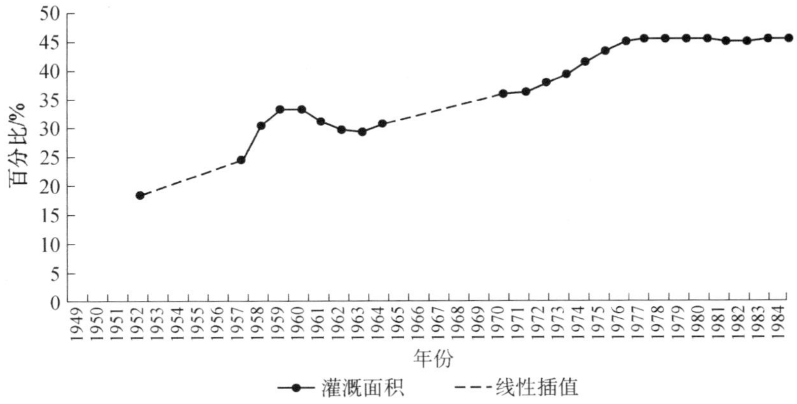

图2　灌溉面积占播种面积的百分比，1949—1984年

为了更好地理解上述从集体农业向个体或家庭农业转变的过程，作者基于中国制度特点，在诺斯等理论基础上构建了一个集体农业和个体农业的选择模型。一方面，集体农业可以提供更好的水利设施等，可以较好地保护农业生产以应对自然灾害。另一方面，集体农业由于公有性质，激励不足、产出低下，再加上易被过度收购，导致了严重的历史后果。因此，基于上述集体化带来的抗灾收益和产出下降的权衡，文章提出了三个可供验证假说：①没有遭受严重大饥荒省份，表明集体化带来的抗灾收益高，因而在遭受恶劣天气冲击时，会有更少的家庭转向家庭联产承包责任制；②与此相反，大饥荒比较严重的省份，表明集体化带来产出下降更大，因而受到恶劣天气来袭时会更倾向于去集体化；③同样，那些在集体农业下建立了更多灌溉设施的省份，由于抗灾能力已经实现，遭受恶劣天气袭击时更易去集体化。

接着，文章以 1978—1984 年不同省份采用家庭联产承包责任制的家庭比例作被解释变量，以不利天气冲击、不利天气冲击与大饥荒严重程度乘积、不利天气冲击与 1978 年灌溉条件乘积作为关键解释变量，构建了面板数据回归方程。回归结果显示，恶劣天气冲击确实在去集体化时期有加强集体化的效应；然而，这种效应在那些遭受了严重大饥荒或有更好灌溉条件的省份得到了逆转。这与该文的三个假说推断相一致。上述结果在考虑了天气冲击的滞后效应、政府特性、各省的食物可获得性、城市化水平、粮食收购的影响以及大饥荒严重程度的内生性问题后，仍然稳健。该结果也得到了系统 GMM（generalized method of moment，即广义矩估计）和村级水平数据的支持。

随后，为了更好地说明历史记忆对制度选择的影响，作者考察了 1929—1931 年的饥荒对农业互助组形成的影响，并以此作为安慰剂检验。结果发现在个体农业下的饥荒经历确实会推动集体化的选择，但对集体化后再去集体化则没有影响，去集体化的选择主要来自集体化时期的大饥荒历史记忆。

本文研究揭示了自然（天气冲击）、历史和制度是如何相互作用促进制度变迁的。

文章来源：

Bai Y，Kung J K. 2014. “The Shaping of an Institutional Choice：Weather Shocks，the Great Leap Famine，and Agricultural Decollectivization in China” . *Explorations in Economic History*，54：1-26.

土豆和玉米：新大陆农作物与人口增长和经济发展[①]

从新大陆远道而来的土豆和玉米都支撑了近代的人口增长，但两者对经济发展的贡献却存在差异。近期的两个研究利用系统的数据、量化的方法，排除了此前文献中识别贡献大小、检验因果关系的困难，有助于我们更好地理解新大陆农作物对人口增长和经济发展的影响。

这两个研究分别是：Nathan Nunn 和 Nancy Qian 于 2011 年发表在 *The Quarterly Journal of Economics* 上的论文 “The Potato's Contribution to Population and Urbanization：Evidence——from an Historical Experiment”；陈硕（Chen Shuo）、龚启圣（James Kung）于 2016 年发表在 *Journal of Economic Growth* 上的文章 “Of Maize and Men：The Effect of a New World Crop on Population and Economic Growth in China” 。

前者讨论了土豆对旧大陆人口增长、城市化率的影响。作者使用长时段、国家层面的数据，发现 18、19 世纪旧大陆的人口增长和城市化进程的四分之一要归功于土豆。后者讨论了玉米对中国社会的人口增长、城市化率和人均收入的影响。作者利用府级数据得出，玉米在

① 本文为量化历史研究公众号第 112 篇微信推文。推文作者为北京大学经济学院韩伟男。

1776—1910 年贡献了中国人口增长的 19%，但却没能显著提高城市化率和人均收入等经济发展指标。

两个研究的发现有同有异。相同的地方是：新大陆农作物在中国和旧大陆都促进了人口的增长；不同的地方是：土豆推动了旧大陆的城市化，而玉米则没有提高中国的城市化率。

（主编注：新大陆农作物对人口增长起到了极大的推动作用，有学者从其播种面积和产量提出质疑，认为上述两项绝对数值都很小，不可能在人口增长中发挥这么大的作用。陈志武提出的可能解释是，新大陆农作物实际上能起到一种保险功能，其主要是在其他主要农作物歉收的情况下发挥作用，由于其在恶劣气候条件下仍然能有相当的产量，从而能够使人们度过灾荒，存活下来。而为了度过灾荒，只需要相对较少的粮食。）

下面分别介绍这两个研究。

（一）土豆对旧大陆人口增长和城市化的影响

理论上，土豆的引种提高了农业生产力：一方面改善了收入和营养水平，提高了人的预期寿命，而在现代人口增长模式形成之前，收入的提升会促进人口增长；另一方面在两部门均衡框架中，由于农产品的消费缺乏弹性，劳动力最终转移到城市部门，助推城市化发展。文章的主要贡献是，率先解决土豆与人口增长之间的内生性问题，否定了人口压力重的地区主动选择土豆的反向因果关系，也排除了可能同时导致土豆引种和人口增长的其他因素的影响。文章的主要思路类似于双重差分（differences-in-differences，DID）方法，控制其他条件后，研究引入土豆是否让更适合土豆生长地区的人口相比不适宜地区的人口增长更快。

文章的因变量总人口的数据来自 McEvedy 和 Jones（1978）的研

究；城市化率数据来自 Chandler（1987）、Bairoch（1988）和 Modelski（2003）的研究。如图 3 所示，文章统计了一国居住在 4 万人口以上城市的人口占总人口的比例，数据在 1100—1700 年每世纪一个截面，在 1750—1900 年每 50 年一个截面。文章的主要自变量是各国适合种植土豆的土地占比。由于地理条件基本不随时间改变，因此作者得以基于现代地理资料计算各国土地上土豆的历史适种性。根据联合国粮食及农业组织的 Global Agro-Ecological Zones（GAEZ）数据库，作者将所有土地栅格的水热、土壤、地形特征与土豆生长所需的条件匹配，计算每个栅格内的土豆产量潜力；并以能达到最高单产的 40%为标准，认定栅格内土地适合土豆生长，从而计算出国土上的适种土地占比。

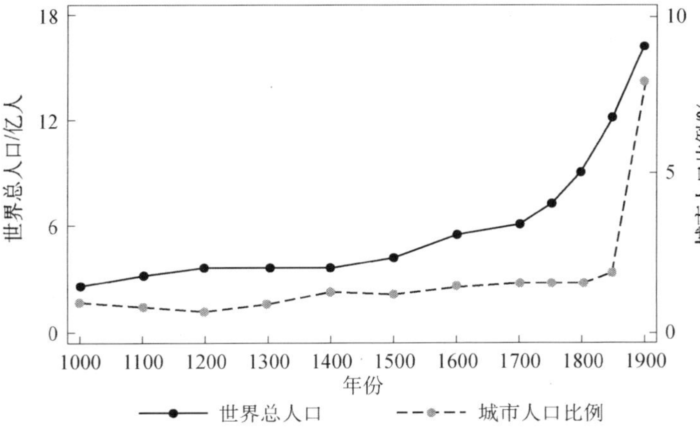

图 3　1000—1900 年世界人口和城市化的发展

文章的主要回归根据 DID 的思路，控制国家和年代固定效应、旧大陆本土作物和其他新大陆作物的适种性以及地理和气候等因素，检验核心自变量（一国的土豆适种土地占比与引种哑变量的交叉项）的系数。首先，作者确定土豆的引种时间，根据 17、18 世纪土豆种植在旧大陆上快速扩散的历史记录，把土豆引种处理的时间统一设置为 1700 年，以防受到不同国家人口压力影响引种时间的反向因果关系的干扰。其次，作者对引种时间进行检验，一方面利用与主回归相似的逻辑，检验1100—1900年不同时点作为引种时点的交叉项的系数，发现只有18世纪之后引种，土豆推动适种地区的人口增长的效果才显著；另一方面使用模仿断点回归的方法，以400年为带宽进行回归，发现1700年之后确实存在断点，印证了1700年引种土豆设置的正确。

文章的回归结果发现，土豆对人口增长和城市化贡献显著；适宜种植土豆的土地占比每提高1%，总人口平均增长0.032%，城市化率提高0.36%；根据回归结果进行的反事实分析发现，土豆的引种对18、19世纪旧世界人口增长的贡献约为26%、对城市化的贡献约为34%。

文章随后检验了结果的稳健性。首先，要排除其他因素同时造成土豆引种和人口增长。例如，世界上最适宜土豆生长的土地集中分布在欧洲，而欧洲在18、19世纪的快速发展受到很多其他因素的影响。因此，作者控制了与大分流有关的地理、制度、宗教、殖民、参与全球化等因素，控制了大洲固定效应，并进行了欧洲国家与其他国家的分样本回归，回归系数显著且与主回归比较接近。其次，要进一步排除反向因果关系。例如，人口多的国家在土豆的引种、选育上可能也更为积极，那么人口压力下可能会催生出高产品种，文章按栅格的产量潜力为40%最高单产来计算出的适种土地比例可能造成偏误。因此，作者更换了不同产量潜力门槛值来进行回归，抹去人为选择的影响，回归结果仍然稳健——文章在适种性标准上已经综合了土豆的各个品种；并且从土豆的栽培和传播史中也能得出，土豆的选育主要目的是抗病虫害而非提高单产。

文章亦通过各城市层面的人口增长和法国士兵身高的增长佐证了土豆对城市化和人口增长的贡献。由于土豆易发芽难以长途贸易，因此作者用类似的方法度量城郊种植的土豆对城市人口增长的作用——作者计算一个城市周围100千米内的适宜土豆种植的土地比例并进行回归，得到此范围内适种土豆的土地占比每提高1%，该城市人口平均增长 0.050%，与主回归结果比较接近；无论把这一回归的样本范围从 4 万人以上人口的城市扩大到 1000 人以上人口的城镇，还是把城市周边的范围调整到 50 千米或 200 千米，系数都支持主回归的结果。

此外，作者利用 Komlos（2005）法国在 1658—1770 年出生的士兵的成年身高数据作为因变量，控制这些士兵的出生地、年代固定效应和其他因素。作者发现在 1700 年土豆引种之后，有这样一类士兵，其出生地方圆 25 千米更适宜种植土豆，他们的身高显著地比来自不适宜种植土豆的地区的士兵高出了 0.41—0.78 英寸①——这也说明了种植土豆改善了当时人们的健康水平，促进了人口增长。

作者在文章中证明了土豆种植推动人口增长和城市化的因果关系，度量了土豆在其中贡献的份额。但也需要指出，文章数据上关于土豆逐步推广到世界各地的详细情况并不充分，理论上经济在受到土豆的引种的技术刺激后，究竟会花费多久收敛到新的稳态亦不清晰。因此，文章并没有分析土豆对人口增长和城市化的促进究竟是规模效应还是增长效应。

（二）玉米与中国人口增长

在与前一篇文章接近的研究时段内，玉米的引种也是明清时的重要农业技术进步，在道光年间达到引种的顶峰；而中国适宜玉米种植的土地约 55%，远远超出适宜土豆和番薯生长的 10%和 20%。出于数据可得性和作物重要性，陈硕和龚启圣对玉米引种与人口增长、经济发展的关系进行了实证分析，也采取了 DID 的方法，分析有玉米种植对该州府人口增长和经济发展水平的影响。

本文的主要因变量是府级的人口密度，数据分为 1600 年、1766

① 1 英寸=0.0254 米。

年、1820 年、1851 年、1880 年、1910 年六个截面，1600 年人口数据来自梁方仲《中国历代户口、田地、田赋统计》（1980 年），其余来自曹树基《中国人口史》（2000 年）。另一个重要因变量是经济发展水平：第一个指标城市化率，数据来自《中国人口史》1776 年和 1893 年的省级数据和司德敷《中华归主》（1922 年）有关 1920 年人口多于 25 000 人的城市的统计资料；第二个指标人均工资，数据来自《刑科题本》记录的乾隆至道光年间 178 起案件中涉及的长工工资。本文的主要自变量是玉米种植哑变量，数据来自 1119 种府志对成书时该府农业、物产的记录（玉米引种过程见图 4）。粮价数据来自《清代道光至宣统间粮价表》和“中央研究院”清代粮价资料库，并进行了卡路里折算和价格平减。控制变量中最重要的是马尔萨斯模式下对人口的两个“积极抑制”手段——战争和瘟疫；前者的数据来自《中国军事史》的记载，后者的情况则出自 Elvin（1973）的研究。

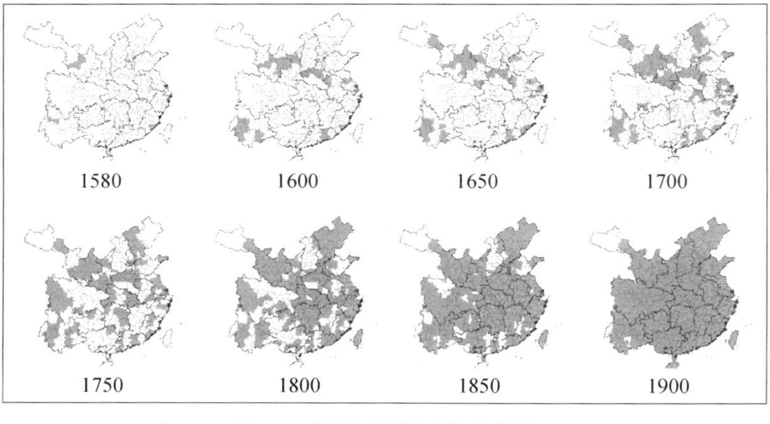

图 4　玉米的传播过程示意图

本文的主回归基于 DID 的思路，控制州府和年份固定效应，控制战争和瘟疫两个“积极抑制”手段，检验引种玉米对人口密度的影响系数。作者进一步控制了州府特异的年份固定效应来解决共同趋势问题，将标准差聚类到省一级以排除样本内的异质性，利用 Generalized Spatial 2SLS 方法解决空间自回归问题。主回归的结果发现，引种玉米会使当地人口密度增长 9.9%；按照中国在 1776—1910 年引种玉米的州府的份额增加了 46.7%，可以测算出在此期间玉米贡献了中国人口增长的 18.7%。

本文进一步检验了玉米促进人口增长这一结果的稳健性。首先，作者确认了 DID 所需的共同趋势假定的有效性。作者发现，若对齐样本中各州府的玉米引种时间，在引种玉米之前，各府州几个时段的人口密度变化趋势并没有显著差异；而在引种玉米之后，引种州府的人口密度才显著增长，从而肯定了共同趋势假定（图 5）。

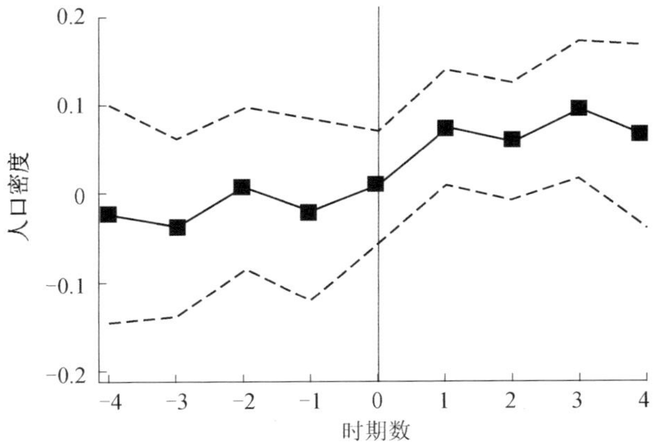

图 5　距离玉米引种的时期数

其次，作者试图排除 DID 方法中处理同期其他条件改变的影响。例如，早熟稻的推广改变了南方地区的熟制，作者因而在早熟稻种植的北限北纬 33°外对北方各府子样本进行了回归，发现引种玉米会把不受早熟稻影响的北方州府的人口密度提高 15.8%，更凸显了玉米对人口增长的促进作用。

此外，作者排除了人口压力导致“积极控制”的内生性问题——因为通过对齐各州府的玉米引种时间，作者发现引种前后的战争数量并没有显著变化。作者进而估计出战争和瘟疫两个对人口的“积极控制”手段分别会使人口密度下降 2.3%和 4%。

本文验证了引进新大陆作物对粮食价格的抑制作用，估计出引种玉米会导致该府的粮价下降 3.7%。此外，作者为排除“高粮价倒逼人口迁移去山区种玉米”的反向因果关系，考虑到了这一时段的主要移民形式是省内移民而非大规模的省际流动，故而通过加入省份特异的时期固定效应控制了其中的移民因素。

本文与 Nunn 和 Qian（2011）的结果不同之处在于：引种玉米并没有显著改变以城市化率（图 6）和长工工资作为衡量标尺的经济发展程度。无论是控制州、府、省会，还是控制位于运河、长江沿岸地区，利用数据齐全的年份子样本来排除城市化和工资两个发展指标的测量误差，回归的结果仍旧不显著。即使是按回归结果 95%置信区间的上界来测算，玉米对中国 18、19 世纪城市化的贡献也仅为 1.1%，说明引种玉米这一技术冲击带来的收入改善，大部分还是被人口增长稀释了，回到了马尔萨斯稳态。

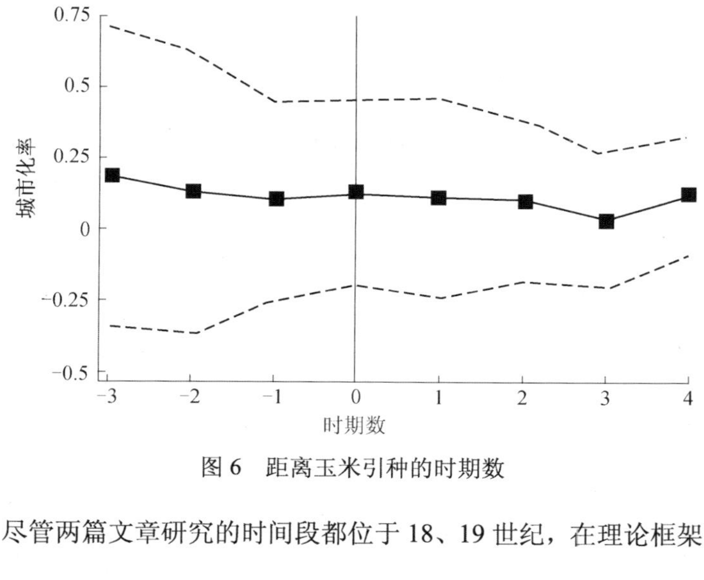

图 6　距离玉米引种的时期数

尽管两篇文章研究的时间段都位于 18、19 世纪，在理论框架上也都采用了 Galor 和 Weil（2000）等研究中的统一增长理论，都各自对美洲作物在全世界和中国喂养的人口规模、支撑的城市化进程进行了实证分析，但是，却在新大陆作物是否促进了经济的转型发展的问题上有着不同的判断。之所以出现了这种分歧，一则是因为研究对象上土豆和玉米并不完全等价，二则源于研究的范围——整个旧大陆和中国内部可能在地理和经济形态上都是异质的。

Nunn 和 Qian（2011）在理论上判断土豆引种作为技术进步会使农产品价格下跌；而 Chen 和 Kung（2016）则实证检验出玉米作为新技术能使粮价短期下跌 3.7%。Nunn 和 Qian（2011）推导出农产品价格下跌会在均衡中导致部门间的劳动力转移，判断此时的世界至少部分地进入人口增长与人均收入增长并行不悖的“后马尔萨斯模式”；而 Chen 和 Kung（2016）把此时的中国对应到统一增长理论中的“马尔萨斯模式”。

Nunn 和 Qian（2011）观察到世界范围内新大陆作物确实带来了城市化发展、人均收入提高、经济发展水平提升；而 Chen 和 Kung（2016）的回归表明人口的膨胀最终耗尽了新技术对经济增长的红利，中国的城市化和人均收入并没有起色。

两篇文章各自印证了作者在统一增长理论中判断出的发展模式，但在旧世界整体与中国这一局部之间体现出的发展阶段模式区别及其根源都没有展开讨论。

文章来源：

Nunn N，Qian N. 2011. “The Potato’s Contribution to Population and Urbanization: Evidence from a Historical Experiment.” *The Quarterly Journal of Economics* 126（2）：593-650.

Chen S，Kung J K. 2016. “Of Maize and Men：The Effect of a New World Crop on Population and Economic Growth in China.” *Journal of Economic Growth* 21（1）：71-99.

马尔萨斯时代的经济动态：来自1609年西班牙对摩里斯科人驱逐的证据[①]

人口转型前的上千年中，经济增长总是围绕着“马尔萨斯动态”模式发展。人们通常认为，在马尔萨斯时代科技进步或是人口下降只能暂时提高人均产出，这一影响会被人口增加和土地-劳动力比例的下降所耗散。然而，实际上马尔萨斯时代的社会可能会有更多样的表现形式。不过，有关马尔萨斯时代的实证检验常受限于数据或自然实验的匮乏，绝大多数大的人口冲击（如黑死病）由于波及范围过于广大，因而很难对其在之后数十年乃至数个世纪内产生的影响进行有效的检验。Eric Chaney 和 Richard Hornbeck 的工作论文“Economic Dynamics in the Malthusian Era：Evidence from the 1609 Spanish Expulsion of the Moriscos”将1609年西班牙对摩里斯科人的驱逐作为自然实验，考察这次人口外生冲击带来的长期影响及原因，为我们研究马尔萨斯时代人口和产出的动态变化提供了一个独特视角。

按由浅渐深的顺序，作者将全样本划分为无摩里斯科人居住区、部分摩里斯科人居住区和全摩里斯科人居住区（图7），以不同片区什一税征收权的拍卖价格作为农业产出的替代变量，在控制地理特征（与巴伦西亚距离、与海岸距离、坡度、经纬度、降雨量等）差异的基础上，对原先摩里斯科人占比更高的地区在人口、产出和人均产出上的相对变化进行估计。

数据表明（图8、图9、图10），对摩里斯科人的驱逐使得原摩里斯科人聚居区人口明显下降，人均产出提高。但在长期内，人口的下

① 本文为量化历史研究公众号第46篇微信推文。推文作者为北京大学燕京学堂赵宇恒。

降和人均产出的提高在整个样本观察期的 177 年内仍然存在，并没有如经典马尔萨斯理论预计的那样快速收敛。1609 年，摩里斯科人被驱逐后，原摩里斯科聚居区人口相对显著下降，但人口收敛直至 1786 年都未发生。原聚居区总产出在驱逐事件之后同样下降，其收敛速度远快于人口的下降速度。聚居区人均产出在驱逐事件后立刻上升，这一上升同样并未收敛，直至样本期末仍然比非聚居区保持着更高的水平。

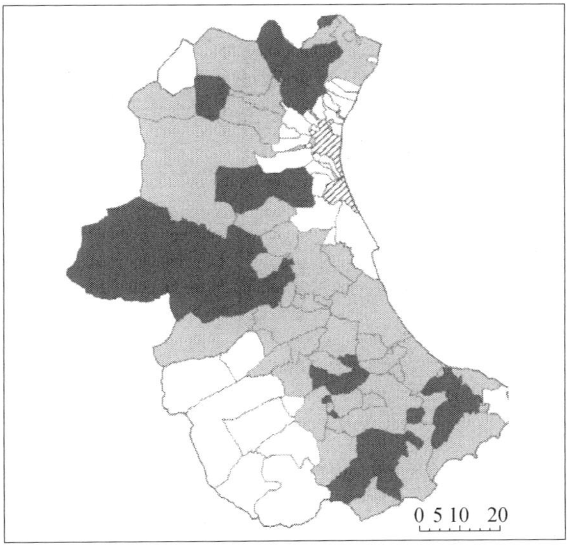

图 7　1609 年摩里斯科人占比示意图

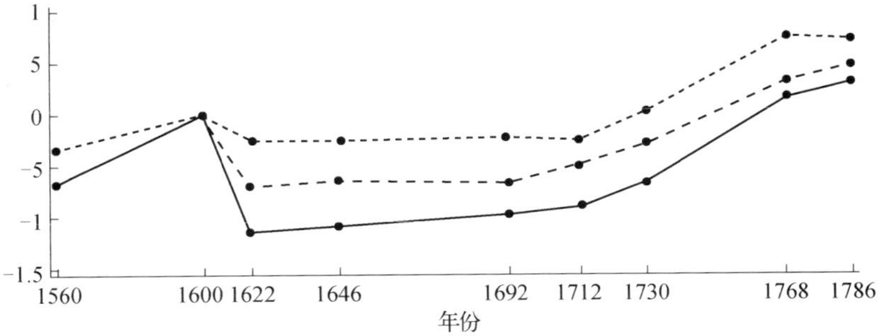

图 8　每平方千米人口变化（按 1609 年摩里斯科人占比进行分组）

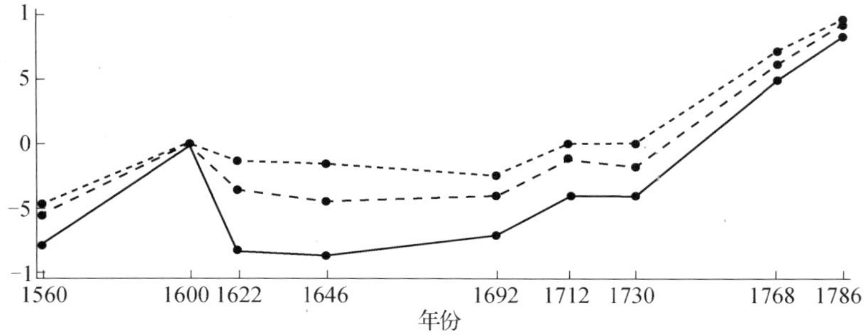

图 9　每平方千米产出变化（按 1609 年摩里斯科人占比进行分组）

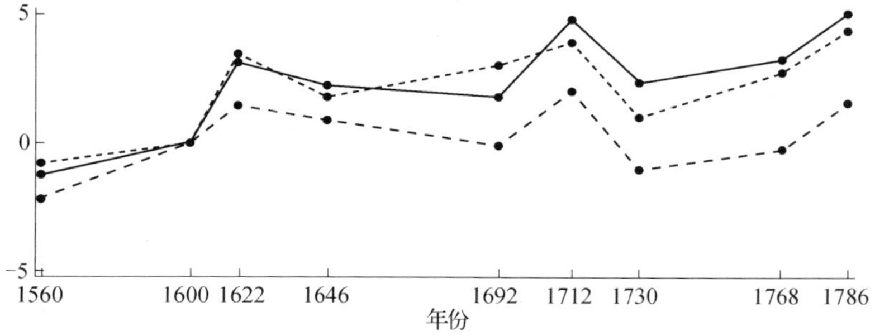

图 10　人均产出变化（按 1609 年摩里斯科人占比进行分组）

文章对这一不同于马尔萨斯经典理论的现象从不同方面进行了讨论。首先，作者考虑了制度的影响。与非聚居区相比，摩里斯科人聚居区处在严酷的制度之下，在驱逐发生之后，聚居区原有的制度如沉重的税负多数被保留下来，在某些方面甚至加重了。这些制度不利于基督徒移民的进入和财富的积累，因此降低了人口的增速。其次，文章也讨论了基督徒和摩里斯科人在文化上的差异。在驱逐发生之前，当时的学者就注意到摩里斯科女性的结婚年龄远低于基督徒中的妇女，在生育期内会繁衍更多的后代，摩里斯科人也被认为只需要更低的生活消费水平。因此，在驱逐发生之后，由于人口构成的改变，原聚居区的生育率和同样产出能供养的人口都相对下降。

此外，文章考虑了技术采用的影响，数据表明，原摩里斯科人聚居区中降水量和农业适宜度更高的地区人口和总产出都更高，这表明摩里斯科人更善于利用有利的地理条件，但同时也更容易受到不利环境的影响。驱逐发生后，基督徒移民将自身控制农业风险的技术和摩里斯科人的农业开发技术相结合，提高了人均产出和总产出。文章还讨论了劳动力稀缺对劳动节约型农业技术采用的影响。已有研究表明，驱逐发生后，原摩里斯科聚居区从谷物生产转为种植经济作物。由于摩里斯科人只被允许带走可以随身携带的财产，许多生产资料被留在了当地，因此新的移民面对着一个较高的资本存量，这为之后的农业生产提供了有利条件。

长期内人口和人均产出的收敛被认为是马尔萨斯时代的典型特征，而西班牙对摩里斯科人的驱逐产生了长期的持续影响。尽管我们尚无法判定何种因素导致了该结果，但对于该事件的研究表明，即使在马尔萨斯时代，长期的人均产出差异依然是可能的，这一结论对于我们重新认识马尔萨斯时代的人类社会有着重要意义。

文章来源：

Eric C, Richard H. 2016. "Economic Dynamics in the Malthusian Era: Evidence from the 1609 Spanish Expulsion of the Moriscos." *The Economic Journal* 126（594）: 1404-1440.

海贼王的没落
——从海盗赎金看欧洲与西伊斯兰世界的分野[①]

作为东西方文明沟通的桥梁，伊斯兰文明在哲学、科学、医学等领域都有着突出的成就，其对欧洲古典文化遗产的宽容和保护为欧洲

① 本文为量化历史研究公众号第 79 篇微信推文。推文作者为波士顿大学赵宇恒。

文艺复兴奠定了格局，对人类文明进程有着深远影响。然而，16—18世纪，西伊斯兰地区（Western Islamic World）开始全面落后于西欧，出现了欧洲与西伊斯兰地区的分野。西伊斯兰地区军事实力相对下降通常被作为反映西欧和西伊斯兰地区之间经济技术发展落差的重要依据。哈佛大学 Eric Chaney 于 2015 年发表在 *Explorations in Economics History* 上的文章“Measuring the Military Decline of the Western Islamic World：Evidence from Barbary Ransoms”，分析了 4000 余位从北非伊斯兰教地区的巴巴里（Barbary）海盗处赎回的俘虏的资料，跨时期定量刻画了奥斯曼土耳其帝国海军的重要支持者——巴巴里海盗的实力，为分析西伊斯兰地区军事力量相对衰退的时间节点及原因提供了线索。

奥斯曼帝国下属阿尔及尔摄政（Ottoman Regency of Algiers）的出现与帝国的海洋扩张有直接关系。15 世纪末，奥斯曼帝国开始征募那些能够快速提高海军实力的海盗。16 世纪初，奥斯曼帝国海军在与威尼斯人和哈布斯堡王朝竞争时也先后寻求了海盗的协助。其中，最著名的海盗是被称为“红胡子”的海雷丁（Khair al-Din）。海雷丁在西地中海横行无忌，并于 1516 年成为阿尔及尔的实际统治者，在对抗西班牙的战斗中得到了奥斯曼帝国的军事支援。这些海盗包括了来自欧洲的变节者和莱文特（Levent）的穆斯林，迅速成为奥斯曼帝国在西地中海袭击哈布斯堡王朝的代理人。巴巴里海盗不仅是 16 世纪奥斯曼帝国海军的忠实助手，而且也是奥斯曼帝国元帅的后备军，其元帅多次从中选拔。更加至关重要的是，巴巴里海盗在 17 世纪初掌握了伊斯兰世界最先进的航海和帆船技术，并从欧洲取得先进的技术，进而推动了奥斯曼帝国海军技术进步。然而 1650 年后，巴巴里海盗的军事实力相对于西欧有了下滑，多次被英国、法国、荷兰等击败。于是，巴巴里海盗选择了与这些国家签订合约，保护这些国家的商船免受海盗攻击。到了 17 世纪末，巴巴里海盗拥有的奴隶越来越少，被认为仅是只热衷于捏软柿子——如抢劫渔民——的“纸老虎”。

对上述的问题，作者利用赎回的俘虏数据进行了实证分析。巴巴里海盗在持续的敌对行动中俘获了大量俘虏，这些俘虏中的相当一部分在支付对应的赎金后被赎回，由于赎金账目核对的需要，俘虏的信息被尽可能充分地记录下来。这些信息主要包括：被俘者的年龄、性别、身份，被俘虏的方式和支付的赎金等。样本选取了当中全部赎金被支付的部分。数据表明，所有样本中被俘者的平均年龄仅为 29 岁，平均被囚禁 6 年左右，其中妇女和儿童约占总数的 10%。具体而言，13%的人为渔夫，26%的是士兵或者其他肩负国王使命的人，3%是传教士，3%被归类为其他，还有一小部分是贵族。从被俘方式看，80%的被俘者在海上被抓，11%从陆上被虏去，还有 7%在西班牙和奥斯曼帝国的直接军事冲突中被俘。通过文献记录，作者大致还原出每个俘虏的被俘地点（图 11），其中大多数集中在西班牙地中海沿岸和地中海到大西洋的航线上，在所有 2300 个有信息的样本个体中，大约 41%在大西洋被俘。

将样本以 25 年为组距分为不同的小组。统计数据表明，随着时间推延，在捕鱼时被俘的比例逐渐上升，1625 年以后陆上俘虏的比例开始下降，1575 年以后的样本中战俘的比例显著降低。与此同时，从 17 世纪开始巴巴里海盗极大地加强了其在大西洋地区的侵扰活动。学界认为英国和荷兰海盗带来的先进技术使得巴巴里海盗的活动得以延展到地中海沿岸，样本中该地区俘虏比例的快速上升支持了这一论点。

更进一步地分析依赖于样本提供的不同职业赎金水平。如图 12 所示，与基组水平相比，渔夫的赎金要低 12%，士兵的赎金要高 6%，欧洲与美洲航线上的俘虏赎金要高 21%，传教士的赎金要高 68%，贵族的赎金则要高出 178%。渔夫比例的持续上升、陆上俘虏的不断下降以及大西洋俘虏的先升后降反映了巴巴里海盗军事力量的逐渐式微。由于赎回偏好并没有随着时间改变，样本数据的职业构成被认为是同时期全体俘虏中最想要赎回群体的一个剪影。因此，被赎回俘虏的平均社会

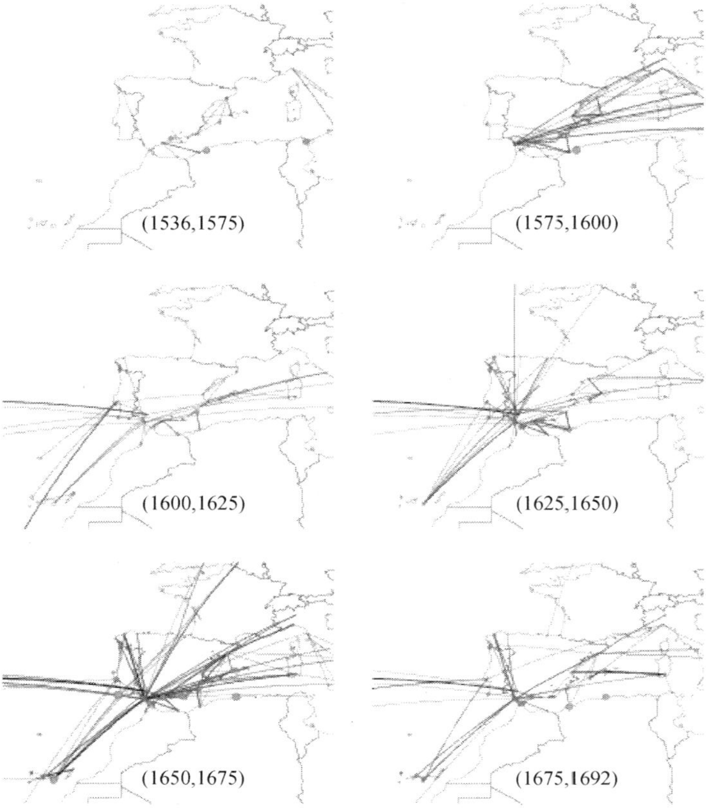

图 11　人质被俘地点分布示意图

地位的不断下降意味着海盗通过俘虏所能获得的经济收益下降。由于俘虏渔夫相对而言难度最小、收益最低，因此样本中渔夫比例由 13%跃升到 20%反映了巴巴里海盗军事力量由盛转衰的变化，这一转折出现在 1650—1675 年。

作者不仅通过样本定量刻画了巴巴里海盗活动，也对这之后的历史、技术、制度原因进行了探讨。与相关的史料一致，作者认为阿尔及尔的海军力量在技术上领先于奥斯曼帝国的平均水平。阿尔及尔的高度自治使得其与奥斯曼帝国中央政府之间的相互协作的程度受到质疑，不过从与西欧的海上斗争之中依然可以看出其从属于奥斯曼帝国。

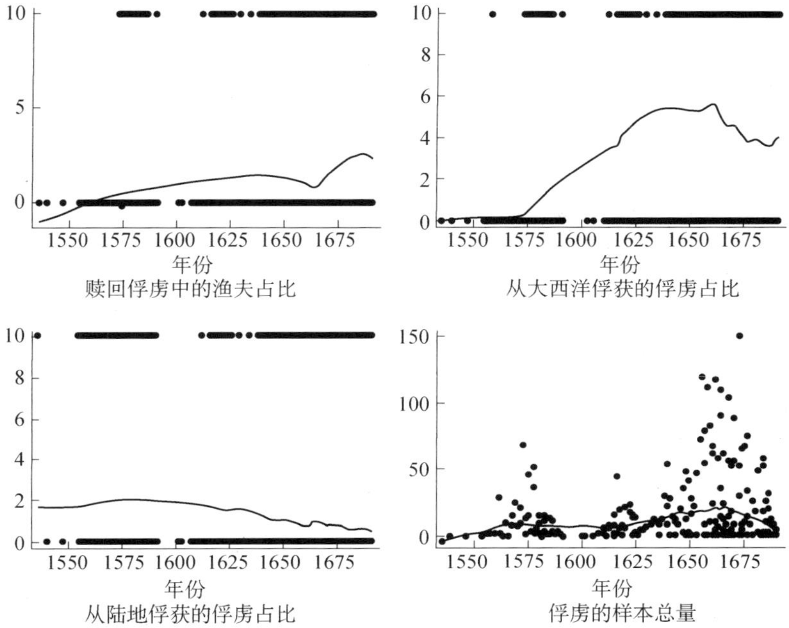

图 12　巴巴里海盗活动的兴衰

巴巴里海盗持续不断地从欧洲变节者那里获得西欧海军的先进技术，变节者驱动型（renegade-driven）技术变迁在奥斯曼帝国也是如此。不过到 17 世纪末，阿尔及尔和整个奥斯曼帝国开始在与西欧的斗争中处于下风。作者将奥斯曼帝国的失败归因于制度因素，认为自中世纪以后奥斯曼帝国与西欧之间在政治、经济制度上的根本差异是巴巴里海盗衰落的根本原因。国家能力的不足导致奥斯曼帝国无法充分利用这一时期来自西欧的先进技术。国家资本主义、技术创新和极强的社会流动性推动欧洲逐渐取得领先地位。

经济史研究既有统揽全局的宏观视野，也有见微知著的精巧构思。Eric Chaney 有关俘虏赎金的探讨不仅第一次系统地实证检验了巴巴里海盗军事力量的衰落，也为长久以来有关奥斯曼帝国衰落时间的争论提供了新的证据。西伊斯兰世界军事力量衰弱的根本原因是制度、经济、技术因素在内的国家能力的相对不足。以史为鉴可以知兴替，历史上一次次的大国兴衰与文明分野为我们探寻现代国家的发展道路提供了丰富而值得挖掘的遗产。

文章来源：

Chaney E. 2015. “Measuring the Military Decline of the Western Islamic World: Evidence from Barbary Ransoms.” *Explorations in Economics History* 58：107-124.

从命案率看清代社会经济变迁对暴力冲突的影响①

历史学家通常将清朝历史划分为早期繁荣、后期停滞或衰落这两个阶段（Rowe，2011）。“康乾盛世”时期（约 1661—1813 年），人们的收入和社会流动性大幅增长；而从 1814 年至 19 世纪末，清朝经济陷入了停滞、衰落，并伴随着战争（两次鸦片战争、中日甲午战争等）。这种传统观点一般由 GDP（国内生产总值）、生活水准和人口增幅等指标支撑。Maddison 指出，18 世纪中国的经济增长幅度远超 19 世纪。

然而，标准的经济衡量尺度只是社会发展进步的指标之一，并不能反映完整的社会图景。陈志武、彭凯翔、朱礼军三位学者于 2017 年发表于 *Explorations in Economic History* 上的“Social-economic Change and its Impact on Violence：Homicide History of Qing China”一文，对清代的命案率进行量化分析，借此观察经济发展背后的社会暴力状况，以及导致暴力冲突的社会和经济因素。此文排除了战争和其他有组织性的团体之间的暴力行动，只关注普通个人之间的暴力。命案率尽管无法直接显示收入增长、人口变化或其他经济指标，但在某种程度上反映了普通人的幸福程度和生活水准。

① 本文为量化历史研究公众号第 145 篇微信推文。推文作者为复旦大学历史学系夏静。

文章发现，1661—1821 年，清朝的命案率稳定上升，1821 年之后逐渐下降，人口密度、粮食价格、国家能力、地方自治和粮食市场整合程度等，都是影响命案率的重要因素。作者认为，“康乾盛世”快速增长的经济和人口，实际上是以人们财产的不安全程度和暴力增加为代价的，相比之下，乾隆晚期以后的中国社会反倒更加歌舞升平。

作者交叉使用 1744—1898 年黄册所载命案（homicide cases）、1661—1743 年的内阁刑科红本总数、1860—1898 年内阁刑科题本中“土地债务类”和“婚姻奸情类”案例，以及《清实录》记录的年度死刑案（death penalty）等数据资料，首先绘制出 1661—1898 年的命案分布与趋势图（图 13）。

从图 13 中可以看到，18 世纪的命案数呈上升态势，19 世纪初后达到峰值，随后下降。这也说明 18 世纪社会暴力程度上升，之后下降。19 世纪命案率下降或是由于嘉庆之后国家力量减弱，地方政府行政效率下降，地方官员为了逃避责任少报命案数，制造出地方暴力行为减少的假象。

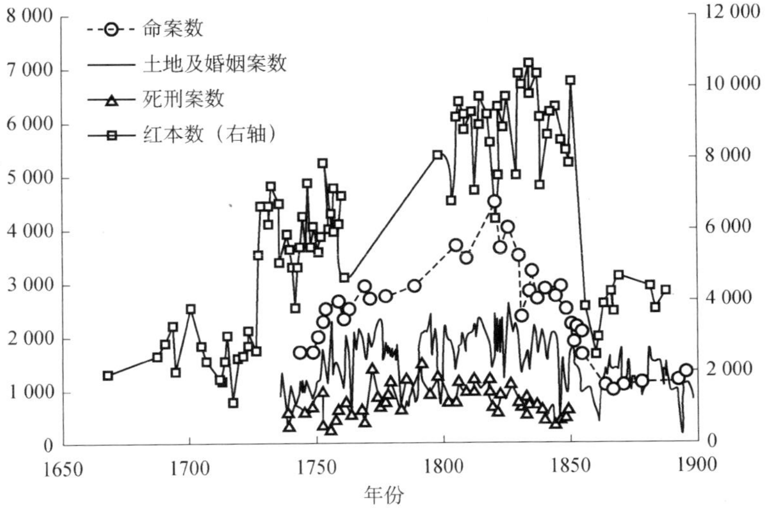

图 13　1661—1898 年的命案分布与趋势图

作者随后讨论了 1821 年之后命案率下降与国家力量减弱、地方政府行政之间的关系。图 14 是清朝 17 个省份的年均命案数趋势图，纵轴代表每个省 1744—1860 年的年均命案数，横轴代表每一省份各府“繁”的平均值。清政府为划分吏部与地方督抚铨选地方官吏的权限，对各州府县订立了一套“冲繁疲难”的区分制度，“繁”的数值越大表示各省政务负担越繁重。图 14 显示出命案数与各省的政务负担呈显著正相关。

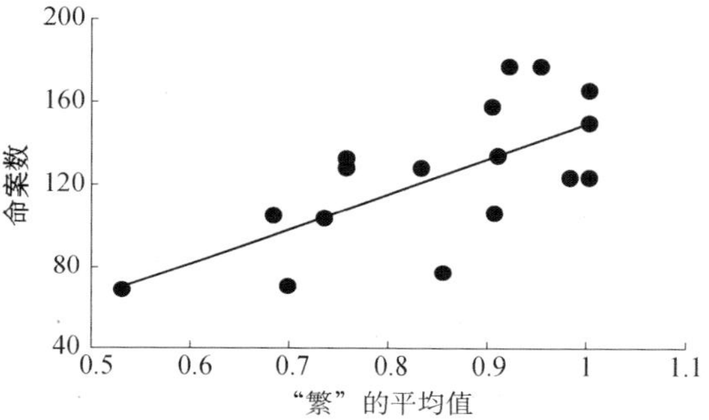

图 14　清朝十七个省份与“繁”相对应的年均命案数

暴力发生于特定的社会、经济和制度语境之中。文章随后考察了各省命案率不同的社会和经济动因，这些因素包括人口密度、谷物价格、市场整合程度、国家能力，以及当地士绅治理。

图 15 展示了 1744—1895 年广东、四川、江苏和山东等四个省的命案率。可以看到，四个省的命案率尽管上升和下降的幅度有所差异，但大体都在 1744—1821 年上升，1821 年之后下降。四川省的上升和下降幅度都是最剧烈的，这是由于 18 世纪大规模的人口迁徙造成四川省暴力冲突加剧，到 19 世纪随着迁移人口安定下来，暴力冲突也随之减少。这验证了文章的假说之一，即人口压力会加剧地方暴力。

然而，人口压力只是影响命案率的因素之一。作者随后引入人口、谷物价格、谷物市场整合程度等变量，以及其他控制变量——经纬度（省

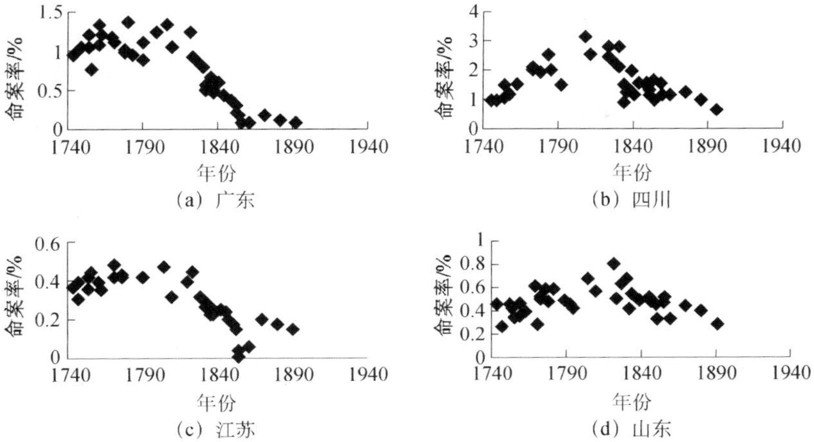

图 15　1744—1895 年广东、四川、江苏和山东四省的命案率

注：图中的方块表示预估的年均命案率，1860 年之前的比率建立在黄册基础上，1860 年之后的比率建立在土地/婚姻类案件上。

会城市)、三个政务评级（冲、疲、难)、东南省份的虚拟变量等，计算 1744—1849 年 15 个省的面板数据，并进行回归分析（表 1）。

表 1　跨省份的面板数据回归分析结果

	（1）	（2）	（3）	（4）	（5）	（6）	（7）
人口密度	-0.07 （0.06）	1.15*** （0.25）	1.15*** （0.25）	1.13*** （0.25）	1.21*** （0.25）	1.19*** （0.25）	3.47*** （0.72）
谷物价格	0.33*** （0.10）	0.15* （0.098）	1.85*** （0.42）	0.54** （0.24）	0.15* （0.098）	2.39*** （0.49）	1.22*** （0.34）
各省县谷物价格变化系数	0.89* （0.50）	0.76* （0.44）	0.82* （0.44）	0.78* （0.43）			
市场整合与谷物价格交互作用					-0.014* （0.008）	-0.017** （0.008）	-0.34** （0.17）
“冲”与谷物价格交互作用			-2.26*** （0.55）			-2.41*** （0.55）	-0.41 （0.52）
				-0.09* （0.05）		-0.11* （0.05）	-0.19*** （0.02）
						-0.06 （0.05）	2.77 （2.46）
其他控制变量	Yes	No	No	No	No	No	No
帝国固定效应	No	Yes	Yes	Yes	Yes	Yes	Yes

续表

	(1)	(2)	(3)	(4)	(5)	(6)	(7)
省份固定效应	No	Yes	Yes	Yes	Yes	Yes	No
R^2	0.53	0.36	0.19	0.15	0.36	0.13	0.09
样本数	394	394	394	394	394	394	361

注：括号中是标准误差。"其他控制变量"包括经纬度（省会城市）、三个政务评级（冲、疲、难；参见作者原文附录中的相应部分 A.2）、东南省份的虚拟变量以及年份

*$p<0.1$，**$p<0.05$，***$p<0.01$

回归结果表明，命案率的上升与人口密度、谷物价格或者未整合的谷物市场均有关；而国家力量的增强，则能削弱谷物价格上涨对命案率的正相关影响；谷物市场整合以及地方自治的发展（士绅人数多），能够减弱食物危机导致的暴力冲突影响。这就验证了文章的三个假说：①人口压力假说，认为人口的急剧增长和大规模的移民会引发更多社会冲突，除非新的社会规范建立起来；②生存危机假说，认为谷物价格的上涨威胁到普通人的生存，促使一些人诉诸暴力；③国家力量假说，即国家至少通过国家权力、士绅作用和市场整合等三种途径来影响暴力水平。

总体来看，1661 年至 18 世纪，人口快速增长和谷物价格上涨或许助长了社会暴力，而稳定增长的国家力量则降低了命案率，但同时也可能抑制了粮食市场的整合，以及地方自治力量的发展，如此便削弱了人们应对食物危机或其他风险事件的能力，使更多人尤其是那些边缘群体诉诸暴力以求得生存，这就解释了 18 世纪命案率为何呈现稳定上升的态势。而 19 世纪（尤其是 19 世纪 20 年代后），随着国家力量的减弱，市场和士绅得以充分发挥作用，从而降低了整体的暴力水平，命案率也随之降低。

文章还发现至少从 17 世纪中叶到 19 世纪末，中国相比西欧有着更低的命案率，后者直到 19 世纪才达到前者的水平。这一计量发现对比较文明领域的研究者具有启发意义，对研究中西差异的学者也有启迪。

随着大量清代档案资料的开放，我们得以重新审视关于当时人们生活的传统观点。“康乾盛世”尽管是清朝所经历过的最“繁荣”的时期，但它依然有着不断上升的命案率和一般暴力。而要在长时期的个人暴力和经济发展这二者之间建立起因果联系，获致更全面的理解，则需要我们更多的努力。

文章来源：

Chen Z，Peng K，Zhu L. 2017. “Social-economic Change and its Impact on Violence：Homicide History of Qing China.” *Explorations in Economic History* 63：8–25.

蒙住眼，因为剁手难
——为什么大一统的中华帝国晚期越来越“轻徭薄赋”，也越来越腐败①

（一）问题和文献综述

为什么在中华帝国晚期（以清代为典型），国家的汲取能力（正式税收占总收入的比重）日趋式微，而君主对建立一支高效廉洁的现代官僚队伍和透明的征税制度态度消极，放任大小官员从附加税中获取他们的各种规费礼金，对“一年清知府，十万雪花银”听之任之？为什么在重大灾荒和外来军事威胁面前，国家诉诸捐纳、报销和对官员商人的临时性摊派来为战争和赈灾融资，而不是通过公债市场在时间维度上平滑国家的财政开支？

我们当然不能简单强调统治者在建立制度时，“用道德来代替数

① 本文为量化历史研究公众号第163篇微信推文。推文作者为北京大学经济学院郝煜。

目字管理”，也不能把这归因于君主的不负责任和大小官吏的贪婪，或者“既得利益集团”阻挠任何改革，因为这些都是问题的结果而不是原因。

而新政治经济学最近的研究给我们提供了一个似是而非的答案：大一统。

在 Tilly（1990）、Wong and Rosenthal（2011）和 Dincecco（2014）看来，中国（以及欧亚大陆的古老帝国们）的问题在于“一统”，而欧洲近代早期多国竞争的地缘政治形势给君主们带来了增收的激励和还钱的约束，引发了财政革命和金融革命，增强了（幸存）国王们的汲取能力和借贷能力。

而另一些学者则更强调“大”，Stasavage（2016）认为议会对王权的实际制约和疆域大小成反比；Sng（2014）认为中华帝国的广阔疆域意味着更为严重的君主和官僚之间的委托-代理问题或者说信息约束，所以国家只能“轻徭薄赋”，而容忍代理人征收苛捐杂税。根据这个理论，之所以“用道德来代替数目字管理”，是因为中国太大，数目字管理成本太高。

以上两派理论各自侧重故事的不同方面，疆域大小和地缘政治环境是外生给定的，一旦二者给定，君主对官僚的监察能力也就是给定的。但纵观中国历史，即便是在清代以内，疆域大小（包括对边疆的治理模式）也是不断变化的，对官员的监察能力的大小（包括监察的机构、制度和手段）也并不是疆域大小的单调函数，更不用提监察的频率和惩罚的严厉程度了。正如雍正最爱跟臣僚讲的一句话，“有治人，无治法”，监察能力不是“能不能”的问题，而是“为不为”的问题。所以，真正要问的问题是，为什么“能而不为”？

在马德斌和 Rubin（2017）最新的工作论文中，作者引入了可信承诺问题，探讨了为什么君主不愿意投资于对官员的监察能力。君主在内生的国内造反风险和外生的军事入侵和灾害风险之间权衡。对于不受限制的专制君主，监察能力是一把双刃剑，一方面它可以遏制官员征收附加税的攫取之手，降低王朝被老百姓造反推翻的风险，但另一方面它也增强了君主自己对官员合法收入的攫取之手，挫伤了代理人完成征税职责的激励，降低了国家抵御外敌入侵和灾害的能力。对君主而言，把自己的眼睛蒙起来也意味着把自己的攫取之手绑起来。因此，对打工仔们的腐败行为刻意容忍反而是理性的选择，甚至可以看做是“效率工资”。这一理论洞见把信息不对称问题和可信承诺问题纳入了统一的分析框架。

（二）模型和推论

下面介绍马德斌和 Rubin（2017）的模型假设和推论。这是一个典型的不确定条件下的委托-代理模型。在基准模型中，在每一个时期，有和平和外敌入侵两种可能的状态。君主和官僚在每一期进行一个三阶段博弈，得到一个子博弈完美混合策略纳什均衡。

在第一阶段，战争和外敌入侵的状态被揭示出来，在每种状态下，君主提出相应的合同，规定正式税率 t、正式税上缴比例 α，而未上缴的是官员的合法收入。合同还明确了监察官员的概率 η 和惩罚官员的临界税率 $\bar{t}$（=正式税率+附加税率，一旦超过这个税率就惩罚）。

第二阶段官员根据其参与约束，决定是接受合同并且征收多少附加税 t^o，从而得到总收入=（$1-\alpha$）$t+t^o$（老百姓的总税负为 $T=t+t^o$），还是撂挑子不干获得保留效用 $\underline{u}$。老百姓成功造反的概率 p（T）是 T 的增函数，如果成功造反，君主被推翻从而获得效用 0。

如果没有被推翻，博弈进入第三阶段：君主根据其激励相容约束，决定是否监察并支付监察成本 m，以及是否没收官员的收入，获得总财政收入 R。君主成功抵抗外敌入侵的概率 q（R）是 R 的增函数（如果不能成功则获得效用 0）。

作者区分了两种政治制度以引入可信承诺问题：君主专制（absolute）和君权受限（limited）。在这两种情形下，君主一旦选择监察，并且发现总税率高于临界税率$\bar{t}$，都会把法外收入 t^o 没收。区别在于，前者可以任意地把官员的合法收入（1-α）t 没收，用博弈论的术语，就是君主对官员做出的“不没收合法收入”这个承诺事后（expost）不可信。而受限的君主，由于受到独立的议会和法庭的节制，则不能在事后违反合同。

不难看出，君主在制定税率时面临着一个基本的两难处境：如果把正式税率和上缴率定得太高，国内危机（农民起义）的概率会更大；如果把税率定得太低，则不足以应对外敌入侵。假设没有信息不对称和可信承诺问题，意识到君主能毫无成本地施行监察，官员就不会征收附加税，君主不会监察和惩罚官员，而模型的均衡解将使得减少国内危机的边际好处和增加外部危机的边际成本相等，此为最优（first best）情形。

然而，给定信息不对称问题和可信承诺问题，君主的均衡决策不是最优的，而是次优的（second best）。首先来看信息不对称问题，由于存在正的监察成本，君主的最优决策是监察概率小于 1，并且容忍附加税，从而造反成功的概率高于最优情形，这对于绝对专制和受限君主皆然。

再来看可信承诺问题：绝对专制下的君主，还必须考虑到官员由于其合法收入也有可能被君主没收，因此他“不撂挑子，继续打工”的激励更小。因此，其他条件不变的情况下，和受限君主比起来，专制君主将不得不考虑官员更紧的参与约束，允许更高的附加税收入作为对官员的风险补偿，以换取外敌入侵时他们为自己效命。同时，君主只能制定更低的正式税率，并从官员手中收取更低比例的正式税。

（三）拓展和历史证据

作者对基准模型的第一个拓展，是把监察成本 m 作为君主的决策变量：君主可以投资 $c(m)$ 于降低监察成本。对于受限君主，投资于此是有好处的：更低的监察成本带来了更低的附加税和老百姓造反的概率，而这样做的损失是降低了代理人不撂挑子的激励，损害了战时抵抗外敌的能力。而对于专制君主，增强监察能力，虽然会降低附加税率和老百姓造反的概率，但是对于官员不撂挑子的激励损害更大，意味着外敌入侵时国家的汲取能力和抗风险能力受到更大的损失，是得不偿失的。这种机制的动态效果，长期来看，将导致国家能力的分流（divergence），专制政权越来越作茧自缚，而权力制衡的制度给统治者提供了建立清廉高效的现代官僚制度的激励。

正如我们看到的，清代的大多数时期，征收附加税在一定的限度内是被默许的，其收入和支出由潜规则支配，而不受正式经制管控。不管在中央还是地方，监察机构越来越被纳入常规政府部门。中央政府对贪腐行为的整治是运动式的，而不是制度化的。惩治是选择性的，而不是一视同仁的。而紧急事态下的财政主要靠单方面提高地方正式财政收入的上缴比例，动用地方财政收入的养廉银部分用于军需和赈灾，以及利用官员的捐纳和商人的报效。而形成鲜明对比的是，欧洲近代早期的城邦国家，和宗主国达成了不代表不纳税的协议，不用担心他们的财政收入会被君主肆意剥夺，征税过程也比较公开和透明，也使得他们能以正式税收为抵押发行公债，在竞争性的借贷市场上融资。

作者对基准模型的第二个拓展是考虑国家扩张疆域的冲动。要征服和监察一块新的领土，君主要考虑支付军费，支付额外的监察成本（往往比既有领土更高），而回报是从新的领土征收的税负。更重要的是，征服一块新的领土会降低外敌入侵的概率。现在比较一下专制君主和受限君主。政府财政收入随着监察成本提高而提高，而专制君主在外敌入侵时征税能力较弱，这意味着专制政府有更强的动机把外敌入侵的威胁内部化。所以，当监察成本足够小的时候，受限君主相较专制君主更有动机扩张领土，因为它从征服中得到的财政收入比较大。而当监察成本比较大的时候，专制君主更有动机扩张领土，因为虽然他从新领土获得的财政收入比较小，但是从外敌入侵威胁内部化所得的收益非常大。

这个结论可以部分地解释为什么英国和荷兰等代议制国家倾向于征服给他带来更多经济收益的地区（如印度和西印度群岛），而大清国则把注意力放在西北边境，通过多次统一战争把内亚草原纳入帝国版图。在这个视角下，新清史研究提出的所谓清帝国的“内亚走向”，不过是统治者长治久安目标下的最优决策，而不应归因于满族统治者文化上更认同内亚草原民族。

值得注意的是，North 和 Weingast（1989）的经典文章早就指出，对君权的制度性约束是建立国家财政能力的关键。但他们的着眼点在于统治者和纳税人、债权人和债务人之间的关系，而该文的焦点是君主和官僚、中央政府和地方政府的关系。这和历史学家 Zelin（1984）的观点不谋而合。在《州县官的银两》这本书里，Zelin 探讨了火耗归公改革的前因后果。雍正试图把附加税纳入省级预算管理，并以养廉银和办公经费的形式返还给官员，以控制附加税的规模，减轻纳税人的负担，并增强省财政的财政资金。但由于缺乏制约中央权力的制度，乾隆即位后，中央财政开始干预火耗的收支，改革成果付诸东流。这表明即使不存在信息不对称问题，用附加税合法化一劳永逸地解决委托-代理问题的努力也是不可能实现的。Liu 和 Hao（2017）的工作论文利用各省推行改革的时间差异、火耗提解的程度差异和不同天气状况下的赈灾表现，研究了改革对于纳税人负担的影响、省财政支出的影响，以及政策效应持续的时间，对 Zelin 提出的命题给予了实证支持，也为马德斌和 Rubin（2017）提供了一个生动的注脚。

总的来说，在越来越多的探讨国家能力和大分流的文献中，该文提供了一个全面精深的政治经济学视角的多重均衡理论：君主受限国家将越来越呈现韦伯意义上的现代化，走上向海洋扩张的道路；而君主专制国家将在向内陆扩张、轻徭薄赋、容忍腐败的道路上越走越远。

如果不从根本上改变君主和官僚的关系（当然这个关系投射到社会就是官和民的关系），任何局部的、暂时的反腐行动都不过是零敲碎打，是对“稳态均衡”的注定要回归的些微偏离。

文章来源：

Ma D, Rubin J. 2017.“The Paradox of Power: Understanding Fiscal Capacity in Imperial China and Absolutist Regimes，London School of Economics and Political Science Department of Economic History.” Working Papers No. 261.

全球化、贸易和工资：中国历史能告诉我们什么[①]

20 世纪初期，中国国门逐步向世界打开，融入世界分工和贸易体系之中，进出口快速增长，中国逐步成为世界分工中的重要一环。第一次世界大战的爆发更是促使了中国民族工业的快速发展，为“黄金十年”奠定了基础。

Kris James Mitchener、Se Yan（颜色）2014 年发表在 *International Economic Review* 上的论文“Globalization, Trade, and Wages: What does History Tell Us About China?”以第一次世界大战冲击为切入点，分析中国全球化贸易对劳动力市场的影响。

文章发现，20 世纪初，中国更多出口非技术密集型商品，进口技术密集型商品，这一趋势在 20 世纪前 30 年保持稳定。第一次世界大战提升了中国出口产品的需求，扩大了中国产品的海外市场。在出口增长刺激下，中国对非技术工人的需求上升，战争结束后这一刺激才逐步减弱。

该研究使用的史料是《中国旧海关史料》。史料目前有两个部分，

① 本文为量化历史研究公众号第 138 篇微信推文。推文作者为浙江大学经济学院余航。

其一是海关第二档案馆出版的《旧海关史料》，其二是复旦大学吴松弟教授编撰的哈佛版《中国旧海关史料》，后者为前者的增补。该套史料保存完好，数据翔实，对中国1860年到1949年前的贸易情况进行了完整的描述，其中海关十年报告等专题资料对当年中国发展状况进行了记录。

全文按照“全球化下外生贸易冲击—劳动力市场非对称冲击—工资溢价变化”这一链条展开。研究基于中国旧海关史料建立了新数据集，在内容上主要涵盖了上海雇员工资调查、年度进出口数据两个方面，在时间上覆盖1903—1928年的年度数据。

总体来看，1900年以来，随着中国打开国门，进出口贸易同步快速增长，其中出口贸易额从1900年不到两百万两白银增长到1928年的接近1000万两。同时中国出超（进口大于出口）的现象在第一次世界大战期间（1914—1918年）出现明显改观，但战后贸易不平衡情形继续恶化，进口额大大超过出口额，如图16所示。

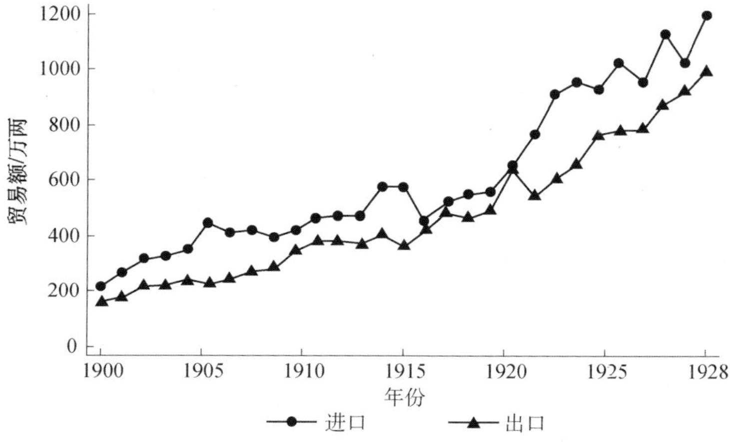

图16　20世纪初中国进出口情况

文章定义了贸易品的要素密集度，并从行业层面展开分析。作者利用美国1940年普查数据判断一个产品的技术密集度，以此标准将中国的贸易品分为非技术密集型和技术密集型两种，国内统计数据证明这一划分是合理的。技术密集度是指投入技术工人的比例，而不是科学技术，投入技术工人越多，该行业技术密集度越高。作者依次用“教育程度”“工资”来区分技术工人和非技术工人，本文只报告前者的结果。图 17 中上图是非技术密集型产品贸易份额的变化，下图是技术密集型产品贸易份额的变化。1914 年第一次世界大战开始后（竖线），非技术密集型产品出口份额相对扩大，进口比例下降，而技术密集型产品则反之。

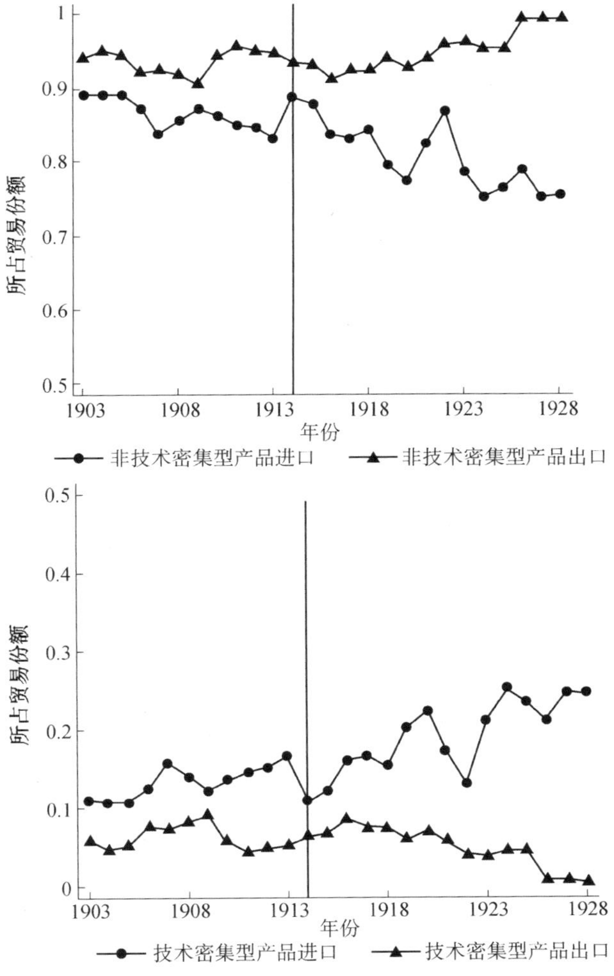

图 17　非技术密集型产品和技术密集型产品进出口份额对比

作者比较了技术密集度与出口增速的关系，发现技术密集度越低的行业平均出口增速越快，贸易额越大。而且，由于大量技术密集度高的行业没有出口，这一数据可视为一个截断数据，技术密度和出口的负向关系应该比图示（图 18）更为明显。

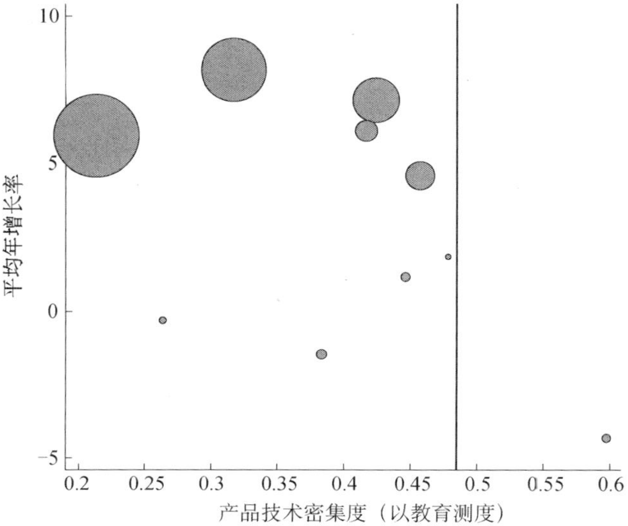

图 18　技术密集度与出口贸易增速：1903—1928 年

贸易品出口的不对称增长传导到劳动力市场，进而影响了不同工人的工资水平。本文考察了相对工资，即技术工人和非技术工人的工资比例，比例越高说明技术工人的相对工资越高，技术溢价越高。上述对劳动力市场非对称的冲击带来了工人技术溢价的变化，第一次世界大战后技术工人溢价明显降低。数据显示，从 1910 年前后开始，技术工人的相对价格逐步走平，并从 20 世纪 20 年代开始出现下跌，幅度大约 8%。作者建立了一个定量一般均衡模型用以估计第一次世界大战冲击对贸易和工资溢价带来的影响，得到了与事实一致的结果（图 19）。

该文的研究设计值得借鉴。全文讲了一个重要且有趣的故事，准

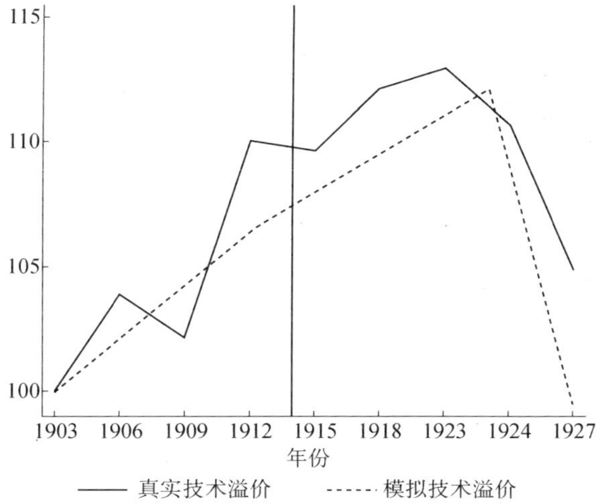

图 19　20 世纪初中国技术工人/非技术工人工资比价
真实溢价（实线）和模拟结果（虚线）比较（1900=100）

确刻画了贸易冲击对中国经济的影响，论证简洁而可信。该文没有复杂的计量方法和模型搭建，其亮点在于找到了一个非常好的文献契合点：全球化贸易冲击与工资溢价。

作者通过“全球化下外生贸易冲击—劳动力市场非对称冲击—工资溢价变化”这一链条展开，结合了国际贸易和劳动力经济学两个领域，使用的外生冲击基本没有内生性问题，用描述性统计即可识别出工人技能溢价的波动，可谓大道至简。

文章来源：

Mitchener K J，Yan S. 2014. “Globalization，Trade & Wages：What Does History Tell Us About China?” *International Economic Review* 55（1）：131-168.

“告别施舍”与“恩格斯停滞”
——工业革命真的加剧了不平等吗？[①]

“自 1832 年改革以来，占英国人口绝大多数的英国工人阶级的状况，已经成了最重要的社会议题……是什么造成了这几百万人，没有一丁点财产，吃了上顿没下顿？……英国中产阶级选择了忽略工人的悲惨状况。最冷漠的是那些工厂主，而他们的富有，完全是以工人的悲惨状况为代价的。”

这段话出自恩格斯的名作《英国工人阶级状况》。恩格斯重点描绘了物质产出快速增长的同时，工资的增长却停滞了。经济增长带来的收益都归属了资本家。同时期的其他学者，包括李嘉图、马尔萨斯和马克思，也都认为资本主义发展过程中，工资将保持不变。他们承认同样的事实，只是解释有所不同。

工业革命中工人的工资真的没有增长吗？如此重要的问题，自然会吸引经济史学家的目光。两位学者给出了针锋相对的答案：Gregory Clark 于 2005 年在 *Journal of Political Economy* 上撰文“Engels'Pause：Technical Change，Capital Accumulation，and Inequality in the British Industrial Revolution”，介绍自己整理的 1209—2004 年英国真实工资序列，并说明 1800 年后工人工资快速增长，是工业革命的受益者。这一论断也被他写进了《告别施舍》一书里。Robert Allen 则于 2009 年在 *Explorations in Economic History* 上撰文“The Condition of the Working Class in England，1209-2004”，批评 Gregory Clark 的指标。文章标题就叫“恩格斯停滞（Engels' Pause）”。他认为 1800—1830 年，英国工人工资几乎没有增长，1830—1860 年工资开始增长，但仍落后于人均

---

① 本文为量化历史研究公众号第 159 篇微信推文。推文作者为香港大学亚洲环球研究中心朱悦。

产出的增速。

在 Clark 的一文中，首先，他利用已有的 46 000 个日工资记载值作为样本，拟合一个包括行业变量（包含 29 个行业）、年变量（包含有观测值的 672 年）和时间段变量与区域类别变量交互项（每 100 年分一段，分 4 个区域）的回归式，用拟合结果给出名义工资的估计值。其次，他先收集了两位学者估计的三个不同的英国工人消费篮子，加总出一个篮子；再利用 90 000 余个物价记录值和 20 000 余个房租记录值，计算各年代的物价平减指数。最后，利用平减指数计算工人真实工资。估计结果如图 20 所示。可以看到：如果 Clark 是对的，在马尔萨斯刚刚写完《人口论》时，工资就开始进入快速增长的轨道。无论是写作《政治经济学原理》的李嘉图，还是写作《共产党宣言》和《资本论》的马克思和恩格斯，都错估了当时的形势。

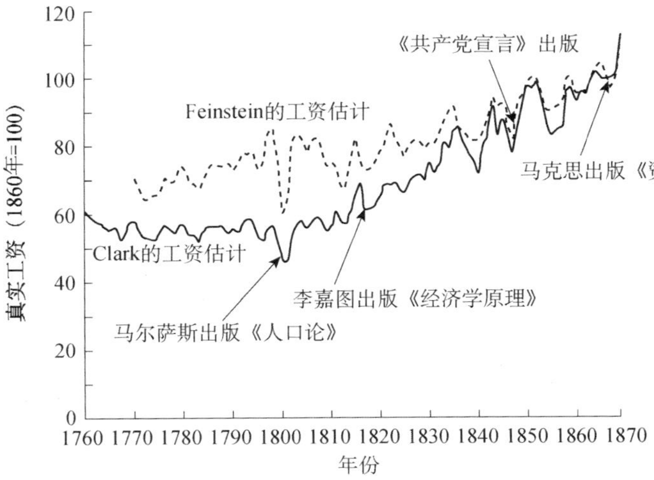

图 20　Clark 和 Feldstein 对真实工资的估计

深色线来自 Clark，浅色线来自 Feldstein。箭头标明了几本名著的写作时间

图 20 中有两个序列，一个是 Clark 的估计结果，一个是 Feldstein 的估计结果，后者是 Clark 一文发表之前的主流。如果是按 Feldstein

的估计，1800—1860 年，英国工人真实工资增长甚微。即使把时间段拉长为 1770—1860 年，工资也只增长了 47%。而按照 Clark 的估计，90 年间，工人工资增长了 82%。

不过，Allen 的文章认为，Feldstein 的估计结果比 Clark 的更可靠。问题主要出在平减指数上。例如，食品消费一栏，Clark 给出的权重是 27%，来源于 12.5%（来自 Vanderlint）、29.7%和 37.8%（均来自 Horrell）的算术平均。但是，三个来源中的第一个明显不可靠。Vanderlint 调查的家庭，平均年收入高达 54 英镑，这几乎是当时收入前 10%的家庭。根据 Dean 和 Cole 的估计，当时英国最穷的一半人口，收入才 10 英镑出头。用这么富有的家庭的食物开支做基准，会显著低估食物在篮子中的比重。Allen 结合其他一些史料，调整了食物开支的比重。Allen 还指出了照明、衣物、啤酒等多项开支在加权时出现的问题，同时结合其他史料做了相应调整。

调整数据之后，真实工资的走势更接近 Feldstein 的估计结果（图 21）。在 1800—1830 年，工资增长率几乎是 0%。Allen 同时在文章附录中批评了 Clark 对 GDP 的估计，认为他低估了当时英国的 GDP 增长。相比之下，传统的 Dean 和 Cole 的估计，还有 Craft 的估计更为可靠。Allen 提出了以下五点质疑：一是 Clark 的数据来源很特殊，不能代表整体状况；二是 1800 年前后，当时的学者有对该时期英国的总收入作估计，他们的结果更接近传统的估计，而不是 Clark 的估计；三、四、五都是近年来其他经济史学家的估计佐证了传统的研究，而与 Clark 的出入很大。

如果使用 Allen 对工资和 GDP 的判断，Clark 的“工人阶级从工业革命中得利”的观点就不能成立。从 1800—1860 年前后，劳动收入占 GDP 的份额一直在下降，最低时不足 50%；资本收入占 GDP 份额同期一直在上升，从占 20%一直上升到 50%。1860 年后的一段时间，资本收入甚至一度超过了劳动收入，这是非常少见的。

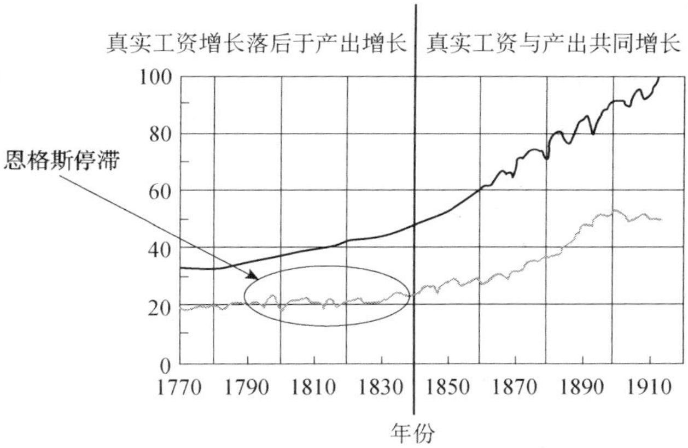

图 21　Allen 对人均 GDP 和真实工资的估计

黑色线为人均 GDP，灰色线为真实工资

Clark 和 Allen 的争论尽管只是针对工业革命前后真实工资的变化，但有很强的现实意义。根据 Karabarbounis 和 Neiman 2014 年的估计，如图 22 所示，自 20 世纪 80 年代以来，劳动报酬占 GDP 的份额在全球范围内都在下降。如果工业革命期间也发生了这样的现象，历史与当代的联系就又厚重了几分。

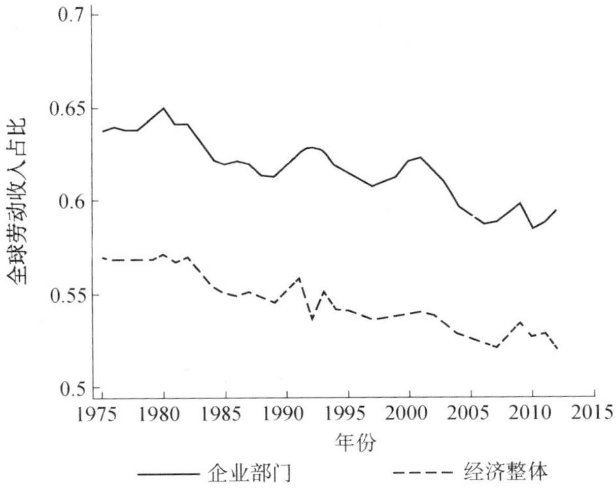

图 22　Karabarbounis 和 Neiman 对 1975—2015 年劳动收入占总产出份额的估计

文章来源与参考文献：

Allen R C. 2009. “Engels’ Pause：Technical Change，Capital Accumulation，and Inequality in the British Industrial Revolution.” *Explorations in Economic History* 46（4）：418–435.

Clark G. 2005. “The Condition of the Working Class in England，1209–2004.” *Journal of Political Economy* 113（6）：1307–1340.

Karabarbounis L，Neiman B. 2014. “The Global Decline of the Labor Share.” *The Quarterly Journal of Economics* 129（1）：61–103.

知识点燃现代经济增长①

在 18 世纪前后，东西方开始踏上了两条截然不同的发展道路。西欧率先挣脱了马尔萨斯陷阱，成功实现了现代意义上的经济增长，并凭借其领先的经济实力树立了全球的霸权，从此整个世界历史都为之改变了。

关于西欧为什么会率先实现现代经济增长，史学界已经有了大量的研究，并得出了很多假说。例如，Robert Allen 倾向于从生产要素的成本角度对此进行解释，Douglas North 更强调产权保护的作用，而 Charles Kindleberger 等学者则认为贸易的扩大对西欧的率先崛起具有最为关键的推动作用。

应当肯定，上面的理论都从一定角度对西欧的领先进行了解释，但依然有不少现象并不能被已有的这些理论完美解释：首先，现代增长并没有局限在某一个或几个地区，而是迅速扩展到了西欧各地。虽然一些理论可以解释英国或荷兰为何可以在发展中获得一些先机，但

① 本文为量化历史研究公众号第 31 篇微信推文。推文作者为北京大学市场与网络经济研究中心陈永伟。

依然无法解释为什么整个西欧地区可以很快共享高速的发展。其次，在 18 世纪以前，部分地区的快速发展可以由制度因素得到解释，但在 18 世纪后，增长速度对制度因素的依赖似乎减弱了，而这是现有的理论较难解释的。最后，和前现代的经济增长相比，现代增长具有更强的稳健性。战争、自然灾害等外生的冲击会对前现代的经济增长产生巨大而持久的干扰，但对于现代经济增长的干扰程度则要小得多。这一重要特征，也是现有的理论所不能解释的。

在 2005 年发表于经济史杂志 *Journal of Economic History* 的论文《现代经济增长的智力起源》（“The Intellectual Origins of Modern Economic Growth”）中，美国西北大学教授 Joel Mokyr 对西欧的领先提出了另一种解释。在 Mokyr 看来，现有的研究显然忽略了“知识”这一要素在经济增长中的重要性。一方面，和前现代的经济增长不同，现代经济增长对于知识有着很强的依赖。由于知识可以迅速传播，因此基于知识的增长也可以迅速突破地域、制度条件的限制，得到迅速扩散；另一方面，更多科学知识的应用也增强了人们应对自然灾害的能力，这就让外生冲击对增长的负面影响大大减少了。

那么，为什么在 18 世纪前后，知识在经济增长中所扮演的角色突然变得重要了呢？Mokyr 认为这一切源于 17 世纪的启蒙运动（enlightenment）。启蒙运动对人类社会的影响是多方面的。虽然历史研究者在考察经济发展问题时，也经常提及启蒙运动的影响，但他们通常将关注点集中在启蒙运动对制度因素（如产权保护等问题）的影响上，而忽略其对知识因素的影响。在启蒙运动中，以弗兰西斯·培根为代表的一批学者开始强调认识自然规律对于征服和改造自然的重要性，并提倡用实验的方法探寻各种规律，他们的这一观点被称为“培根计划”（Baconian program）。在 Mokyr 看来，培根计划的提出对于增强知识在经济增长中的地位起到了关键作用：一方面，培根计划的提出激励了人们投身科学研究的热情，由此大大增加了知识的数量；另一方面，培根计划也使得知识的可及性（accessibility）大大增强了，这让很多既有的知识都得到了更为有效的利用。

在这两个方面中，Mokyr 特别强调了后一方面，即培根计划对知识可及性的强化作用。在论文中，他给出了知识可及性能够得以强化的几个原因：其一，从技术角度讲，培根计划让更多的知识被更为统一的术语记录下来，并催生了学术杂志等传播知识的刊物。这些都让获取知识的成本大大降低了。其二，培根计划重塑了社会文化，改变了人们对知识的看法。人们变得更愿意分享自己的科学发现，并鼓励同行来学习相关知识。其三，培根计划也为知识的传播提供了很多新的制度。大学、学术会议等有利于知识传播的制度都在这一时期得到了很好的建设和发展。其四，培根计划也催生了人们对知识的需求。人们开始更尊重知识、愿意为获取知识支付代价。这些都更好地激发了知识的创造和传播。

在从理论上阐述了启蒙运动对经济增长可能起到的作用后，Mokyr 教授进一步对启蒙运动的强度进行了量化。

Mokyr 教授统计了《启蒙运动百科全书》中对各个国家进行描述的行数，并用这一数值除以当地的人口数，由此构造出了“启蒙运动指数”（Enlightenment Index）。在统计描述各国启蒙运动状况的行数时，Mokyr 教授采用了两种方法。第一种方法仅考虑了提到这个国家的行数，而第二种方法则在上一种方法的基础上进一步包括了提到该国具体地区的论述的行数，因此他得出的“启蒙运动指数”事实上有两个版本。当然，在数值上，两个版本的指数是较为一致的。通过对各国的“启蒙运动指数”进行比较，Mokyr 发现英格兰、苏格兰、荷兰等地区的这一指数都要大大高于传统上被认为是启蒙运动中心的法国。

当然，用“启蒙运动指数”来对启蒙运动的强度进行刻画显然存在着很大的局限：其一，它所依据的《启蒙运动百科全书》中相关论述的篇幅可能受到作者主观偏好的干扰；其二，它只反映了各地总体的启蒙运动状况，而不能反映和科技知识相关的启蒙运动的状况。为了克服以上问题，Mokyr 教授又用学术期刊的创办状况来对启蒙运动强度进行了重新刻画。他发现，从时间上看，新学术期刊的创办呈现了明显的加速态势，在 17 世纪最后 30 年中创办的刊物占到了 1650—1800 年创办刊物的绝大部分；从新创刊物的内容上看，科学、技术等科目占据了很大部分。这一发现在一定程度上佐证了在西欧成功转向现代经济增长之前，确实经历了一场深刻的科学知识启蒙。值得注意的是，在空间分布上，瑞士、低地国家，以及斯堪的纳维亚地区创办的期刊最多，西班牙最少，率先完成工业革命的英国只居于中游。而从创办刊物的内容上看，英国刊物的"科学性"也并不占优势。这说明，在整个西欧启蒙过程中，英国在知识启蒙上并没有特别突出。由此，Mokyr 认为虽然启蒙运动可以解释西欧的率先崛起，但对于英国领跑欧洲，则要继续寻找其他答案。随后，Mokyr 还用学科社团的创建数作为度量，重新考察了启蒙运动的变化，其得到的结论是同用创办期刊数作为度量得到的结果基本一致的，限于篇幅在此就不赘述了。

总结起来，Mokyr 的这篇论文强调了知识在西欧崛起过程中的重要性，这为我们理解这一问题提供了重要的考察角度。不过，Mokyr 本人并没有为他的观点提供深入的实证分析证据，而只是给出了一些简单的证据，这点当然是非常遗憾的。但从另一角度看，这或许也为希望进一步研究相关问题的学人们提供了很好的研究方向。

文章来源：

Mokyr J. 2005. "The Intellectual Origins of Modern Economic Growth." *Journal of Economic History* 64（2）：285-351.

更 正 启 示

根据 Philip Hoffman 教授在第二届量化历史讲习班上所做的讲座录音、课件及相关文献整理而成的《案例比较与制度生成》文章已刊登在《量化历史研究》2015 年第 2 辑第 141—163 页。该文章整理人为复旦大学的贺嵬嵬和清华大学的王妍。特此更正。